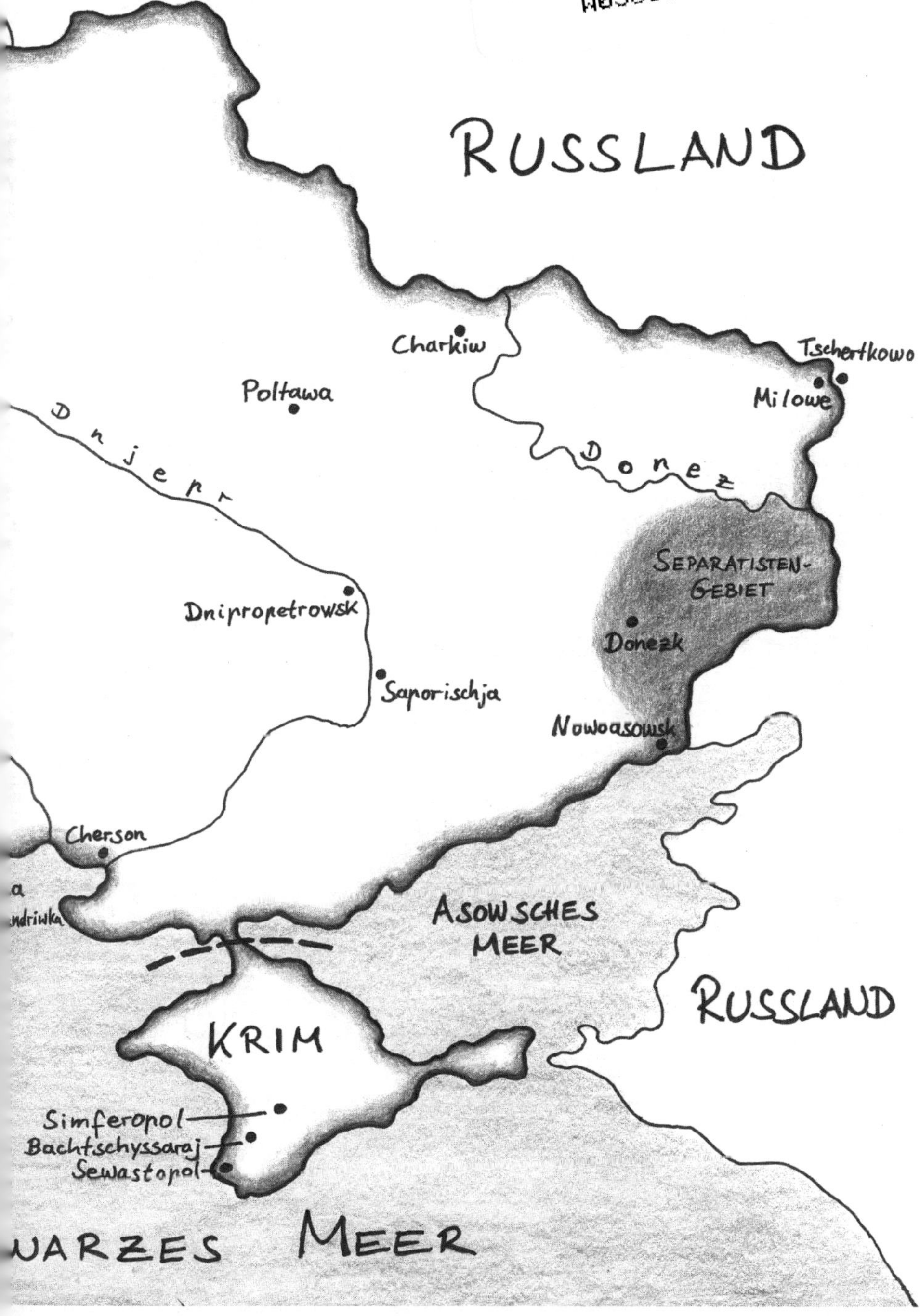
RUSSLAND
Charkiw
Poltawa
Dnjepr
Tschertkowo
Milowe
Donez
SEPARATISTEN-
GEBIET
Dnipropetrowsk
Donezk
Saporischja
Nowoasowsk
Cherson
ASOWSCHES
MEER
RUSSLAND
KRIM
Simferopol
Bachtschyssaraj
Sewastopol
MEER

rowohlt

Jens Mühling

SCHWARZE ERDE

Eine Reise durch die Ukraine

Rowohlt

1. Auflage März 2016

Vorsatzkarte Jens Mühling
Satz Maiola Pro OTF (InDesign) bei
Pinkuin Satz und Datentechnik, Berlin
Druck und Bindung CPI books GmbH, Leck, Germany
ISBN 978 3 498 04534 0

Wird jemand für das vergossene Blut zahlen?
Nein. Niemand.
Der Schnee wird tauen, das grüne ukrainische Gras wird heranwachsen und die Erde bedecken, die Saaten werden üppig aufgehen, darüber werden Hitzewellen flimmern, und kein Blut wird zu sehen sein.

Michail Bulgakow, «Die Weiße Garde», 1924

INHALT

EIN FINGER AUF DER WELTKARTE

Ein fragender Blick am Busbahnhof von Przemyśl, begleitet von Worten, deren Sinn ich nur erraten kann, ich spreche kein Polnisch.

Auf Russisch und mit ostwärts deutenden Gesten antworte ich: Rüber, über die Grenze, in die Ukraine.

Der Mann, der beschäftigungslos neben dem Bus steht, nickt, mit wissendem Gesichtsausdruck, als begreife er mehr, als ich gesagt habe. Er ist fett und verschwitzt und nicht mehr jung, seine Augen verschwimmen hinter schlierigen Brillengläsern, es ist ein glühend heißer Spätsommertag. Was er von mir will, weiß ich nicht, ich habe ihn erst für den Busfahrer gehalten, aber die Fahrkarte, die ich ihm hinhalte, interessiert ihn nicht. Offenbar will er einfach nur reden, und dass ich seine Sprache nicht spreche, scheint mich paradoxerweise zum geeignetsten Zuhörer zu machen. Wer nichts versteht, dem muss man alles erklären.

Meinen Rucksack habe ich schon im Bus abgestellt, bis zur Abfahrt in die Ukraine bleiben wenige Minuten. Der Mann füllt sie mit einem Monolog, in dem ich nur polnische Zischlaute und historische Schlagwörter ausmachen kann: *Franz-Josef ... Hitler ... Stalin ... Kosaken ... Ukraine ... Zar ... Napoleon ... Moskau ... Kreml ... Lemberg ... katholisch ... orthodox ...*

Während er spricht, durchlöchert sein Zeigefinger die Luft zwischen unseren Gesichtern, er lenkt meinen Blick auf die alte polnische Festung, die in der Ferne über den Dächern von Przemyśl zu erkennen ist, um im nächsten Moment dringlich auf Kirchtürme zu deuten und auf andere, mir verborgene Punkte, die die Vergangenheit in seinem Kopf mit der Gegenwart vor unseren Augen zu verbinden scheinen. Ich nicke, lächele, folge seinen Fingerzeigen, ohne viel zu verstehen.

Als der Bus schließlich losfährt, bleibt der Mann am Bahnhof zurück, so beschäftigungslos wie vorher. Während ich seine füllige Silhouette langsam schrumpfen sehe, frage ich mich, woher die Besessenheit rührt, mit der manche Menschen an der Vergangenheit hängen. Und ob ich solche Menschen anziehe, weil sie spüren, dass ich Geschichte, dass ich Geschichten suche.

Baumärkte, Gartencenter, Ersatzteil- und Reifenhändler ziehen an den Busfenstern vorbei, zwischen Zweckbauten und Parkplätzen endet Polen. Dahinter, nicht mehr weit entfernt, liegt der Westen eines Landes, in dessen Osten Krieg herrscht. Ein Krieg, der um die Vergangenheit geführt wird, so jedenfalls kam es mir vor, während ich in den vergangenen Monaten den Gang der Ereignisse verfolgt habe. Oft klang das beiderseitige Kampfgeschrei in meinen Ohren ähnlich wie der Monolog des Mannes am Busbahnhof, ein geschichtsbesessenes Crescendo aus slawischen Zischlauten und historischen Vorwürfen: *Lenin! ... Bandera! ... Holodomor! ... Holocaust! ... Gulag! ... Galizien! ... Kommunisten! ... Faschisten! ... Imperialisten! ...*

Das Gefühl, aus der Ferne nicht viel zu verstehen, hat mich auf den Weg gebracht.

Ich weiß nicht mehr, wann ich zum ersten Mal von der Ukraine hörte. Es muss ein erstes Mal gegeben haben, wie bei jedem anderen Land, aber ich habe es vergessen, und nun, wo sich mein Bus der Grenze nähert, kommt mir diese Erinnerungslücke bezeichnend vor.

Als Kind zog ich mit dem Finger auf der Weltkarte die Umrisse der Sowjetunion nach, fasziniert von ihren monströsen Ausmaßen. Ein Sechstel der Erde war olivgrün gefärbt, kein anderes Land war so groß, nicht einmal annähernd.

Als die Sowjetunion von der Landkarte verschwand, blieb Russland übrig, nicht wesentlich kleiner als vorher, noch immer machte es sich auf dem Globus breiter als mancher Kontinent. Der Rest der untergegangenen Sowjetunion verschwand im Schatten dieses Riesenrusslands. All die anderen unabhängigen Staaten, die plötzlich auf der Landkarte aufgetaucht waren, nahm ich als Teenager kaum wahr, auch weil sie im Erdkundeunterricht meiner Kindheit nicht vorgekommen waren, nicht einmal als Republiken der Sowjetunion. Von viel weiter entfernten Ländern, über die ich ansonsten nichts wusste, waren mir immerhin klingende Hauptstädte wie Kuala Lumpur oder Ouagadougou im Gedächtnis geblieben, andere hatten sich mir eingeprägt, weil ihre Flaggen gelungen oder missglückt aussahen, mit wieder anderen verband ich Flüsse, Schriftsteller, Automarken oder das vage Gefühl, dass die Menschen dort mehr Abenteuer erlebten.

Zu den neuen Ländern an Russlands Rändern fiel mir nichts von all dem ein. Genau genommen sogar weniger als nichts, denn unbewusst verschob ich nach dem Verschwinden der Sowjetunion alles, was ich früher in ihren Grenzen verortet hatte, auf meiner inneren Landkarte nach Russland: Tschernobyl, Gogol, Breschnew, Borschtsch, die Krim – alles russisch, dachte ich.

Alles ukrainisch, lernte ich später.

Aber selbst bei meinem ersten Besuch in Kiew, ein gutes Jahrzehnt vor meiner jetzigen Reise, hatte ich die Ukraine noch als eine Art russischen Randbezirk wahrgenommen, auch wenn ich schnell begriff, dass ihre Bewohner so nicht wahrgenommen werden wollten. Von Moskau aus, wo ich damals als Journalist arbeitete, hatte ich die russisch-ukrainische Grenze überquert. Hinter ihr fuhr mein Zug an Plattenbauten vorbei, die genauso aussahen wie die Plattenbauten vor der Grenze. Die Züge waren die gleichen, die Busse, die Kioske, die Männer trugen die gleichen dunklen Lederjacken, die Frauen hatten genauso hohe Absätze, selbst ihre Sprache war dieselbe, überall hörte ich nur Russisch.

Die ersten ukrainischen Sätze, die ich bewusst wahrnahm, hörte ich erst fünf Jahre später, auf dem Darnizer Markt, einer Ansammlung von Fleisch- und Gemüseständen in einem Kiewer Plattenbauviertel. An den Rändern des Marktgeländes flankierten alte Frauen die Bürgersteige, die karierte Wachstaschen mit selbst geerntetem Datscha-Obst aus dem Umland nach Kiew transportierten, um es den Hauptstädtern zu verkaufen. Wenn ich auf Russisch Gespräche mit ihnen anfing, wechselten sie meist nach den ersten zwei Antwortsätzen ins Ukrainische, offenbar ohne es selbst zu merken. Fragte ich nach, weil ich zwar das meiste, aber nicht jedes Wort der ähnlich klingenden Sprache verstanden hatte, schwenkten sie sofort zurück ins Russische, um nach den nächsten zwei Sätzen wieder unbewusst ins Ukrainische abzugleiten. «Sonnenscheinchen, es ist alles das Gleiche für uns», sagten sie entschuldigend, wenn ich erneut nachfragte.

«Die sprechen *Surschik*», sagten meine Kiewer Freunde über die Marktfrauen. Sie rümpften die Nase über dieses russisch-ukrainische Sprachgemisch, das man nie aus dem Mund gebildeter Hauptstädter hörte. Mich dagegen faszinierte die Vorstellung, dass zwei Sprachen nicht klar gegeneinander abgegrenzt sein mussten, sondern stufenlos miteinander verschmelzen konnten. Es war eine Art von Zweisprachigkeit, wie ich sie aus keinem anderen Land kannte.

Für ein halbes Jahr lebte ich zu jener Zeit in Kiew, in einer Plattenbauwohnung in der Nähe des Darnizer Markts. Wurde ich gefragt, was ich in der Ukraine tat, antwortete ich wahrheitsgemäß, dass ich ein Buch über Russland schrieb, auch wenn mir bald klarwurde, dass meine Antwort bei den Kiewern nicht gut ankam. Meist fügte ich eilig hinzu, dass ich mich für die Anfänge der russischen Geschichte interessiere, die nun einmal in Kiew ihren Ursprung ... Das pikierte Augenrollen, das sich an dieser Stelle des Gesprächs mitunter einstellte, fand ich zwar nachvollziehbar, aber wirklich ernst nahm ich es nicht. Immer noch war die Geographie Osteuropas in meinem Kopf von den Umrissen der Sowjetunion geprägt, die ich als Kind mit dem Finger auf der Weltkarte nachgezeichnet hatte.

All das änderte sich schlagartig, als ich im März 2014 in journalistischer Eilmission ans Schwarze Meer reiste, um über eine hastig anberaumte Volksabstimmung zu berichten. Unter meinen Füßen verschob sich eine Grenze. Die Krim, die ukrainisch war, als ich sie betrat, war russisch, als ich sie wieder verließ.

So plötzlich, so unerwartet kam diese Verschiebung, dass dem halben Kontinent davon schwindlig wurde. Politiker wirkten ratlos, Experten ahnungslos, niemand schien mehr zu wissen, wo man stand. Ich auch nicht. Unzählige Male war ich inzwischen in der Ukraine gewesen. Nichts, gar nichts hatte ich kommen sehen.

Ein knappes Jahr später fuhr ich durch den Donbass, wo sich Grenzen in Fronten verwandelt hatten. Unterwegs erzählte mir mein Taxifahrer von seiner Leidenschaft: der ukrainischen Schwarzerde, dem fruchtbarsten Ackerboden der Welt. Er war kein Bauer, sondern Münzsammler. Mit einem Metalldetektor zog er an den Wochenenden über die Felder, und sein Herz schlug höher, wenn er österreichische, polnische, russische, griechische, deutsche Geldstücke aus vergangenen Zeiten barg.

«Und ukrainische?», fragte ich.

Er lachte. «Ukrainische Münzen? Die gibt es doch erst seit zwanzig Jahren!»

Es war der Moment, in dem ich verstand, dass ich die Ukraine nicht verstanden hatte. Tausend Jahre lang hatten die Menschen hier ihre schwarze Erde beackert, ohne dass ein ukrainisches Geldstück den Weg in den Boden gefunden hatte. Tausend Jahre lang waren fremde Münzen durch ihre Hände gegangen, tausend Jahre lang hatten die Ukrainer zwischen Grenzen gelebt, die sich unter ihren Füßen stetig verschoben. Und die nun wieder in Bewegung geraten waren.

Zurück in Berlin wurde ich das unklare Gefühl nicht los, dass sich meine innere Landkarte nicht mit der Welt deckte. Ich begann zu lesen, was ich über die Ukraine finden konnte, aber das Gefühl blieb. Ein paar Monate später packte ich meinen Rucksack und fuhr los. Die polnische Grenze war der Anfangspunkt meiner Reise, die russische ihr Ziel. Was dazwischen lag, wollte ich herausfinden.

«Für dich sieht hier alles gleich aus, oder?»

Ein junger Tourist aus Warschau sitzt im Bus zur ukrainischen Grenze neben mir, er fährt mit seinem Wanderrucksack in die Karpaten. Ich verstehe nicht sofort, was er meint. Er tippt mit dem Zeigefinger an die Fensterscheibe, um meinen verständnislosen Blick auf die Straße zu lenken.

«Überall die gleichen alten Autos aus Deutschland. Polen oder Ukraine, du siehst da keinen Unterschied.»

«Klar sehe ich ...»

«Aber es gibt einen!»

Er ist Programmierer. Zu Hause in Warschau verbringt er lange Arbeitstage vor dem Computer. Hat er frei, packt er das Nötigste ein, fährt über die Grenze und sucht nach Abenteuern, die er daheim nicht findet.

«Polen ist ein Büroland geworden», sagt er, und er lässt es wie das traurigste Schicksal klingen, das ein Land heimsuchen kann. «Effektiv, aber langweilig, wie der Rest von Europa.»

Der Überdruss in seiner Stimme verschwindet erst, als er mir von seinen Touren durch die abgeschiedenen Dörfer der Karpaten erzählt, von Begegnungen mit Menschen, wie es sie in Polen nicht mehr gebe.

«Die Ukraine ist anders.» Er seufzt. «Noch.»

Ich nicke still, während mir all die Ukrainer einfallen, die mir in den vergangenen Jahren erzählt haben, wie gerne sie in die reiche Bürowelt Westeuropas auswandern würden.

Die Ukraine ist anders. Russland ist anders. Der Osten ist anders. Die da drüben sind anders. Wie oft habe ich Abwandlungen solcher Sätze gelesen, seit ich angefangen habe, mich auf meine Reise vorzubereiten? Wie oft ist mir der Versuch begegnet, eine Grenze quer durch Europa zu ziehen, hinter der die eigene Welt aufhört und eine fremde, gefährlichere beginnt? In der Region, auf die unser Bus zusteuert, haben solche Abgrenzungsversuche eine lange, eine sehr lange Tradition.

Ängstlich blickten einst die Griechen auf die nördliche Schwarzmeerküste, hinter der in ihren Augen die zivilisierte Welt endete. Nomaden zogen dort durch die Steppe, die statt Griechisch nur Gekrächze von sich gaben – es klang wie «bar bar», weshalb die Griechen von «Barbaren» sprachen. Die Barbaren selbst nannten sich Skythen, und sie gehörten zu den ersten jener Reitervölker, deren geisterhaftes Auftauchen aus den Weiten Asiens über Jahrhunderte hinweg die sesshaften Bewohner Europas in Angst versetzte.

Die Skythen, die an der Schwarzmeerküste schließlich selbst sesshaft wurden, dürften wiederum die Sarmaten für Barbaren gehalten haben, als dieser nächste Nomadenstamm über ihr Reich herfiel. Das Spiel wiederholte sich, als den Sarmaten Hunnen, Awaren, Petschenegen und Polowzer folgten. In den Wäldern nördlich der Steppe hatten in der Zwischenzeit die Slawen ihren ersten eigenen Staat gegründet, das Fürstentum von Kiew, das kurz darauf von den Mongolen überrannt wurde. Dass dieses mächtigste aller asiatischen Reitervölker nicht weiter nach Europa vordrang, erfüllt Ukrainer und Russen bis heute mit einem verqueren Märtyrerstolz, denn von diesem Zeitpunkt an trennte die imaginäre Grenzlinie, um die nördlich des Schwarzen Meers gerungen wurde, nicht mehr sesshafte Europäer von reitenden Barbaren, sondern Christen von Ungläubigen.

Noch später sollte sie Christen von Christen trennen. Unter dem Banner der Orthodoxie erhoben sich im siebzehnten Jahrhundert ukrainische Kosaken gegen den polnischen Adel, weil ihnen der wachsende Einfluss des katholischen Papstes stank. Dass sich die Kosaken für ihren Kampf mit dem Moskauer Zarenreich verbündeten, nimmt ihnen mancher Ukrainer bis heute übel, weil es den größeren Teil ihrer Heimatregion an Russland band – und damit, wieder ein paar Jahrhunderte später, dem Einfluss einer neuen Glaubensrichtung auslieferte: des Kommunismus. Quer durch die Ukraine, entlang der alten Trennlinie zwischen österreichischem und russischem Kaiserreich, verlief nach Lenins Oktoberrevolution die Grenze des internationalen Klassenkampfs.

Millionen seid ihr, ohne Zahl sind wir
Versucht doch, uns die Stirn zu bieten!
Geschlitzt sind unsere Augen, voller Gier
Ja, wir sind Asiaten, Skythen!

Der russische Dichter Alexander Blok schrieb diese Zeilen 1918, wenige Monate nach der Revolution. Gerichtet waren sie an Europa. Den erschlafften, verweichlichten Westen warnte Blok mit seinem

Gedicht vor der versengenden Leidenschaft der Steppenvölker, für deren seelische Nachfahren er die Slawen hielt.

Ob Hitler das Gedicht kannte, ist ungewiss. Sicher aber kannte er Herodots Beschreibung jener Schlacht, in der die Skythen ihre Feinde, die Perser, tief in ihr eigenes Territorium locken, um sie auf verbrannter Erde auszuhungern. Hitler dürfte an die Skythen gedacht haben, als seine Truppen in der Ukraine erfroren. Vielleicht bereute er sogar plötzlich, dass er seine Propagandazeichner angewiesen hatte, den slawischen Untermenschen mit asiatischen Schlitzaugen zu porträtieren.

Heute, wo in der Ukraine erneut Krieg geführt wird, greifen beide Seiten wieder auf die alten Abgrenzungsmythen zurück. Die russische Propaganda erklärt die Gefechte im Donbass zur Fortsetzung des Kampfes gegen den Faschismus, die ukrainische Konterpropaganda warnt vor einem östlichen Despotentum, das ganz Europa bedrohe. Einig sind sich beide in der Behauptung, dass nördlich des Schwarzen Meers eine Trennlinie verläuft, die zwei unvereinbare Kulturen scheidet.

Ich sehe aus dem Busfenster. Alte Autos aus Deutschland ziehen auf der Gegenspur vorbei, dazwischen ein paar noch ältere aus der Sowjetunion. Gelbes, müdes Gras bedeckt die Felder, verdorrt in der Septemberhitze. Im Schatten einer Pappel sitzen drei Arbeiter in Blaumännern, die Rücken an den Stamm gelehnt, die Beine sternförmig nach außen gespreizt, in den Händen Bierflaschen. Nichts an dieser sommermatten Landschaft wirkt, als habe es die Kraft, sich in absehbarer Entfernung zu einer Zivilisationsgrenze zu verdichten.

Gibt es sie überhaupt, frage ich mich, diese sagenumwobene europäische Kulturscheide, die im Lauf der Jahrhunderte so unterschiedlich, so widersprüchlich interpretiert wurde, auf deren anderer, aber nie auf der eigenen Seite, man stets die Barbaren wähnte?

War sie jemals mehr als eine Legende, die das Denken erleichtert – und neuerdings wieder das Töten?

Ich muss an Freunde und Kollegen aus Berlin denken, von denen manche nicht begreifen, was mich immer wieder in diese Weltgegend zieht.

«Viel Spaß mit den Russen», hat mir einer zum Abschied gewünscht.

«Den Ukrainern», antwortete ich.

Er verdrehte die Augen, wie man es bei einem Pedanten tut, der im Gespräch mit Freunden nebensächliche Grammatikfehler korrigiert.

«Wie auch immer», sagte er. «Viel Spaß mit – diesen Leuten da.»

Hätte ich ihn gebeten, mir auf einer Landkarte die Grenze zwischen Europa und «diesen Leuten da» zu zeigen, er hätte sie sicher nicht nördlich des Schwarzen Meers gesucht, sondern weiter westlich. Vermutlich wäre sein Finger ratlos hin und her gewandert, bis ihm die erstbeste brauchbare Markierung untergekommen wäre: die Außengrenze der EU.

Genau dort endet meine Busfahrt.

DIE AMEISENSTRASSE

Es war noch nicht Mittag, als ich im polnischen Grenzort Medyka aus dem Bus stieg, aber schon jetzt hatte die schrägstehende Septembersonne die Luft auf über dreißig Grad erhitzt. Mein Rucksack wirbelte eine gelbe Staubwolke auf, als ich ihn auf dem Asphalt absetzte. Ein lückenlos blauer Himmel zog sich straff wie ein Spannbettlaken von Horizont zu Horizont, darunter schliefen die Hügel Galiziens. Die vertrockneten Wiesen sahen aus, als hätten sie seit Jahren keinen Regen abbekommen.

Eine alte Frau kam auf mich zugelaufen. Sie hielt mir zwei Zigarettenschachteln unter die Nase, beschriftet mit ukrainischen Warnhinweisen. Auf der einen erkannte ich das Foto einer offenen Raucherlunge, auf der anderen die stilisierte Zeichnung eines erschlafften Penis.

«Kaufen Sie meine Zigaretten!», sagte sie, auf Ukrainisch.

Ich kramte ein paar Złoty-Münzen aus der Tasche und deutete auf die Raucherlunge.

«Kaufen Sie beide, damit ich nach Hause gehen kann!»

Während ich noch überlegte, was das bedeuten sollte, umringten mich vier weitere Frauen. Alle hatten Zigarettenschachteln in der Hand, manche hielten in der anderen eine Flasche Schnaps.

Ich warf einen gespielt ratlosen Blick in die Runde. Die Frauen kicherten, dann begannen sie zu erklären.

Jeden Morgen setzt sich in den grenznahen Dörfern der Ukraine eine Prozession aus vielen Frauen und ein paar Männern in Bewegung. Ihre Heimatorte liegen in jenem Dreißig-Kilometer-Streifen auf der ukrainischen Seite der Grenze, dessen Bewohner im Rahmen einer Sondervereinbarung ohne Visum den Dreißig-Kilometer-Streifen auf der polnischen Seite besuchen dürfen. Mit leeren Handkarren steigen sie in Kleinbusse, die sie zum Übergang Medyka-Schehyni bringen, wo sie in den ukrainischen Grenzkiosken Tag für Tag das Gleiche kaufen: zwei Schachteln Zigaretten, eine Flasche Schnaps. Sie rollen ihre Handkarren durch einen engen Fußgängerkorridor, der auf beiden Seiten von grünen, mannshohen Metallzäunen gesäumt ist. Nach zweihundert Metern passiert der Korridor einen ersten Metallcontainer, die ukrainische Passkontrolle, nach wieder zweihundert Metern einen zweiten, den polnischen Zoll. Vor beiden stehen die Ukrainer Schlange, und jeder hält das Gleiche in den Händen: zwei Schachteln Zigaretten, eine Flasche Schnaps. Es ist die maximale Menge, die pro Grenzgang überführt werden darf.

Auf der polnischen Seite reihen sich die Ukrainer an der Landstraße auf, die das polnische Dorf Medyka mit dem ukrainischen Ort Schehyni verbindet. Sie warten auf Kunden. Nähert sich ein polnisches Auto, wird es von ukrainischen Händlern umringt. Schon an der Körpersprache lässt sich bei solchen Begegnungen das Kräfteverhältnis zwischen beiden Seiten der Grenze ablesen. Die Polen lassen sich Flaschen und Schachteln durchs Fenster reichen, wenden sie kritisch in den Händen, geben sie kopfschüttelnd zurück. Die Ukrainer pressen sich von außen an die Fensterscheiben, nicken dankbar, kramen eilig nach Wechselgeld.

Sind die Händler ihre Ware losgeworden, laufen sie zurück: Korridor, Container, Korridor, Container, Korridor, Kiosk, zwei Schachteln, eine Flasche. An schlechten Tagen schaffen sie drei

Grenzgänge, an guten sieben, an sehr guten neun. Die Złoty-Münzen, die sich bis zum Abend in ihren Taschen sammeln, sind selten mehr als fünf Euro wert. Am Ende des Tages, noch auf der polnischen Seite, machen sie Kassensturz. Ihren Profit geben sie in den polnischen Läden an der Grenze aus, meist kaufen sie Lebensmittel und Haushaltswaren, manchmal Textilien, Elektroartikel, Baumaterial, wofür das Geld gerade reicht. Was sie einkaufen, schnallen sie auf ihre Handkarren, dann fahren sie nach Hause, ihr Arbeitstag ist vorbei. Er basiert auf einem Preisgefälle, das mir eine der Frauen mit folgenden Worten erklärte: «In Polen ist alles billiger, was man zum Leben braucht. In der Ukraine ist alles billiger, wovon man schneller stirbt.»

Bevor ich mich von den Frauen verabschiedete, kaufte ich ihnen, um ihren Arbeitstag zu beschleunigen, noch eine Raucherlunge, zwei Kehlkopfgeschwüre und ein Geschwader nikotingeschädigter Spermien ab.

Sie erkundigten sich, wohin ich unterwegs sei. Ich deutete nach Osten, auf die andere Seite der Grenze. Verständnislos starrten sie mich an. Welcher Trottel, sagten ihre Blicke, kauft zu polnischen Preisen Zigaretten, wenn er in die Ukraine fährt?

Rund um den Eingang des Fußgängerkorridors hockten Kleinhändler vor ausgebreiteten Bettlaken, auf denen sich gebrauchte Elektrobohrer und Schleifmaschinen türmten, Autoradios, Mikrowellen, Föhne, Toaster – ausrangierter Wohlstandsschrott, im Westen nicht mehr neu, im Osten noch nicht alt. Frauen durchwühlten Stapel aus getragenen Kinderklamotten. Dazwischen parkten Kleinbusse, bis zur Oberkante beladen mit Äpfeln, Birnen, Kartoffeln. Auf der Ladefläche eines LKWs dösten zwei Männer mit nackten Oberkörpern zwischen eingeschweißten Würsten.

Ich kam mit einem alten polnischen Parkplatzwächter ins Gespräch, der seinen bierfassförmigen Bauch durch die Mittagshitze schleppte. Er hieß Tadyk und lebte in Medyka. Halb auf Russisch, halb auf Polnisch erklärte er mir die Grenzgeschäfte, die auf seinem Parkplatz abgewickelt werden, dem letzten vor dem Fußgängerkorridor.

In Medyka beginnt, was im Grenzjargon «die Ameisenstraße» heißt. Polnische LKWs, deren Fracht für die andere Seite bestimmt ist, entladen hier ihre Waren, um sie an die «Ameisen» zu verteilen – ukrainische Grenzgänger auf dem Rückweg von ihren Zigaretten- und Schnapsgeschäften. Die Ameisen packen die Waren auf ihre Handkarren und transportieren sie Stück für Stück über die Grenze, jeder so viel, wie es die Zollbestimmungen für den Eigengebrauch zulassen: einen Kühlschrank, drei Kinderjacken, einen Stapel Dachschindeln, zwei Kilo Fleisch. Auf der ukrainischen Seite warten andere LKWs. Die Ameisen liefern ihre Last ab und bekommen ein paar Złoty als Provision. Stück für Stück füllen sich so die Laderäume, bis die gesamte Fracht im Ameisenverfahren die Seite gewechselt hat.

Ich ließ meinen Blick über den Parkplatz wandern. Am hintersten Ende standen zwei Männer auf der Ladefläche eines Pick-ups und warfen Autoreifen in den Staub, ansonsten war kaum ein Fahrzeug zu sehen.

«Nicht viel los heute?»

Tadyk schob die linke Hand unter sein T-Shirt und kratzte seinen Bierfassbauch.

«Hier ist seit Monaten nichts mehr los. In der Ukraine ist Krieg. Niemand arbeitet, nichts funktioniert, das Geschäft ist tot.»

Als ich in den Fußgängerkorridor einbog, lief ich an einem großen Werbeplakat vorbei. Ein lächelnder Arbeiter in einem Blaumann sah auf die vorbeiziehende Ameisenstraße herab. Daneben stand auf Ukrainisch: «Sie suchen Arbeit in Polen? Logistik und Produktion, keine Vermittlungsgebühr.»

Unter dem Plakat lief ich an zwei Frauen vorbei, die Mühe hatten, ihre Einkäufe auf ihren Handkarren unterzubringen.

«Soll ich was tragen?»

Die beiden sahen mich irritiert an. Dann zeigte eine grinsend auf einen großen Pappkarton. Er sah schwer aus. Ich ging in die Knie und packte zu. Beim Hochheben fiel ich fast hintenüber – die Kiste war federleicht. Die beiden Frauen lachten. Ich sah ratlos den Karton an, aus dem ein merkwürdiges Piepsen kam. Erst als ich die Luftlöcher im Deckel sah, begriff ich, dass ich Hühnerküken trug.

«Sind die in Polen billiger?»

Die Frauen schüttelten die Köpfe. «Besser. Werden fetter als unsere.»

Wir kamen schnell durch die polnische Passkontrolle. Vor dem ukrainischen Zollcontainer mussten wir eine Weile anstehen. Nur ein Metallzaun trennte uns von den Wartenden, die im Parallelgang des Korridors in umgekehrter Laufrichtung unterwegs waren. Die Schlange vor dem polnischen Zollcontainer war deutlich länger. Während wir warteten, drängelten sich auf der anderen Seite des Zauns drei Männer in Anzügen durch die Menge. Als eine alte Frau protestierte, schwenkten die Anzugträger stumm ihre polnischen EU-Pässe und liefen weiter.

«Sind die besser als wir?», hörte ich jemanden in der Schlange auf Ukrainisch fragen.

«Europäischer», sagte ein anderer.

«Reicher.»

«Weil wir unser Geld in ihren Läden lassen.»

«Habt ihr gehört, dass die uns nur verkaufen, was sie selbst nicht mehr essen? Das haben sie im Fernsehen gesagt. In der EU würde man solches Zeug nicht mal Tieren vorsetzen!»

«Wo hat man solches Fleisch gesehen? Zerfällt in der Suppe, bevor die Kartoffeln gar sind!»

Als weiter vorne plötzlich Bewegung in die Schlange kam, verstummte die Debatte sehr abrupt. Alle Augen richteten sich auf den Zollcontainer, konzentriert verteidigten die Wartenden ihre Plätze, um vorwärtszukommen, näher an die polnischen Fleischtöpfe.

Als wir den ukrainischen Zollcontainer betraten, warf ein Uniformierter einen strengen Blick auf die vollgepackten Handkarren der beiden Frauen. Er deutete auf einen Metalltisch, wo einer seiner Kollegen gerade den Koffer eines alten Mannes durchwühlte. Ich stellte den Kükenkarton ab und wollte meinen Rucksack öffnen, aber der Uniformierte winkte mich ungeduldig weiter, als er meinen deutschen Pass sah.

Unschlüssig sah ich die beiden Frauen an.

Sie lachten. «Hau ab, so schwer sind die Hühner nicht.»

Schehyni, das ukrainische Dorf auf der anderen Seite, unterschied sich auf den ersten Blick kaum vom polnischen Medyka. Auf den zweiten Blick fiel mir auf, dass die Kirchenkreuze hier einen orthodoxen Doppelquerbalken hatten, der den katholischen Kreuzen in Medyka fehlte. Auf den dritten Blick sah ich in den Gärten von Schehyni mehr Gemüse als Blumen wachsen – in den polnischen Gärten war es umgekehrt gewesen. Mein vierter Blick fiel auf die Uhr: Die Ukraine war Polen eine Stunde voraus.

Die Unterschiede sind klein, weil die Grenze, die hier verläuft, so jung ist. Galizien hieß der gesamte Landstrich, als er noch nicht geteilt war. Manche sprechen bis heute von Galizien, aber es ist kein Ort mehr, nur noch ein Wort, das man auf Landkarten vergeblich sucht. Gut vier Jahrhunderte lang, von 1340 bis 1772, gehörte Galizien zu Polen – bis Polen selbst ein Wort wurde, das auf Landkarten nicht mehr vorkam. Formal übernahm danach Österreich die Herrschaft über die ethnisch gemischte Region, in der Praxis aber blieb die alte Feudalstruktur des Mittelalters erhalten: Der Boden gehörte dem polnischen Adel, beackert wurde er von ukrainischen Bauern. Letzteren ging es unter diesen Kräfteverhältnissen so schlecht, dass allein in den drei Jahrzehnten vor dem Ersten Weltkrieg knapp eine Million Galizier ins Ausland emigrierte, in die Flucht getrieben von Armut und Hunger. Manchen Nachkommen dieser ukrainischen Emigranten, die heute vor allem in Kanada und den USA leben, treibt das Wort «Galizien» immer noch Tränen in die Augen.

Als in Europa nach dem Ersten Weltkrieg eine neue Runde der Grenzverschiebungen begann, wurden in den Kaffeehäusern Galiziens feurige Reden für die Gründung eines eigenen ukrainischen Staates gehalten. Doch in den Verhandlungssälen der Siegermächte hatte man auch ohne die Ukrainer genug Probleme. Die internationalen Völkerverschieber brüteten über ihren Landkarten, und als sie den Kontinent mit frischen Grenzen durchzogen hatten, kam ein Staat namens Ukraine darin nicht vor. Galizien wurde stattdessen dem wiederhergestellten Polen zugeschlagen.

Die neuen, alten Herren taten wenig, um den enttäuschten Ukrainern ihre Lage schmackhaft zu machen. Sie ersetzten die liberale Nationalitätenpolitik Österreichs durch ein straffes Polonisierungsprogramm. Ukrainische Schulen wurden in polnische umgewandelt, orthodoxe Kirchen zerstört oder von Katholiken übernommen, ukrainische Zeitungen abgeschafft und zensiert, polnische Bauern in ukrainischen Gebieten angesiedelt.

In den galizischen Kaffeehäusern kippte bald die Stimmung. Wenn ein ukrainischer Staat auf politischem Wege nicht zu erreichen sei, argumentierten nun die Patrioten, dann bleibe nur der Weg der Gewalt. Die «Organisation Ukrainischer Nationalisten» formierte sich, ein Terrorbündnis, dessen Mitglieder sich auf den «Dekalog der OUN» vereidigen ließen, ein martialisches Zehn-Punkte-Programm, das mit folgendem Grundsatz beginnt: «Du sollst einen ukrainischen Staat errichten oder im Kampf für ihn sterben.»

Die OUN brach einen blutigen Terrorfeldzug gegen die polnische Obrigkeit vom Zaun, der fast zwanzig Jahre währen sollte und mit dem Zweiten Weltkrieg nicht endete. Als 1939 die Rote Armee in Galizien einmarschierte, eröffneten die Nationalisten eine zweite Front: Von nun an richtete sich ihr Unabhängigkeitskampf gegen Polen und Russen gleichermaßen. Zeitweise paktierten sie gar mit den Nazis, die ihnen Hoffnung auf einen ukrainischen Staat machten. Selbst als Stalin und Hitler die gesamte Region mit Blut tränkten, rissen die innergalizischen Feindseligkeiten nicht ab.

Nach dem Krieg verschoben sich erneut die Grenzen. Wieder sprang keine unabhängige Ukraine dabei heraus, weshalb die OUN ihren Kampf fortsetzte, bis schließlich die Sowjetunion, die sich inzwischen den galizischen Osten einverleibt hatte, und Polen, dem der Westteil zugefallen war, die neue Grenzziehung auch ethnisch vollstreckten. Gewaltsam wurde Galiziens Bevölkerung entmischt: Polen vertrieb eine halbe Million Ukrainer in die Sowjetunion, die Sowjetunion setzte achthundertfünfzigtausend Polen vor die Tür.

So begann die Geschichte jener künstlichen Trennlinie, die sechzig Jahre später zur Außengrenze der Europäischen Union werden sollte: mit Blut, Hass und Vertreibungen. Dass Europa heute ausgerechnet hier in zwei Teile zerfällt, ein Drinnen und ein Draußen, ist ein nachtschwarzer Witz, über den Hitler und Stalin Tränen gelacht hätten.

Von Schehyni aus nahm ich einen Bus nach Lwiw. Auf dem Armaturenbrett des Fahrers klebte eine kleine Marienstatue aus Plastik. Sie hatte den gleichen schmerzduldenden Gesichtsausdruck wie die Marienstatuen, die in regelmäßigen Abständen draußen an den Fenstern vorbeizogen. Sie standen in jedem Dorf, vor jeder Kirche, und jedes Mal, wenn wir an ihnen vorbeifuhren, bekreuzigte sich der halbe Bus. Ich hatte das Gefühl, immer noch in Polen zu sein, nicht in der Ukraine, in deren Bussen in der Regel keine Marienstatuen auf dem Armaturenbrett kleben, sondern Ikonen.

Ich bin falsch hier, dachte ich plötzlich – es war ein Fehler, die Reise hier zu beginnen, in dieser untypischen Landesecke, die dem Rest der Ukraine so wenig ähnelt, wo selbst die Orthodoxie katholische Züge hat. Dann fiel mir ein, dass jeder andere Ausgangspunkt entlang der Landesgrenzen genauso untypisch gewesen wäre – und dass genau diese Uneinheitlichkeit die Ukraine ausmacht.

Es dämmerte schon, als ich Lwiw erreichte, das alte österreichische Lemberg, Hauptstadt und Herz Galiziens. Vom Busbahnhof aus nahm ich eine Straßenbahn ins Zentrum. Während der Fahrt sah ich links der Gleise im Halbdunkeln ein Denkmal an den Fenstern vorbeiziehen, die überlebensgroße Statue eines Mannes.

Ich erkannte Stepan Bandera, den ermordeten Führer der ukrainischen Nationalisten.

DIE LIEBESGESCHICHTE VON INGE UND BOHDAN

Am Stadtrand von Ostberlin, in einem abgelegenen Waldstück in der Nähe des Müggelsees, spielt sich an einem Spätsommertag des Jahres 1957 eine merkwürdige Szene ab. Drei unauffällig gekleidete Männer betreten den Wald. Ein angeleinter Hund läuft neben ihnen her, ein kleiner Mischling. Als die Gruppe den tiefsten Teil des Waldes erreicht hat, bindet einer der Männer den Hund an einem Baum fest. Der zweite zieht ein kleines Metallrohr aus der Tasche, etwa daumendick und zwanzig Zentimeter lang, mit einem Handgriff an der Unterseite. Neugierig beschnuppert der Hund das Gerät, als der dritte Mann es ihm vor die Schnauze hält. Ein kurzes, zischendes Geräusch ist zu hören. Sofort sacken dem Hund die Beine weg, lautlos bricht er auf dem Waldboden zusammen. Etwa zwei bis drei Minuten lang gehen krampfartige Zuckungen durch seinen Körper, dann rührt er sich nicht mehr. Die Männer nicken zufrieden, packen das Metallrohr ein und gehen ihrer Wege. Den toten Hund lassen sie liegen.

Da niemand die Szene beobachtet hat, bringt sie auch niemand mit der Leiche in Verbindung, die etwa einen Monat später, im Oktober 1957, auf der anderen Seite des Eisernen Vorhangs entdeckt wird, im Treppenaufgang eines Münchener Wohnhauses. Der Verstorbene ist ein knapp fünfzigjähriger Mann namens Lew Rebet, ein Ukrainer, der dem exilierten Teil der Widerstandsbewegung OUN angehörte. Bei der Obduktion des Toten finden die bayerischen Gerichtsmediziner keinerlei Anzeichen für einen unnatürlichen Tod, sie stellen lediglich den Verschluss eines Herzkranzgefäßes fest. Diagnose: Infarkt.

Zwei Jahre später, im Oktober 1959, wird im Hausflur eines anderen Münchener Wohnhauses erneut eine Leiche gefunden. Wieder sieht alles nach einem Herzinfarkt aus. Doch da auch dieser Tote dem ukrainischen Exilwiderstand angehörte, zudem in prominenter Funktion, sieht die Staatsanwaltschaft genauer hin. Bei der Obduktion wird eine Blausäurevergiftung festgestellt. Die Gerichtsmediziner tippen auf Selbstmord, können sich aber nicht erklären, woher die winzigen Glassplitter stammen, die sie im Gesicht des Leichnams entdecken.

Der Tote wird auf dem Münchener Waldfriedhof beigesetzt, wo sein Grab bis heute national gesinnten Ukrainern als Pilgerstätte dient. In kyrillischen und lateinischen Buchstaben ziert sein Name den hellgrauen Grabstein: Stepan Bandera, 1. Januar 1909–15. Oktober 1959.

Die Angehörigen und Weggefährten, die 1959 bei Banderas Beerdigung zusammenkommen, halten wenig von der Diagnose der bayerischen Staatsanwaltschaft. Mehr Wut als Trauer klingt aus ihren Grabreden. Sie sind überzeugt, dass die Lebensgeschichte des Widerstandskämpfers und Nazi-Kollaborateurs Stepan Bandera mit einem Mord geendet hat.

Dass sie richtigliegen, erfahren sie zwei Jahre später.

Im August 1961 betritt in Westberlin ein junger, nicht großer, aber athletisch gebauter Mann das Gebäude des Polizeipräsidiums am Tempelhofer Damm. Sein Name, sagt er, sei Bohdan Staschynskyj, er stamme aus dem ukrainischen Teil der Sowjetunion, und er wolle ein Geständnis ablegen. Als die Polizisten begreifen, worum es geht, verständigen sie umgehend den US-Militärgeheimdienst.

Mehrere Tage lang wird Staschynskyj verhört. In allen Details schildert er seinen Vernehmern zwei Morde, die er in München begangen haben will. Er erzählt von seiner Anwerbung durch den sowjetischen Geheimdienst, von seiner KGB-Ausbildung in Kiew, von den falschen Papieren, mit denen man ihn ausgestattet hat, um in Westdeutschland die ukrainische Exilgemeinde auszuspionieren. Staschynskyj beschreibt die Mordwaffe, die ihm in Ostberlin zwei KGB-Offiziere aushändigten: eine rohrförmige Pistole, die beim Abdrücken gasförmige Blausäure versprüht, direkt in die Atemwege des Opfers. Er erzählt von Gegengiftkapseln, gefüllt mit Natriumthiosulfat und Amylnitrit, die er vor und nach dem Auslösen der Pistole einzunehmen hatte, um sich selbst vor dem mörderischen Gas zu schützen. Auch den kleinen Hund, an dem man ihn die Waffe ausprobieren ließ, erwähnt Staschynskyj.

Die Ermittler sind skeptisch. KGB-Morde, Wunderwaffen, Versuchstiere, Gegengiftkapseln – die Geschichte klingt phantastisch, konstruiert, ausgedacht. Es entspinnt sich ein Verhör mit verkehrter Rollenverteilung: Der Mörder versucht, den Ermittlern seine Taten zu beweisen. Doch je länger Staschynskyj redet, desto glaubhafter wirkt seine Erzählung. An keiner Stelle verwickelt sich der Ukrainer in Widersprüche, er kennt Details, die nur der Mörder kennen konnte, zudem legt er Dokumente vor, die seine Geschichte bestätigen, etwa Kopien der codierten Telegramme, die er nach den Morden an seine Führungsoffiziere in Ostberlin schickte: «In einer mir bekannten Stadt habe ich mich mit dem mir bekannten Objekt getroffen und es begrüßt. Ich bin sicher, dass die Begrüßung gut ausgefallen ist.» Auch die KGB-Urkunde, die seine «Mitwirkung bei der Bearbeitung eines wichtigen Problems» hervorhebt, zeigt Staschynskyj den Ermittlern – gemeint ist der Mord an Bandera, für den man ihm den «Orden des Roten Banners» verlieh, eine der höchsten sowjetischen Militärauszeichnungen.

Ein Detail aber bleibt den Ermittlern bis zuletzt schleierhaft. Staschynskyj hat Morde begangen, die ohne sein Geständnis nie als Morde erkannt worden wären, er hat keine Spuren hinterlassen, niemand verdächtigt ihn. Warum hat er sich gestellt?

Die Antwort des Mörders ist simpel: Er ist verliebt.

Die junge Frau, die Staschynskyj im April 1957 bei einer Tanzveranstaltung im Ostberliner Friedrichstadtpalast kennenlernt, heißt Inge Pohl. Sie ist zwanzig, fünf Jahre jünger als der KGB-Agent, sie arbeitet als Friseuse im Westteil der Stadt. Als der Ukrainer sie anspricht, stellt er sich unter seinem Decknamen Joseph Lehmann vor – es ist das Pseudonym, das ihm der Geheimdienst verliehen hat, Staschynskyj gibt sich in Berlin als polnischer Dolmetscher mit deutschen Wurzeln aus. Seine wahre Identität hält er Inge gegenüber geheim, nicht jedoch seine kommunistischen Überzeugungen. Die junge Frau lacht ihn deswegen aus – sie selbst hält nicht viel von den Neue-Welt-Versprechen der sowjetischen Machthaber im Ostteil der Stadt. Die beiden sind zu verliebt, um sich an ihren weltanschaulichen Differenzen zu stören. Im April 1959, zwei Jahre nach der Begegnung im Friedrichstadtpalast, verloben sich Inge und Bohdan.

Seinen ersten Auftragsmord hat Staschynskyj zu diesem Zeitpunkt schon begangen. Und langsam, so erzählt er es den Ermittlern, beginnt sein Doppelleben ihn zu belasten. Er holt jetzt weiter aus, spricht von seiner Kindheit, seinem Heimatdorf in der Westukraine, auch von seiner Schulzeit, in der ständig die Unterrichtssprache wechselte – erst von Ukrainisch zu Polnisch, später von Polnisch zu Russisch, kurz darauf zu Deutsch, dann wieder zurück zu Russisch, den Eroberungswellen in Galizien folgend. Als Kind, erzählt Staschynskyj, habe er miterlebt, wie sich in seinem Heimatdorf Ukrainer und Polen an die Gurgel gingen, wie später die Juden ermordet wurden, wie sich schließlich Deutsche und Russen bekriegten. Ein Teil seiner Familie schloss sich in den Kriegswirren den ukrainischen Nationalisten an, um gegen die Russen zu kämpfen. Staschynskyj selbst glaubte eher an eine sowjetische Zukunft der Ukraine. Der Kommunismus, der eine gewaltfreie Welt ohne Länder- und Standesgrenzen versprach, war ihm näher als das alte Nationaldenken, das so viel Unheil über Galizien gebracht hatte. Als er nach dem Krieg einem KGB-Mann begegnete, der ihn als «Kundschafter des Friedens» anwerben wollte, ließ sich Staschynskyj darauf ein. Auch als man den sprachbegabten jungen Mann nach Deutschland abkommandierte, um die ukrainische Nationalbewegung auszuspionieren, wähnte sich Staschynskyj auf der richtigen Seite. Zweifel kamen ihm erst, als er im Namen des Friedens Blut vergießen sollte. Doch die moralischen Bedenken reichten nicht aus, um ihn vom Morden abzuhalten. Erst die Begegnung mit Inge, so wird es Staschynskyj vor Gericht schildern, habe ihn innerlich zur Umkehr gebracht.

Als seine Ostberliner Vorgesetzten von der Verlobung erfahren, bedrängen sie Staschynskyj, die Verbindung zu lösen – ein KGB-Agent, argumentieren sie, könne sich unmöglich mit einer Ausländerin einlassen, schon gar nicht mit einer Klassenfeindin aus den Berliner Westsektoren. Im Übrigen, fügt einer der Führungsoffiziere augenzwinkernd hinzu, herrsche doch in der Sowjetunion wahrlich kein Mangel an schönen Mädchen. Verzweifelt beginnt Staschynskyj zu lügen: Inge, fabuliert er, sei der kommunistischen Sache innerlich zugeneigt, es könne eine hervorragende Sowjetbürgerin aus ihr werden.

«Es ging um meine Seele», wird Staschynskyj vor Gericht sagen. «Ich verabscheute doch schon meine Taten und stand an einem Scheideweg. Ohne die Heirat mit meiner Braut wäre ich vielleicht wieder ein linientreuer Kommunist und hundertprozentiger KGB-Mann geworden.»

Erst nach dem Gespräch mit dem Führungsoffizier überwindet sich Staschynskyj zu einer Beichte. Als er Inge verrät, wer er wirklich ist, rechnet er mit dem Schlimmsten. Doch das Unwahrscheinliche geschieht: Seine Braut verzeiht ihm nicht nur, sie verspricht, ihn zu retten. Die zweiundzwanzigjährige Friseuse Inge Pohl, die gerade erst erfahren hat, dass ihr Verlobter kein wunderlicher Sonntagskommunist, sondern ein professioneller KGB-Mörder ist, lässt sich auf einen halsbrecherischen Plan ein: Gemeinsam mit Staschynskyj reist sie nach Moskau, um dem Geheimdienst Linientreue vorzugaukeln und den Vorgesetzten die Erlaubnis zur Heirat abzutrotzen.

Während des zweimonatigen Aufenthalts in Moskau entfremdet sich Staschynskyj zunehmend von seinen Auftraggebern. Nach außen mimen er und Inge begeisterte Zustimmung, innerlich gilt ihr einziger Gedanke der Flucht. Als sie feststellen, dass ihr Moskauer Wohnheimzimmer abgehört wird, werden ihre Privatgespräche zur Scharade, über ihre wahren Gefühle können sich die beiden nur noch schriftlich oder bei Spaziergängen austauschen. Ihr Ziel erreichen sie trotzdem: Als Inge nach zwei Monaten abreist, stimmt der Geheimdienst einer Hochzeit zu.

Danach überschlagen sich die Ereignisse. Staschynskyj, der in Moskau zurückbleibt, erfährt wenige Monate nach Inges Abreise, dass seine Verlobte in Deutschland ein Kind erwartet. Als er die Neuigkeit meldet, drängt sein Führungsoffizier auf Abtreibung – das Baby komme ungelegen, Staschynskyj werde nicht als Vater, sondern als Agent gebraucht. Sollte er sich nicht zur Abtreibung entschließen, werde man das Kind in einem sowjetischen Heim unterbringen müssen.

Am 31. März 1961 kommt in Berlin ein Junge namens Peter zur Welt. Während die Eltern noch überlegen, wie sie ihr Kind vor dem KGB schützen können, stirbt der Neugeborene an einer Lungenentzündung. Staschynskyj beschwört seine Vorgesetzten, ihn zur Beerdigung nach Deutschland reisen zu lassen, was ihm erst gewährt wird, als er auf den nervlich gereizten Zustand seiner Frau hinweist – er müsse Inge beruhigen, sagt er, damit sie keine Geheimnisse ausplaudere.

Bei der Ankunft in Ostberlin wird Staschynskyj von zwei Stasi-Mitarbeitern in Empfang genommen, die ihm keinen Augenblick von der Seite weichen – der KGB scheint das Vertrauen in seinen Agenten verloren zu haben. In Begleitung seiner Bewacher fährt Staschynskyj in den Ostberliner Vorort Dallgow, wo Inge vorübergehend bei ihren Eltern untergekommen ist, am Folgetag soll dort die Beerdigung stattfinden. Die Stasi-Aufpasser parken ihr Auto gegenüber der Haustür. Als Inge und Bohdan begreifen, dass man sie nicht unbeobachtet lassen wird, beschließen sie, noch vor der Beerdigung zu fliehen. Durch die Hintertür schleichen sie sich in den Garten und erreichen auf Umwegen den Nachbarort Falkensee, von wo sie ein Taxi nach Ostberlin nehmen. Mit der S-Bahn fahren sie schließlich vom Bahnhof Friedrichstraße weiter in den Westteil der Stadt, wo sich Staschynskyj am Nachmittag des 12. August 1961 der Polizei stellt.

Dass sie buchstäblich in letzter Sekunde entkommen sind, begreifen Inge und Bohdan erst am Folgetag. Wenige Stunden nach ihrer Flucht ist der gesamte S-Bahn-Verkehr zwischen West- und Ostberlin gekappt worden, im Morgengrauen hat die DDR den Stacheldraht ausgerollt. Es ist der Tag des Mauerbaus.

Bohdan Staschynskyj wird am 19. Oktober 1962 zu acht Jahren Freiheitsstrafe verurteilt, nicht wegen Mordes, sondern lediglich wegen Beihilfe. Das milde Urteil ist politisch motiviert. Der Schock der Berliner Teilung ist frisch, der Kalte Krieg hat seinen Höhepunkt erreicht, der Bundesgerichtshof will betonen, dass die wahren Schuldigen der Münchener Morde in Moskau sitzen.

Staschynskyj wird noch vor Ablauf seiner Strafe wegen guter Führung aus der Haft entlassen. Danach verliert sich seine Spur. Gerüchteweise heißt es, er und Inge hätten unter falschen Namen ein neues Leben in Südafrika begonnen, unerkannt und fern der Heimat. Gemunkelt wird, nach dem Untergang der Sowjetunion sei das Paar in die nunmehr unabhängige Ukraine übergesiedelt, wo Bohdan und Inge einige Jahre später friedlich gestorben seien, in unbekannter Reihenfolge. Was stimmt, weiß niemand.

Ein paar Wochen vor meiner Abreise in die Ukraine, an einem verregneten Tag im August, hatte ich auf dem Münchener Waldfriedhof nach dem Grab von Stepan Bandera gesucht.

Es war ein Sonntag, die Friedhofsverwaltung war unbesetzt, kein Pförtner tat Dienst, nicht einmal ein Gärtner war zu sehen. Von den vielen prominenten Toten des Friedhofs verzeichnete der Lageplan am Haupteingang nur einen einzigen: Kurt Huber, Mitglied der Weißen Rose, Grabnummer 21-W-22. Falsche Richtung, dachte ich unwillkürlich: Der Mann, den ich suchte, hatte nicht gegen die Nazis gekämpft, sondern an ihrer Seite.

Als ich das Grab schließlich am Nordrand des Friedhofs unter ein paar hohen Kiefern entdeckte, war es genauso verwaist wie der Rest des verregneten Waldgeländes. Nacktschnecken krochen über das hellgraue Steinkreuz, auf dessen Sockel zwei ukrainische Flaggen ausgebreitet waren, blau und gelb und durchweicht. Ein paar Grablichter brannten auf dem Sockelrand, dazwischen lagen welke Mohnblumen und, warum auch immer, eine Handvoll zellophanverpackter Edeka-Bonbons.

Gegen die Verehrung, die Bandera heute in Teilen der Ukraine entgegengebracht wird, spricht vieles – nicht nur seine Kollaboration mit den Nazis, nicht nur die Pogrome gegen Polen, Juden und Kommunisten, an denen seine Partisanenarmee beteiligt war.

Auch sein Scheitern spricht gegen ihn. Bandera kämpfte für eine unabhängige Ukraine, aber es war ein Kampf, der sein Ziel komplett verfehlte.

Mit den Nazis, die von Anfang an ein durchschaubares Spiel mit den ukrainischen Nationalisten spielten, verbündete sich Bandera Ende der dreißiger Jahre, nachdem die Rote Armee in Galizien einmarschiert war. Im Einverständnis mit der Wehrmacht kämpften seine Partisanentrupps fortan gegen die Sowjets. Lange hielt das Zweckbündnis nicht. Als die Deutschen 1941 die Rote Armee aus Galizien herausgedrängt hatten, hielt Bandera die Stunde der Ukraine für gekommen – sofort ließ er eine unabhängige Republik ausrufen. Keine Woche später fand er sich in der Zelle eines Krakauer Gestapo-Gefängnisses wieder, aus der man ihn später ins Konzentrationslager Sachsenhausen überführte. Hitler hatte andere Pläne für die Ukraine, was Bandera hätte wissen können, wenn er «Mein Kampf» aufmerksamer gelesen hätte.

Zwei seiner Brüder wurden in Auschwitz ermordet. Bandera selbst verschonten die Deutschen, vermutlich weil sie ihn als Trumpfkarte betrachteten, die sich bei passender Gelegenheit wieder aus dem Ärmel ziehen ließe. Als sich ihr Kriegsglück wendete, entließen sie Bandera aus dem KZ, wohl in der Hoffnung, die ukrainischen Nationalisten erneut auf ihre Seite ziehen zu können. Doch es kam nicht mehr dazu, die Niederlage des Dritten Reichs war absehbar.

Den kurzen Rest seines Lebens verbrachte Bandera als Exilant in München, fern der Ukraine, deren Befreiung er keinen Schritt näher gekommen war. Er starb nicht mit der Waffe in der Hand, wie er es bei seiner OUN-Vereidigung geschworen hatte, sondern mit einer Tüte Tomaten im Arm. Sein Mörder erwischte ihn auf dem Rückweg vom Einkaufen.

Ein paar Straßenbahnhaltestellen vom Münchener Waldfriedhof entfernt steht die ukrainisch-orthodoxe Kirche, die Bandera bis zu seinem Tod besucht hat.

Als ich hinfuhr, platzte ich im Gemeindezentrum in eine Sonntagsversammlung von Exilukrainern. Kinder in buntbestickten Folklorehemden jagten von Raum zu Raum, ihre Eltern standen in Grüppchen unter einem grau-braunen Wandteppich, in dessen Muster sich das walrossbärtige Konterfei des Nationaldichters Taras Schewtschenko abzeichnete.

Ein Mikrophon knackte. «Und nun, liebe Gäste, lassen Sie uns dem Spiel eines jungen Kobsaren lauschen, der aus dem fernen Donezk zu uns gekommen ist ...»

Der Kobsar saß auf einem Stuhl in der Mitte des Raums, auf dem Schoß seine Bandura. Das Instrument sah aus wie das uneheliche Kind, das eine Mandoline nach einer Liebesnacht mit einer Zither zur Welt bringen würde. Von der Mutter hatte es die bauchige Form und den Hals, vom Vater die unzähligen Saiten.

Der Kobsar spielte und sang. Sein Ukrainisch war stark stilisiert, weshalb ich nur verstand, dass von Krieg die Rede war. Ich nahm an, dass er ein Kosakenlied sang, wie es Kobsaren meistens tun, aber als ich den alten Mann neben mir fragte, schüttelte er den Kopf.

«Es geht um einen UPA-Kämpfer, der sich von seiner Mutter verabschiedet, bevor er in den Krieg zieht. Sie wissen, was die UPA ist?»

«Die Bandera-Armee», sagte ich nickend.

Schweigend hörten wir weiter zu. Aus den Augenwinkeln musterte ich den kleinen, kahlköpfigen Mann neben mir, dessen Gesichtsausdruck mich an einen neugierigen Vogel erinnerte. Er war so alt, dass mir plötzlich ein Gedanke kam.

«Kannten Sie Bandera?»

Er drehte sich zu mir um.

«Ich bin sein Schwiegersohn!»

Andrij Kuzan, dessen Stimme für seine achtzig Jahre zu hoch wirkte, war seinem prominenten Schwiegervater nur ein Mal im Leben begegnet. Als frischgebackener Abiturient hatte er Bandera in den fünfziger Jahren in dessen Wohnung aufgesucht, wie es in München damals viele junge Exilanten taten, die ihr Leben in den Dienst der ukrainischen Sache stellen wollten. «Fremdsprachen!», hatte Bandera geantwortet, als Kuzan ihn um Rat für seine weitere Lebensplanung bat. Der junge Mann befolgte den Hinweis und ging zum Studieren nach Spanien. Als er dort kurz darauf von der Ermordung des Nationalistenführers hörte, ahnte Kuzan noch nicht, dass er ein paar Jahre später Stepan Banderas verwaiste Tochter heiraten würde.

Natalja Stepanowna war früh gestorben, und als ich Kuzan in München begegnete, traf ich eine neue Frau an seiner Seite an. Gemeinsam kümmerten sich die beiden um Banderas Grab auf dem Waldfriedhof, was in letzter Zeit keine leichte Aufgabe gewesen war. Mehrfach war das graue Steinkreuz seit dem Beginn der russisch-ukrainischen Feindseligkeiten umgestürzt worden. Kuzan vermutete russische Provokateure hinter den Anschlägen, obwohl sie den Grabstein mit englischen und polnischen Hassbotschaften beschmiert hatten.

«Der polnische Text war voller Rechtschreibfehler», sagte Kuzans Frau. «Das können keine Polen gewesen sein.»

Mir fielen noch ein paar andere Volksgruppen ein, die Gründe hatten, Bandera nicht zu mögen, aber ich verkniff mir die Bemerkung. Kuzan war ein liebenswürdiger Mann, und man konnte ihm schlecht verübeln, dass er das Grab seines Schwiegervaters pflegte.

Bevor wir uns verabschiedeten, fragte ich ihn, ob es in der Ukraine noch überlebende Veteranen der Bandera-Bewegung gebe.

«Versuchen Sie es in Lwiw», sagte er. «Im Lonzkyj-Gefängnis.»

DIE LIEBESGESCHICHTE VON SZ-108 UND SD-214

Lwiw sah aus wie das uneheliche Kind, das Salzburg nach einer Liebesnacht mit Krakau zur Welt bringen würde. Von der Mutter hatte es die Alte-Welt-Atmosphäre, die Kaffeehäuser, das Kopfsteinpflaster, die Studenten mit den Zeichenmappen und Instrumentenkoffern. Vom Vater hatte es die unzähligen Barockkirchen – und das Lonzkyj-Gefängnis.

Das Gefängnis hatte, als es noch ein Gefängnis gewesen war, an der Lonzkyj-Straße gelegen, daher sein Name. Jetzt, wo es ein Museum war, lag es an der umbenannten Stepan-Bandera-Straße, unweit des Bandera-Denkmals, das ich am Vorabend aus der Straßenbahn gesehen hatte.

Ich kaufte eine Eintrittskarte und wurde einer Museumsführerin zugeteilt.

Die Führerin deutete einen kleinen Knicks an. «Pani Kristina – sehr angenehm.»

Ich deutete eine kleine Verbeugung an. «Pan Jens – ganz meinerseits.»

«Sie sprechen Ukrainisch?», fragte sie auf Ukrainisch.

«Das meiste verstehe ich», antwortete ich auf Russisch.

Pani Kristina verzog das Gesicht. «Russian – no! I will speak English.»

Alle Macken Galiziens schienen in diesem kleinen Austausch

enthalten: die österreichische Steifheit der Umgangsformen, die polnische Anrede beim Vornamen (für die ich ausgelacht wurde, als ich sie später in anderen Landesteilen ausprobierte) und die Vorbehalte gegenüber allem, was nach Russland riecht.

Auch wenn sie während meiner Reise die erste und einzige Ukrainerin war, die mir ein Gespräch auf Englisch aufzwang, mochte ich Pani Kristina sofort. Während sie mich durch die engen Gefängnisgänge führte, vorbei an Schautafeln voller vergilbter Prozessakten und Erschießungsbefehle, spiegelte sich der Horror ihrer Umgebung in ihren entsetzten Blicken, als werde ihr selbst gerade erst bewusst, was sie da sah. Ihre Augen sagten mehr als ihre Worte.

Gebaut worden war das Gefängnis unmittelbar nach dem Ersten Weltkrieg, als Polen das Kommando in Galizien übernahm und dem ehemals österreichischen Polizeirevier in der Lonzkyj-Straße einen Neubau für politische Häftlinge an die Seite stellte. Bald landeten in den Zellen die ersten ukrainischen Untergrundkämpfer. Auch Bandera wurde hier festgehalten, als er 1936 vor Gericht stand, nachdem seine Terrortruppen in Lwiw den polnischen Direktor eines Gymnasiums ermordet hatten.

1939, nach dem Einmarsch der Roten Armee, wurde das Gefängnis von den Sowjets übernommen, die den alteingesessenen Häftlingen neue hinzugesellten: Antikommunisten, Priester, Aristokraten und andere Konterrevolutionäre, die der sozialistischen Zukunft Galiziens im Weg standen.

Als zwei Jahre später die Wehrmacht auf Lwiw vorrückte und sich abzeichnete, dass die Stadt den Deutschen in die Hände fallen würde, kabelte Moskau einen verhängnisvollen Befehl an die Gefängnisleitung. Alle Zellen standen leer, als die Gestapo die Lonzkyj-Anstalt im Juni 1941 übernahm. Wo die Häftlinge geblieben waren, ließ sich leicht erahnen: Die Erde im Gefängnishof war frisch aufgewühlt.

Es war ein Propagandageschenk für die Nazis. Die Gestapo trieb ein paar Dutzend Juden aus dem frisch eingerichteten Ghetto der Stadt zusammen. In der Lonzkyj-Straße warf man ihnen Schaufeln vor die Füße. Die Juden gruben, bis knapp tausend Leichen aufgereiht am Fuß der Gefängnismauer lagen. Dann riefen die Nazis die Bevölkerung von Lwiw auf, ihre Toten zu identifizieren.

Pani Kristina führte mich in eine der Zellen. Auf die hintere Wand war ein Schwarzweißfilm projiziert, der in Endlosschleife grobkörnige Aufnahmen der ermordeten Häftlinge zeigte. Zwischen den Toten knieten Ukrainer, die mit schmerzverzerrten Gesichtern um Verwandte, Freunde, Geliebte trauerten. Es waren deutsche Propagandaaufnahmen, gedreht, um der ukrainischen Bevölkerung die Verbrechen der Sowjets vor Augen zu halten – und um vom eigenen Morden abzulenken, das zeitgleich in der Ukraine begonnen hatte.

Zwei oder drei Minuten lang starrten wir schweigend auf die flimmernde Zellenwand. Als Pani Kristina mich ansah, war in ihren Augen mehr Empörung als Entsetzen.

«Zu Sowjetzeiten hat man uns diese Aufnahmen in der Schule gezeigt», sagte sie. «Aber unsere Lehrer behaupteten damals, die Häftlinge seien nicht von den Russen, sondern von den Deutschen ermordet worden.»

In den anderthalb Jahren der deutschen Besatzung füllten sich die Zellen in der Lonzkyj-Straße schnell mit neuen Insassen. Ein Teil von ihnen wurde befreit, als die Rote Armee die Stadt 1943 zurückeroberte. Wieder wurden nun Untergrundkämpfer der Nationalistenbewegung inhaftiert, und noch lange nach dem Krieg, bis in die letzten Jahre der Sowjetära, hatten im Lonzkyj-Gefängnis ukrainische Dissidenten hinter Gittern gesessen.

«Es gibt noch ein paar alte Verhörzellen im Keller», sagte Pani Kristina. «Da landeten die Häftlinge, die der Geheimdienst zu

Geständnissen zwingen wollte. Wir zeigen sie normalerweise nicht den Besuchern, der Keller ist in keinem guten Zustand. Aber vielleicht wollen Sie ...?»

Ich wollte.

Während wir durchs Treppenhaus liefen, fragte Pani Kristina, aus welcher Stadt ich kam.

«Berlin? Ich war nur einmal in Ihrer Heimat, in Saarbrücken. So viele Muslime! Integrieren die sich in Deutschland? Wissen Sie, die Russen bei uns in der Ukraine integrieren sich überhaupt nicht – überall sprechen sie ihr Russisch, sie weigern sich, Ukrainisch zu lernen ...»

Der Keller war feucht und dunkel. Pani Kristina schloss eine vergitterte Zellentür auf und führte mich in den engen Raum. Mit ihrem rechten Schuh zog sie eine horizontale Linie an der Wand entlang, etwa zehn Zentimeter über dem Steinfußboden.

«So hoch stand hier damals das Wasser. Es war eine Methode des Schlafentzugs, die Gefangenen konnten sich so nicht auf den Boden legen.»

Sie starrte auf die unsichtbare Wasserlinie an der Wand.

«Ein ehemaliger Häftling hat mir erzählt, dass er sich nachts seine Schuhe unter den Kopf legte, damit sein Mund über Wasser blieb und er wenigstens für ein paar Minuten schlafen konnte.»

Als sie sich zu mir umdrehte, schien ihr entsetzter Blick zu fragen: Können Sie sich das vorstellen?

«Weshalb war der Mann hier?», fragte ich.

«Pan Iwan? Er hat im Krieg auf der falschen Seite gekämpft. Oder auf der richtigen, je nachdem. Er war bei der OUN.»

Ich fragte sie, ob Pan Iwan noch am Leben sei.

«Sie wollen mit ihm sprechen?»

Ich nickte.

Pani Kristina überlegte einen Moment. Dann führte sie mich

zurück ins Obergeschoss, in ihr Büro, wo sie mich einer zweiten Pani Kristina vorstellte – die junge Frau sah ihr verblüffend ähnlich.

«Pani Severina. Meine Tochter. Es wird ihr eine Freude sein, Sie zu Pan Iwan zu begleiten.»

«Mama ...»

«Eine Freude, Severinka!»

Auf dem Weg zur Straßenbahnhaltestelle entschuldigte ich mich wortreich bei Severina, aber sie unterbrach mich lächelnd.

«Schon gut, ich habe Zeit.»

Im Inneren des überfüllten Wagens fächelten sich die Passagiere mit gefalteten Zeitungen Luft zu. Noch immer hielt die ungewöhnliche Septemberhitze an. Severina, die Musik studierte, hatte am Vortag bei einer Geigenprüfung mehrfach gepatzt, weil ihre feuchten Finger vom Griffbrett gerutscht waren.

«Mama hat mich schon als Kind in die Musikschule gejagt», sagte sie. «Als Teenager habe ich es gehasst – ich war das Üben so leid, dass ich hinschmeißen wollte. Als ich es Mama sagte, riss sie die Augen auf, als hätte ich ihr ein Messer in den Bauch gerammt.»

Ich konnte Pani Kristinas gekränkten Blick förmlich vor mir sehen.

«Aber sie sagte nur: In Ordnung, hör auf, du wirst nie wieder spielen. Das klang so endgültig, dass ich es mir anders überlegte. Und heute bin ich froh darüber.»

Ich fragte, ob sie sich bei ihrer Mutter dafür bedankt hatte.

Severina lachte. «Dafür, dass sie manipulativ ist?»

Immer noch lachend fügte sie hinzu: «Ja, habe ich. Sie ist eine gute Mutter.»

Iwan Mamtschur lebte im Erdgeschoss eines Plattenbaus am Südrand der Stadt. An der Wand seines Wohnzimmers hing ein alter sowjetischer Volksempfänger, Modell Elektronika 203. Das Plastikradio übertrug eine Parlamentsdebatte, die leise unser Gespräch untermalte. Ich konnte dem schnellen Hin und Her der ukrainischen Redebeiträge nicht folgen, nur ein einzelnes wiederkehrendes Wort nahm ich wahr, das in allen seinen grammatikalischen Abwandlungen Mamtschurs Erzählung begleitete: *Ukrajina ... ukrajiny ... ukrajinska ... ukrajinskoho ... ukrajinzy ...*

Mamtschur selbst hatte nichts dagegen, Russisch mit mir zu sprechen. In den Arbeitslagern der Sowjetunion hatte er genug Zeit gehabt, sich die Sprache anzueignen.

«Kompott?»

Er stellte einen Topf selbstgekochten Fruchtsirup und zwei Gläser auf den Tisch. Mit einer entschuldigenden Geste bat er mich einzuschenken. Er war ein drahtiger, beweglicher Mann, aber an schlechten Tagen gehorchten ihm seine zitternden Hände nicht mehr. Mamtschurs neunzigster Geburtstag lag nicht weit zurück. Den Großteil seiner Rente gab er für Medikamente aus, und erst gegen Ende des langen Gesprächs wurde mir klar, dass er mich kaum erkennen konnte, obwohl seine dunklen Augen wach wirkten. Das eine war blind, das andere sah noch das Nötigste.

Sein Geist aber war klar, und seine Erinnerungen, in denen er sich mit dem Ordnungssinn eines Bibliothekars zurechtfand, ersetzten ihm die Bücher, die er nicht mehr lesen konnte.

Er war 1925 geboren worden, in Rokytne, einem Dorf bei Lwiw. Seine Eltern waren Bauern, aber sie begriffen früh, dass ihr Sohn nicht zum Pflügen auf die Welt gekommen war. Als der Dorfschullehrer ihnen empfahl, den begabten Jungen weiter lernen zu lassen, hörten sie auf seinen Rat. Iwan besuchte fortan das ukrainische Gymnasium von Lwiw, eine der wenigen Schulen, die nach der

Rückgabe Galiziens an Polen nicht die Unterrichtssprache gewechselt hatten.

Er war fünfzehn, als die Rote Armee in Lwiw einrückte. Ein paar ältere Mitschüler und Lehrer des Gymnasiums waren in der Nationalistenbewegung aktiv. Mamtschur sah sie verschwinden, einen nach dem anderen. Sie tauchten erst nach dem Einmarsch der Deutschen wieder auf, als ihre Leichen im Hof des Lonzkyj-Gefängnisses ausgegraben wurden.

Die Nationalistenbewegung zerfiel zu diesem Zeitpunkt in zwei Teile. Den radikaleren Flügel leitete Bandera, dessen Partisanenarmee im Untergrund gegen die Rote Armee kämpfte. Dem konservativeren Flügel boten die Deutschen an, eine eigene ukrainische Division in den Reihen der SS aufzustellen.

Mamtschur, der sich alt genug zum Kämpfen fühlte, aber nicht wusste, wem er sich anschließen sollte, fragte den Direktor seines Gymnasiums um Rat.

Du hast keine Kampferfahrung, sagte der Direktor. In den Wäldern wirst du nicht lange durchhalten. Schreib dich bei den Deutschen ein, die werden dich ausbilden, bevor sie dich in den Krieg schicken.

Mamtschur war achtzehn, als er sich der SS-Division «Galizien» anschloss, gemeinsam mit dreizehntausend anderen Ukrainern.

«*Un-ter-fuh-rer-schu-le.*»

«Wie bitte?»

«*Un-ter-fuh-rer-schu-le.*» Mamtschur wiederholte das deutsche Wort. «Da wurde ich ausgebildet. In Berlin.»

Mamtschur saß noch in der Offiziersschulung, als der Krieg schon zu Ende ging. Zusammen mit den älteren Kämpfern der Division, die an der Ostfront eingesetzt worden waren, fand er sich nach dem deutschen Untergang in einem britischen Kriegsgefangenenlager wieder, in dem auch Nazi-Kollaborateure aus anderen

Teilen der Sowjetunion landeten. Die meisten von ihnen wurden unmittelbar nach dem Krieg zurück in ihre Herkunftsregionen geschickt, wo Stalin sie hinrichten oder in Straflager stecken ließ.

Die galizischen Ukrainer dagegen hatten das Glück, dass die Engländer sie als polnische Staatsbürger betrachteten. So entgingen sie der Auslieferung an die Sowjetunion. Fast alle Angehörigen der galizischen SS-Division wanderten, nachdem man sie aus dem Kriegsgefangenenlager entlassen hatte, in den Westen aus, nach England, Kanada, in die USA.

Nicht so Mamtschur.

«Ich hatte den OUN-Eid abgelegt», sagte er.

Als ich begriff, was er meinte, sah ich ihn ungläubig an. «Du sollst einen ukrainischen Staat errichten ...?»

«... oder im Kampf für ihn sterben», ergänzte er nickend.

Er kehrte nach Lwiw zurück. Als blinder Passagier schlug er sich an Bord von Güterzügen quer durch das kriegszerstörte Europa bis in seine Heimat durch.

Als er in Galizien ankam, das inzwischen mit dem Segen der Siegermächte der Sowjetunion zugeschlagen worden war, wusste er nicht, was aus der Nationalistenbewegung geworden war, wo sich ihre Mitglieder verbargen, wie er Kontakt zu ihnen aufnehmen konnte. Ohne Ausweispapiere lebte er versteckt in Lwiw, seine Eltern versorgten ihn heimlich mit Lebensmitteln.

In einem Park lernte er nach ein paar Monaten einen Mann kennen, in dem er nach langen, tastenden Gesprächen einen Gesinnungsgenossen erkannte. Der Mann brachte ihn in Kontakt mit dem noch aktiven Teil der OUN. Mamtschur ließ sich als Mitglied des Propagandazweigs rekrutieren. Konspirativ zog er nachts durch die Straßen und beklebte die Mauern des sowjetischen Lwiw mit Agitationsplakaten.

Gegen Stalin!
Gegen die Sowjetmacht!
Glaubt ihren Lügen nicht!
Erinnert euch an den Terror, die Erschießungen, den Hunger!
Die OUN ist aktiv, sie lebt!
Für eine freie Ukraine!

Sein letztes Plakat klebte er am 22. August 1946. Es war noch Leim an seinen Händen, als sie ihm am nächsten Tag von zwei NKWD-Mitarbeitern auf den Rücken gedreht wurden. Ein kurz vorher verhaftetes OUN-Mitglied hatte den sowjetischen Geheimdienst unter Druck auf seine Spur gebracht.

Vier Monate lang saß Mamtschur in der Verhörzelle des Lonzkyj-Gefängnisses. Nachts legte er sich seine Schuhe unter den Kopf, damit sein Mund über Wasser blieb. Die Ratten konnte er bald an der Musterung ihres Fells unterscheiden.

Man verurteilte ihn zu zehn Jahren Lagerhaft. Erst schickte man ihn nach Norden, ans Eismeer, wo der Belomorkanal ausgehoben wurde. Mamtschur schob Karren mit gefrorener Erde über die gefrorene Erde, zwei Jahre lang.

Später schickte man ihn südostwärts, nach Kasachstan, wo eine Stadt aufgebaut wurde, Kengir. Mamtschur wälzte Schubkarren mit Ziegelsteinen durch die sonnenversengte Steppe, sechs Jahre lang.

Rund zwanzigtausend politische Sträflinge saßen im Lager von Kengir. Viele von ihnen waren aus ähnlichen Gründen verurteilt worden wie Mamtschur. Die meisten stammten aus der Ukraine, andere hatten sich im Baltikum am Partisanenkampf gegen die Sowjetunion beteiligt, wieder andere waren national gesinnte Polen, Weißrussen, Moldawier.

«Aber das wussten wir damals nicht», sagte Mamtschur. «Im

Lager sprach man nicht über seine Vorgeschichte. Wir hatten keine Nationalität mehr, wir hatten nicht einmal Namen. Auf unseren Kitteln stand nur eine Nummer. Ich hieß SZ-108.»

Bei seinen Arbeitseinsätzen in der Steppe fiel SZ-108 ein Mädchen namens SD-214 auf. Sie war in der benachbarten Frauenabteilung des Lagers inhaftiert. SD-214 hatte lange, dunkle Haare, sie war schön, auf eine Art, die SZ-108 vertraut vorkam. Als es ihm eines Tages gelang, die junge Frau in einem unbeobachteten Moment anzusprechen, bestätigte sich, was er vermutet hatte: Sie kam aus Galizien, und im Lager saß sie, weil sie sich im Krieg den Nationalisten angeschlossen hatte.

SZ-108 nahm seinen ganzen Mut zusammen. «Wie heißt du?», fragte er.

SD-214 errötete. «Olga», flüsterte sie.

Wann immer sich die beiden danach sahen, warfen sie sich Blicke zu. Manchmal gelang es ihnen, Briefe von einer Lagerabteilung in die andere schmuggeln zu lassen. Miteinander sprechen aber konnten sie nach ihrer ersten Begegnung lange nicht mehr. Zu selten überschnitten sich ihre Wege, und wenn sie es taten, waren Wachleute in der Nähe.

Sie sollten sich erst wiedersehen, als der Aufstand ausbrach.

1954, ein Jahr nach Stalins Tod, begann es im Lager zu rumoren. Neuigkeiten aus der Außenwelt sprachen sich herum. Von Veränderungen war die Rede, Veränderungen zum Guten, der Henker war gestorben, seine willigsten Vollstrecker hatte man abgesetzt, die Menschen atmeten auf. Nur im Lager war alles beim Alten geblieben. Die Wassersuppe wurde nicht fetter, die Arbeitstage nicht kürzer, die Wächter nicht menschlicher.

Eines Nachts im Mai, die meisten Häftlinge saßen schon in ihren Baracken, brach im Hof der Männerabteilung ein Tumult aus, niemand konnte im Nachhinein mehr sagen, wie er entstanden war.

Alle stürzten ins Freie. Als die Wächter den Hof erreichten, feuerten sie blindlings in die Menge. Dreizehn Häftlinge starben auf der Stelle, andere verbluteten im Lazarett, wo fünfzig Schwerverletzte die ganze Nacht hindurch schrien.

Als am nächsten Morgen die Sonne über der Steppe aufging, weigerten sich die Häftlinge, zu ihren Arbeitseinsätzen anzutreten. Die Wächter brüllten. Die Wächter bettelten. Die Wächter drohten. Die Wächter machten Versprechungen. Als sie begriffen, dass die Häftlinge es ernst meinten, erschraken sie so sehr, dass sie aus dem Lager flohen.

Vierzig Tage lang dauerte der Aufstand von Kengir, es war die mit Abstand längste und folgenreichste Revolte in der Gulag-Geschichte. Die Insassen verbarrikadierten sich im Lager, rissen die Trennwände zwischen den Häftlingsabteilungen nieder, verbündeten sich. Sie wählten Vertreter, stellten Forderungen: Keine vergitterten Fenster mehr! Keine Riegel an den Schlafbaracken! Keine Einschränkungen des Briefverkehrs! Keine Sträflingsnummern an den Arbeitskitteln! Acht-Stunden-Arbeitstage! Amnestien! Bestrafung der Mörder von Kengir! Freier Durchgang zwischen Frauen- und Männerabteilung!

Die letzte Forderung wurde für manche Häftlinge zur wichtigsten, denn viele Frauen und Männer waren sich in den Tagen der Revolte nähergekommen. Zum ersten Mal zeigte sich nun, dass die sowjetische Religionsverfolgung auch ihre guten Seiten hatte: Für sämtliche Glaubensrichtungen fanden sich im Lager inhaftierte Priester, die heiratswilligen Paaren ihren Segen spendeten.

Auch SZ-108 und SD-214, die ihre Nummern inzwischen von den Kitteln gerissen hatten, sahen sich während des Aufstands wieder. Sie sprachen über ihre Hoffnungen, über die Zeit nach dem Lager, über eine gemeinsame Zukunft, über die Ukraine. Olga und Iwan waren glücklich in jenen Tagen, zum ersten Mal seit sehr langer Zeit. Gleichzeitig hatten sie das Gefühl, dass ihr Glück jeden Moment enden konnte.

In den frühen Morgenstunden des 26. Juni weckte ein dunkles Grollen die Häftlinge. Vier Panzer durchbrachen zeitgleich die Lagerabsperrungen. Es gab nichts, was die Insassen ihnen entgegensetzen konnten. Als die Panzer nach anderthalb Stunden abdrehten, waren mindestens fünfhundert Menschen tot. Manche sagen, es seien doppelt so viele gewesen.

Die Anführer des Aufstands richtete man hin. Weitere tausend Häftlinge – die jungen, die kräftigen, die widerspenstigen – wurden auf andere, noch abgelegenere Inseln des Archipels Gulag verbannt. Die übrigen ließ man das zerstörte Lager wiederaufbauen. Weinend mauerten sie sich ein.

Mamtschur gehörte zu denjenigen, die zur Weiterverschickung aussortiert worden waren. Er war sicher, dass er sterben würde, wenn er zurück in den Norden müsste. In den letzten Tagen des Aufstands hatte er Fieber bekommen, sein Kopf dröhnte, er konnte kaum aufrecht stehen.

Hepatitis, sagte der Lagerarzt. Er strich die Nummer SZ-108 von der Verschickungsliste. Nicht reisefähig, schrieb er daneben.

Mamtschur wurde noch im selben Jahr aus dem Lager entlassen, seine Strafe war abgesessen. Bis 1956 blieb er in Kengir, um auf Olga zu warten. Gemeinsam kehrten sie zurück in die Ukraine.

Ich sah das gerahmte Foto an, das zwischen uns auf dem Wohnzimmertisch stand. Olga war jung auf dem Bild, jung und so ungewöhnlich schön, dass mein Blick immer wieder in ihre Richtung gewandert war, während Mamtschur seine Geschichte erzählt hatte.

«Sie ist …?»

Er nickte. «Seit dreißig Jahren.»

Ein paar Augenblicke lang schwiegen wir. Die blechernen Stimmen im Radio wirkten plötzlich lauter, ich hatte sie gegen Ende der Erzählung kaum noch wahrgenommen.

Ich räusperte mich. «Sie wussten von den Juden?», fragte ich.

«Natürlich. Jeder in Lwiw kannte das Ghetto.»

«Trotzdem wollten Sie für die Nazis kämpfen?»

«Nicht für sie. Mit ihnen. Die OUN-Führer hatten darauf bestanden, dass unsere Division nur zum Kampf gegen die Bolschewiken eingesetzt wird.»

«Und Sie haben das geglaubt?»

«Ich wusste damals nicht, dass Hitler die Ukraine zu einer deutschen Kolonie machen wollte. Ich hatte ‹Mein Kampf› nicht gelesen. Aber mit den Pogromen hatten wir nichts zu tun. Das war ein anderer Teil der SS.»

«Aber es war die SS.»

Ein paar Sekunden lang starrte Mamtschur stumm auf die Tischplatte. Dann suchten seine schwachen Augen meinen Blick.

«Wissen Sie», fragte er, «was das Seltsame an den Juden im Ghetto war?»

Ich sah ihn abwartend an.

«Sie taten, was die Deutschen ihnen sagten», fuhr er fort. «Sie wehrten sich nicht. Sie sangen sogar Lieder, während sie in den Tod gingen. Es sah aus, als hätten sie sich damit abgefunden, dass ihr Gott ihnen dieses Schicksal aufgeladen hatte. Natürlich taten sie mir leid, es waren Menschen, sie wollten leben. Aber als ich sie sah, wusste ich, dass ich so nicht enden wollte. Ich wollte um meine Freiheit kämpfen.»

Wieder schwiegen wir. Antworten und Fragen gingen mir durch den Kopf, Fragen und Antworten, aber ich wusste nicht mehr, wie ich sie formulieren sollte. Unbewusst hatte ich, erst jetzt wurde mir das klar, auf ein Schuldeingeständnis gewartet. Sofort begriff ich, wie vermessen das war – ausgerechnet einem Deutschen, ausgerechnet jetzt, ausgerechnet mir sollte Mamtschur Fehler beichten, die mehr als siebzig Jahre zurücklagen? Er hatte seine Entscheidungen getroffen. Er hatte teuer für sie bezahlt. Wenn er auf einen Richter wartete, dann sicher nicht auf mich.

Deutlich billiger waren Mamtschurs ehemalige Divisionskameraden davongekommen, die nach dem Kriegsende nicht in die Ukraine zurückgekehrt, sondern in den Westen ausgewandert waren. Einigen von ihnen war Mamtschur in den neunziger Jahren wiederbegegnet, bei Gedenkveranstaltungen in Lwiw, zu denen SS-Veteranen aus der ganzen Welt anreisten. Die Männer, mit denen Mamtschur sprach, hatten dicke amerikanische Bäuche und dicke amerikanische Portemonnaies. Einer von ihnen beklagte sich unter Tränen über das schlechte Ukrainisch, das seine Kinder sprachen. Iwan, jammerte er, mein Kamerad, sag mir, was ist der Patriotismus wert, zu dem ich sie erzogen habe?

Mamtschur erzählte mir diese Geschichte erst, als ich ihn zwei Tage später noch einmal besuchte, um ein paar Fragen zu stellen, an die ich beim ersten Mal nicht gedacht hatte. Unser Gespräch war zielloser bei diesem Treffen, weniger chronologisch, es sprang von Erinnerung zu Erinnerung.

Eine Zeitlang verlor sich Mamtschur in einer Geschichte, die er in den ersten zwei Jahren seiner Lagerhaft erlebt hatte, am Eismeer, beim Bau des Belomorkanals. Seine Mutter, erzählte er, durfte ihm ab und zu Briefe schicken, und manchmal versteckte sie ein paar Rubel zwischen den Bögen, und wenn die Wächter das Geld nicht aus den Briefen stahlen, kaufte er Beeren davon, die die Bewohner der umliegenden Dörfer den Gefangenen durch den Lagerzaun anboten, bis eines Tages ein Mitgefangener den Wächtern von dem Geld in den Briefen erzählte, da wurde Mamtschur zur Rede gestellt, die Wächter befahlen ihm, sich auszuziehen, weil sie die fünfzehn Rubel suchten, die er in seiner Unterhose versteckt hatte, und als er alles bis auf die Unterhose ausgezogen hatte und fror und das Geld immer noch nicht aufgetaucht war, rannte er weg, und die Wächter liefen ihm hinterher, und er rannte in seiner Unterhose über die gefrorene Erde, er rannte um sein Leben, denn er wusste, dass er sterben würde, wenn er keine Beeren mehr kaufen konnte, weil sein Körper ohne die Vitamine nicht durchhalten würde, er hielt ja so schon kaum durch, er lebte in ständiger Erwartung des Todes, und als er an einem Mitgefangenen vorbeirannte, drückte er ihm die fünfzehn Rubel in die Hand und rannte weiter, und dann holten sie ihn ein und schlugen ihn, bis er das Bewusstsein verlor, und als er zu sich kam ...

Abrupt verstummte Mamtschur.

«Entschuldigung ...»

«Entschuldigung?»

Zu spät merkte ich, dass ihm Tränen über die Wangen liefen.

«Diese Erinnerungen ... manchmal ... Entschuldigung ...»

Er starrte die Tüte mit dem Obst an, die ich ihm mitgebracht hatte, für sein Fruchtkompott.

«Manchmal», sagte er, als er sich gefangen hatte, «kann ich immer noch nicht glauben, dass es heute so leicht ist, Obst zu kaufen.»

Am Abend ging ich in eine Bar namens «Bunker», von der mir ukrainische Freunde erzählt hatten. Der Eingang lag versteckt im Treppenaufgang eines Wohnhauses, ohne Wegbeschreibung war die Bar nicht zu finden. Als ich anklopfte, stieß von innen ein Soldat die Tür auf – er trug die alte Felduniform der Bandera-Truppen und hielt im rechten Arm ein Sturmgewehr.

Sein gebrülltes ukrainisches Kommando verstand ich nicht. Meine Freunde hatten mir eingeschärft, dass am Eingang ein Kennwort abgefragt werde: die alte Grußformel der Nationalisten. Unsicher sah ich den Soldaten an und antwortete: «Ruhm den Helden.»

Er schüttelte den Kopf. Mit dem entnervten Gesichtsausdruck eines Lehrers, der zum tausendsten Mal denselben Fehler korrigiert, zeigte er mit dem Lauf seines Sturmgewehrs auf mich: «Ruhm der Ukraine!» Dann richtete er den Lauf auf sich selbst: «Ruhm den Helden!»

«Oh», sagte ich. «Falsch rum, tut mir leid», wollte ich hinzufügen, aber weil ich mich nicht traute, in Gegenwart eines bewaffneten Nationalisten Russisch zu sprechen, deutete ich nur abwechselnd auf ihn und auf mich, idiotisch grinsend.

Er packte meinen Arm, zog mich in die Bar und ließ die Tür ins Schloss fallen.

Drinnen stürzte eine steile Treppe ins Kellergeschoss, dessen bunkerartige Räume mit groben Stützbalken durchzogen waren. Alle Wände waren dicht an dicht mit Militär-Memorabilia gefüllt – historische Uniformteile, Orden, Ferngläser, Landkarten, Schlachtpläne, Funkgeräte, Porträts der ukrainischen Nationalistenführer.

Die Bar war gut besucht. Gruppen fröhlicher Trinker zogen von Wand zu Wand und musterten die Ausstellungsstücke. An einem Luftgewehrstand feuerten zwei Männer auf Zielscheiben mit den Konterfeis von Lenin, Stalin und Putin. Im Nebenraum waren antiquierte Weltkriegswaffen auf dem Boden ausgebreitet. In der Mitte des Arsenals hockte ein kleiner Junge in Windeln. Unter den amüsierten Blicken seines Vaters spielte er mit einem rostigen Granatwerfer, der doppelt so groß war wie er selbst.

Ich leerte einen Krug Bier und fühlte mich wie ein Spielverderber. In meinem Kopf arbeitete die Begegnung mit Iwan Mamtschur, zu der ich immer noch keinen klaren Standpunkt fand. Was ich am Nachmittag als Tragödie erlebt hatte, begegnete mir in der Bunkerbar nun als Farce, und obwohl ich den anderen Gästen ihren Spaß nicht übelnahm, schaffte ich es nicht, mich in dieser Karnevalsversion der Weltkriegswirren wohl zu fühlen.

Ich zahlte und verließ den Keller.

Auf dem Weg ins Obergeschoss zweigte eine Feuertreppe ab, deren Zickzackverlauf an der Seitenwand des Gebäudes hinauf bis zu einer Terrasse führte. Ein paar Tische und Stühle standen auf dem Flachdach, aber sie waren leer, die unbeleuchtete Veranda lag verlassen im Mondschein.

Ich trat ans Geländer und sah in die Nacht. Noch immer war es so warm, dass keiner der Passanten tief unter mir auf der Straße eine Jacke trug. Im Haus gegenüber spülte eine Frau Geschirr, ihr schrubbender Schatten bewegte sich ruckartig über die Küchengardinen. Auf den Dächern von Lwiw schliefen Tauben.

Hinter mir stand eine riesige Flugabwehrkanone aus dem Weltkrieg. Der Schützensessel war erhöht auf einem Sockel montiert, das Rohr wies in die Dunkelheit. Als kurz nach mir zwei Männer die Veranda betraten, schwang sich einer von ihnen in den Flaksitz und feuerte unsichtbare Salven auf den Rathausturm.

«E-e-e-e-e! E-e-e-e-e!»

Ich fragte mich, ob so der Krieg klang, der im Osten des Landes auf mich wartete.

Das alte Galizien, das Vielvölkerreich der österreichischen Ära, ging in den Wirren des zwanzigsten Jahrhunderts unter. Nur noch stellenweise war dem heutigen Lwiw anzusehen, dass hier einst Polen, Ukrainer, Juden, Deutsche, Österreicher und andere Nationalitäten weitgehend friedlich zusammengelebt hatten, dass die Stadt, als sie Lemberg hieß, ein wunderliches Gemisch aus Sprachen, Glaubensrichtungen, Küchen, Trachten und Weltanschauungen gewesen sein muss.

Einen Ort aber entdeckte ich, wo das alte, tote Galizien so gegenwärtig war, als sei es eben erst begraben worden: den Lytschakiwskyj-Friedhof.

Einen ganzen Vormittag lang irrte ich ziellos durch das hügelige Friedhofsgelände im Osten des Stadtzentrums. Im Schatten uralter Bäume schliefen Katzen auf Grabsteinen, die mit kyrillischen und lateinischen Buchstaben beschriftet waren, verziert mit orthodoxen oder katholisch-protestantischen Kreuzen, ukrainischen Dreizacken und k.u.k.-Wappen, Gedenkworten und Bibelversen in allen Sprachen des österreichischen Kaiserreichs.

Schon die Namen der Toten, mit denen ich mehrere Seiten meines Notizbuchs füllte, vermittelten eine Vorstellung von der einstigen Atmosphäre Galiziens.

IGNACY GRELINGER-GRELINSKI
2. SIERPNIA 1824–16. KWIETNIA 1869

FERDINAND SCHRIMPF

STANISŁAW JULIUSZ ZBOROWSKI
10. KWIET. 1842–4. SIERP. 1870

НАДЕЖДА МИРОНОВНА КЛИМОВСКАЯ
(NADESCHDA MIRONOWNA KLIMOWSKAJA)
24. IV. 1900–30. XI. 1981

МОИСЕЙ ЗИНОВЬЕВИЧ ГИНЗБУРГ
(MOISEJ SINOWJEWITSCH GINSBURG)
10. III. 1924–1. I. 1992

Noch faszinierender waren die Familiengräber, in deren Inschriften sich oft die Nationalitäten Galiziens vermischten und zu mehrsprachigen Kompositionen aus Vatersnamen, Mädchennamen, Kindesnamen und Berufstiteln verbanden.

ANTONI SCHUBERT
1808–1888
ROZALIA ZBR. KAPRI SCHUBERTOWA
1815–1899
DR. ROMUALD SCHUBERT
1842–1905

DR. RUDOLF HERMAN GÜNSBERG
JOANNA Z. SIMONOW GÜNSBERGOWA
ALFRED SIMON
HELENA Z. GÜNSBERGOW SIMONOWA

EMIL GABERLE
EM. PREZYDENT DYREKCJI POCZL I TELEGRAFOW
14. VI. 1852–3. III. 1930
WILHELMINA GABERLE
1861–11. XI. 1947
EUSTACHY GABERLE
1891–9. III. 1947
ZOFIA GABERLE
1902–1989
KAZIMIERZ GABERLE
1896–1970

Auch der Untergang Galiziens hatte Spuren auf dem Friedhof hinterlassen. Am südöstlichen Rand lag ein Ehrenfeld für Kämpfer der Nationalistenbewegung. Etwa hundert Steinkreuze standen in Reih und Glied. Unter den Namen der meisten Toten las ich die Kürzel «OUN» und «UPA», unter einzelnen stand «Division Galizien».

Wo wollen Sie begraben werden?, hatte ich am Vortag Iwan Mamtschur gefragt.

In Rokytne, hatte er geantwortet. In meinem Heimatdorf, bei Olga, mein Name steht schon auf unserem Grabstein.

Unmittelbar neben dem Ehrenfeld stieß ich auf ein paar Dutzend neue Gräber. Sie waren über und über mit frischen Blumen und Kränzen bedeckt. Als ich näher kam, begriff ich, dass auch diese Ruhestätten Kriegsgräber waren. Unter achtunddreißig Holzkreuzen hatte man Kämpfer aus Lwiw beigesetzt, die in den vergangenen anderthalb Jahren im Donbass gefallen waren.

Auf dem Rückweg vom Friedhof ins Stadtzentrum kam ich an einem Gebäude vorbei, an dessen Fassade mir ein großes Plakat auffiel. Es zeigte die Umrisse Europas, blau eingefärbt, umrahmt von einem Kreis aus gelben EU-Sternen. Darunter stand in großen Buchstaben: «Die Ukraine ist das geographische Zentrum Europas.»

Verblüfft blieb ich stehen. Auf dem Plakat waren die ukrainischen Grenzen markiert. Südlich von ihnen riss die Karte abrupt ab, die Hälfte der Schwarzmeerküste und die gesamte Türkei waren abgeschnitten. Für meine Augen lag die Ukraine nicht in der Mitte dieses Krüppelkontinents, sondern an seinem südöstlichen Rand.

Hilfesuchend sah ich mich um. Das Eingangstor des Gebäudes stand offen.

Im Treppenhaus fiel mein Blick zuerst auf das Foto eines jungen Mannes, das zwischen Grablichtern und Plastikblumen in einer Fensternische lehnte. Darunter klebte ein schwarz umrandeter Zettel: «Igor Kostenko, 31.12.1991–20.02.2014, Student der Geographischen Fakultät der Universität Lwiw, starb den Heldentod vor dem Kiewer Oktoberpalast. Ewiges Andenken.»

Aus dem Obergeschoss stürmte in diesem Moment eine lärmende Gruppe Studenten in den Flur. Sie verstummten, als ich sie nach dem Foto fragte.

«Er wurde auf dem Maidan erschossen», sagte ein Junge leise. «Von einem Scharfschützen.»

Die anderen vier wichen betreten meinen Blicken aus.

Ich wechselte das Thema. «Ist das hier die Geographische Fakultät?»

Ihre Blicke hellten sich auf. «Ja!»

«Ihr studiert hier?»

«Ja!»

Ich fragte, was es mit dem Plakat an der Gebäudefassade auf sich habe, mit dem Zentrum Europas.

«Geographisch sind wir genau in der Mitte!»

«Kommt drauf an, wie man misst.»

«Ob man Island zu Europa zählt oder nicht.»

«Und Kasachstan.»

«Und wie man die Grenze im Kaukasus zieht.»

«Aber wenn man alles richtig macht, sind wir das Zentrum Europas!»

«Der genaue Mittelpunkt liegt irgendwo in den Karpaten.»

«Nicht irgendwo! Dilowe heißt der Ort.»

IN DER MITTE VON WAS AUCH IMMER

Auf der Karte entdeckte ich Dilowe am Südrand der Karpaten, jenes sichelförmigen Gebirgszugs, dessen Felsklinge von Rumänien bis in die Slowakei reicht und auf halber Strecke den Südwestzipfel der Ukraine vom Rest des Landes abschneidet.

Mein Zug ließ Lwiw hinter sich, als die Septembersonne ihren höchsten Stand erreicht hatte. Die Datschenlandschaft an der Stadtgrenze war ein Schachbrett aus goldenem Licht und scharfkantigen Schatten. Durch die geöffneten Zugfenster drang warmer Fahrtwind. Weiße Synthetikgardinen wurden ins Freie gerissen, flatterten zurück ins Wageninnere, ohrfeigten Passagiere, wurden fluchend an Fenstergriffen verknotet, rissen sich wieder los.

Teile der galizischen Landschaft, die ich im Verlauf des Tages durchquerte, wirkten wie aus der Zeit gefallen. Zwischen sanften Hügeln standen einfache, niedrige Steinhäuser, umgeben von Gemüsegärten, Heuhaufen, Obstbäumen. Im Staub der Feldwege pickten Hühner, vor den Zäunen grasten angebundene Ziegen, manchmal trieben Frauen in geblümten Kopftüchern einzelne Kühe vor sich her. Selten sah ich Traktoren, Silos, Scheunen oder Ställe. Kaum jemand hier schien Überschüsse für den Markt zu produzieren, kaum ein Stück Land mehr als einzelne Familien zu ernähren. Es sah aus, als kehre Galizien zurück in die Zeit vor den Maschinen.

Kurz bevor die Sonne unterging, blitzte draußen am Bahndamm für einen Sekundenbruchteil die Gestalt einer Frau auf. Sie trug einen grauen Regenmantel und kniete reglos im Gras, die Hände im Schoß gefaltet, die Augen starr auf den vorbeifahrenden Zug gerichtet. Ich bekam das Bild ein paar Tage lang nicht aus dem Kopf, weil es in meinen Augen ausgesehen hatte, als warte eine galizische Anna Karenina auf den Zug, der ihr Leiden beenden würde. Aber vielleicht sammelte sie auch nur Pilze.

Hinter Iwano-Frankiwsk verschwanden die Hügel, das Land wurde gänzlich flach, als hole es Schwung für die Karpaten. Eine Stunde später sah ich in der Dämmerung die ersten Ausläufer der Berge an den Fenstern vorbeiziehen. Es war dunkel, als ich in Rachiw ankam.

Mein Hotelzimmer lag an der Rückseite des Gebäudes. Unmittelbar hinter dem Fenster stieg ein steiler Hang auf. Ich musste mich hinauslehnen, um den Bergkamm erkennen zu können, der sich schwach gegen den schwarzen Himmel abzeichnete. Ein Chor aus Hunden heulte in der Dunkelheit. Die Luft roch nach Regen, und es war deutlich kühler als in Lwiw.

Nachts träumte ich von der Frau im Regenmantel. Mit einer Handgeste hielt sie den Zug an. Als ich ausstieg, war sie zu einem Kind geworden, der Regenmantel war verschwunden. Das Kind stellte mir Fragen in einer Sprache, die ich nicht verstand. Dann fuhr der Zug weiter, mit meinem Rucksack. Ich rannte die Schienen entlang und hörte hinter mir die Frau im Regenmantel lachen.

«Transkarpatien» nennen die Ukrainer den abgetrennten Südwestzipfel ihres Landes, weil er aus Kiewer Sicht hinter den Bergen liegt. «Subkarpatien» nennen ihn Ungarn und Tschechen, weil er aus ihrer Perspektive vor den Bergen liegt. Fast ein Jahrtausend lang gehörte der Landstrich zu Ungarn, bis er nach dem Ersten Weltkrieg in die Tschechoslowakei eingegliedert wurde. In den Anfangswirren des nächsten Kriegs riefen die mehrheitlich ukrainischen Bewohner der Region eine eigene Karpatenrepublik aus, die genau einen Tag lang existierte – bereits am Abend des 15. März 1939 marschierten die Ungarn wieder ein, dicht gefolgt von den Tschechen, die 1944 erneut das Kommando übernahmen. Die Sowjetunion, die ihre Grenzen inzwischen von Nordosten her bis an die Bergkämme ausgedehnt hatte, verleibte sich den Karpatenzipfel kurz nach dem Krieg ein – und behielt ihn, bis die Region 1991 gemeinsam mit dem Rest der Ukraine unabhängig wurde.

«Meine Großmutter hat in der Schule noch Tschechisch gesprochen!»

Der Taxifahrer, der mich von Rachiw aus zum wenige Kilometer entfernt liegenden Mittelpunkt Europas fuhr, hatte dichte schwarze Haare, die seinen gesamten Körper zu bedecken schienen. Er löste eine schwarz behaarte Hand vom Steuer und zählte an ihren breiten Fingern die Nationalitäten seiner Heimatregion auf.

«Ukrainer!» – ein Finger – «Rumänen!» – zwei – «Slowaken!» – drei – «Tschechen!» – vier – «Ungarn!» – fünf. Seine Hand ballte sich zu einem schwarzen Haarknäuel und fing von vorne an. «Moldawier! Russen! Deutsche! Polen! Litauer! Weißrussen! Ich könnte ewig so weitermachen!»

Sein Ukrainisch klang anders als das Ukrainisch in Lwiw.

«Wir haben unser eigenes *Surschik* hier», erklärte er. «Wir mischen Ukrainisch mit Ungarisch. Du bist zum Huzulenfest hierhergekommen?»

«Zum was?»

«Das Fest. Am Sonntag steigen die Huzulen ins Tal hinab.»

«Wer sind die Huzulen?»

Sein Zeigefinger machte eine kreisende Bewegung.

«Wir. Ich. Alle hier. Die Bergbewohner.»

Ich fragte ihn, auf welchem Berg er wohnte.

Er lachte. «Das war früher. Die Huzulen leben schon lange nicht mehr in den Bergen.»

«Aber am Sonntag steigen sie ins Tal hinab?»

«Ja! Also bist du doch zum Fest gekommen?»

Der Mittelpunkt Europas lag neben einem windigen Parkplatz. Berghänge stiegen links und rechts der gewundenen Landstraße auf, die Transkarpatien mit Rumänien verbindet, die Grenze lag keine fünf Kilometer weiter südlich. Parallel zur Straße floss die Tysa, ein Nebenfluss der Donau, der jetzt, im Spätsommer, mehr Steinbett als Strom war, seine trockenen Ufer schienen sehnsüchtig auf die nächste Schneeschmelze zu warten. Ein Café und ein kleines Naturkundemuseum flankierten den Parkplatz, auf dem ein paar Händler wartend vor ihren Ständen saßen. Sie verkauften geschnitzte Holzlöffel, Lammfelle, Trinkhörner, bestickte Folklorehemden – huzulische Souvenirs.

Unmittelbar an der Landstraße stand ein kleiner, blau-weiß gestrichener Steinobelisk, der mir etwa bis zur Brust ging. Ein paar ukrainische Touristen fotografierten sich gegenseitig neben dem Denkmal, die Männer breitbeinig und grinsend, die Frauen in sinnlichen Posen. Die Erklärungen ihres Exkursionsleiters gingen halb im Gekicher der Fotografierten unter.

«... befindet sich hier der geographische Mittelpunkt Europas, den im neunzehnten Jahrhundert österreichische Ingenieure beim Bau der transkarpatischen Eisenbahnlinie entdeckten. Wer dreimal um den Sockel herumläuft und anschließend den Metallstift unter der Inschrift berührt ...»

Reihum umkreisten die Touristen den Sockel. Ich hatte die ukrainische Erklärung nur halb verstanden und fragte einen der Männer nach dem Sinn des Rituals.

«Soll Geld bringen.»

Seine Frau schüttelte energisch den Kopf.

«Glück, nicht Geld!»

Auf den Sockel des Denkmals war mit Goldfarbe eine Inschrift aufgemalt:

> LOCUS PERENNIS
> DILICENTISSIME CUM LIBELLA LIB
> RATIONIS QUAE EST IN AUSTRIA
> ET HUNGARIA CONFECTA CUM MEN
> SURA GRADUM MERIDIONALIUM ET
> PARALLELOUMIERUM EUROPEUM
> MDCCCLXXXVII

Mein Schullatein war ziemlich eingerostet. Es reichte aus, um zu verstehen, dass von Vermessungen in Österreich-Ungarn die Rede war, von Längen- und Breitengraden und von einem Punkt, der im Jahr 1887 ermittelt worden war.

Es reichte auch, um mich daran zweifeln zu lassen, dass die Inschrift irgendetwas über den Mittelpunkt Europas sagte.

Als ich im Naturkundemuseum neben dem Parkplatz nachfragte, schüttelte die Frau an der Kasse unsicher den Kopf.

«Darüber weiß ich nichts. Aber wir haben hier sehr interessante ausgestopfte Vögel!»

Sie empfahl mir, es im Biosphärenreservat von Rachiw zu versuchen, dessen Verwaltung für die Pflege des Denkmals zuständig sei. Ich stellte mich mit erhobenem Daumen an die Landstraße und fand einen Fahrer, der mich mit zurück in die Stadt nahm.

Fedir Gamor, der Direktor des Naturparks, war ein freundlicher Mann in den Sechzigern. Lächelnd hörte er sich meine Frage nach dem Mittelpunkt Europas an.

«Ich bin froh, dass Sie uns besuchen», sagte er. «Wussten Sie, dass unser Reservat zu neunzig Prozent aus Wald besteht, der größte Teil davon Urwälder, wie es sie in Europa kaum noch gibt? Wir haben oft Naturkundler aus Deutschland hier zu Besuch, die interessieren sich vor allem für unsere alten Buchen ...»

Nach ein paar Minuten wiederholte ich meine Frage.

«Ihr Interesse freut mich sehr. Was die Fauna angeht, sind bei uns vierundsechzig Säugetierarten beheimatet, dazu einhundertdreiundsiebzig Arten von Vögeln, jeweils neun Reptilien und dreizehn Amphibien, dreiundzwanzig Fischarten, mehr als zehntausend Wirbellose ...»

«... und der Mittelpunkt ...?»

«... im Übrigen kooperieren wir eng mit Biosphärenreservaten in Polen, Rumänien, der Slowakei, Ungarn, Tschechien, der Schweiz, Österreich ...»

«... Österreich, da kamen doch diese Ingenieure her, die im neunzehnten Jahrhundert ...»

«... darf ich Ihnen vielleicht ein Exemplar unserer vierteljährlich erscheinenden Zeitschrift ‹Grüne Karpaten› mitgeben?»

Ich mochte Gamor. Als ich begriffen hatte, dass er den Mittelpunkt Europas lieber weiträumig umschiffte, ließ ich mich auf ein Gespräch über die Karpaten ein.

Mit dem Zeigefinger zeichnete er den Verlauf des Bergmassivs auf die Oberfläche seines Schreibtischs.

«Hier sind wir. Hier ist Kiew. Erst seit letztem Jahr gibt es wieder eine durchgehende Bahnverbindung aus der Hauptstadt nach Rachiw – dafür haben wir lange gekämpft.»

Sein Zeigefinger glitt weiter nach Süden, tiefer in den abgeschnittenen Landesteil jenseits der Berge.

«Aber hinter Rachiw fährt die Bahn leider nicht weiter», sagte er bedauernd.

Er ließ den Zeigefinger bis an die südwestlichen Landesgrenzen gleiten.

«Rumänien, Ungarn, die Slowakei – alles ganz nahe. Aber der Eiserne Vorhang hat Transkarpatien von Europa abgeschnitten. Ich träume davon, mit dem Zug nach Budapest fahren zu können, nach Prag, nach Wien, aber es gibt keine Bahnstrecken.»

Er hielt kurz inne und sah mich an, als denke er über etwas nach. Dann fuhr sein Finger ein kleines Stück zurück.

«Hier ist Dilowe.»

Ich wurde hellhörig.

«Sie haben das Museum gesehen? Den Parkplatz, das Café, die Händler, die Touristen?»

Ich nickte.

«Vor zwanzig Jahren gab es das alles noch nicht. Da war überhaupt nichts, nur dieses alte Denkmal. Wir haben das alles aufgebaut. Heute kommen die Touristen sogar aus den Nachbarländern nach Dilowe, sie fahren extra mit dem Auto über die Grenze, um den Mittelpunkt Europas zu sehen.»

Er löste den Finger von der unsichtbaren Schreibtischkarte und lehnte sich lächelnd zurück.

«Wissen Sie, ich bin Biologe, kein Geograph. Ich weiß nicht, wie dieser Messpunkt ermittelt wurde. Es hat sich so ergeben, dass unser Reservat für das Denkmal zuständig ist, und wir machen das Beste daraus.»

Er schwieg einen Moment. Dann schien ihm plötzlich etwas einzufallen. Er riss eine Schreibtischschublade auf und kramte darin herum.

«Vor ein paar Jahren war mal eine Forschungsgruppe aus der Schweiz hier. Die haben einen Artikel über uns geschrieben, auf Deutsch. Wo habe ich den bloß?»

Sein Kopf verschwand unter der Schreibtischplatte.

«Für den Mittelpunkt Europas haben die sich auch interessiert. Sie wollten in den österreichischen Archiven nachsehen, ob es Dokumente dazu gibt.»

Triumphierend tauchte Gamor wieder auf, mit einer Broschüre in den Händen.

«Hier! Ich weiß gar nicht, was sie dann am Ende eigentlich geschrieben haben.»

Ich überflog den Artikel. Schnell fand ich den Absatz, in dem der österreichische Obelisk erwähnt wurde.

... im Denkmal liegt wohl auch die stille Hoffnung dieser fast vergessenen Randregion, dass sich der wirtschaftliche und kulturelle Austausch mit Westeuropa wieder belebt und die nahe Stadt Rachiw erneut zum ‹Paris der Huzulen› aufblüht ...

Gamor sah mich gespannt an. «Und?»

Betreten legte ich die Broschüre beiseite. Ich brachte es nicht übers Herz, ihm den Satz zu übersetzen.

«Sehr interessant», sagte ich. «Übrigens, ich wollte noch einmal auf diese Buchenwälder zurückkommen ...»

Auf dem Rückweg vom Biosphärenreservat ins Stadtzentrum kam ich an einem kleinen Friedhof vorbei, der sich von der Landstraße bis zum Fuß eines Berghangs zog. Ich warf einen Blick über den Zaun. Die Grabsteine waren nicht kyrillisch beschriftet, sondern lateinisch.

Vorsichtig öffnete ich das Gittertor am Eingang. Ich erwartete, ein ähnliches Völkergemisch vorzufinden wie auf dem Lytschakiwskyj-Friedhof in Lwiw, aber als ich mir die Gräber aus der Nähe ansah, stieß ich weder auf polnische noch auf ukrainische Namen. Der Friedhof war ungarisch.

MEDVE FERENC
1933–2001

BRÁNDISZ ATTILIO
1914–1999
EMLÉKED SZIVÜNKBEN ÖRÖKKÉ ÉLNI FOGSZ

BEDNARCSEK
ERZSEBET
1920–1987
IMRE
1915–1981

WEINRAUCH
SANDORNÉ
1914–1987
SÁNDOR
1918–1982

In der Nähe des Eingangs stand ein kleiner Gedenkstein, auf dem sechsunddreißig ungarische Namen aufgelistet waren, dem Anschein nach Opfer stalinistischer Verfolgungen in den Kriegsjahren.

A SZTALINISMUS 1944–45 BEN ELHURCOLT RAHOI ALDOZATAINAK AZ EMLEKERE.

Nicht weit entfernt überragte ein hohes Holzkreuz die Gräber. Unter den durchbohrten Füßen eines gold glänzenden Messias war eine Plakette angebracht, deren verwitterte Inschrift zweisprachig war. Die ungarische Version verstand ich nicht, die deutsche nur halb.

Durch freies erbieten der
Rahoer conventionirten Forstarbeiter
aus dem Bruderlads Vermögen
im Jahre 1873 erhoben.

Ähnlich wie in Lwiw aber schien die alte Vielfalt der Grenzregion Transkarpatien fast nur auf Friedhöfen überdauert zu haben. In den drei Tagen, die ich in Rachiw verbrachte, hörte ich auf den Straßen selten etwas anderes als Ukrainisch, gelegentlich gemischt mit russischen Flüchen.

Noch immer konnte ich selbst kaum einen geraden Satz auf Ukrainisch formulieren, aber mein Hörverständnis hatte sich innerhalb der ersten Woche in den westlichen Landesteilen rapide verbessert. Es blieb mir kaum etwas anderes übrig – die meisten Menschen hier hatten zwar nichts dagegen, dass ich Russisch mit ihnen sprach, aber sie beantworteten meine Fragen auf Ukrainisch. Paradoxerweise spürte ich, dass diese zweisprachig geführten Unterhaltungen langsam meinen Blick auf das Land veränderten. Viel stärker als bei meinen Aufenthalten in Kiew, wo russische Fragen in der Regel auf Russisch beantwortet wurden, hatte ich das Gefühl, durch ein fremdes Land zu reisen, nicht durch einen weniger vertrauten Teil Russlands. Es war absurd: Seit ich mich schlechter verständigen konnte, nahm ich die Ukraine ernster.

Mitten im Wald traf ich, während ich auf den Tag des Huzulenfests wartete, einen Mann, den ich so gut wie gar nicht verstand. Ich war ziellos einer der Rachiwer Nebenstraßen gefolgt, um mir die Berge aus der Nähe anzusehen. Schnell waren die kleinen Holzhäuser am Wegrand seltener geworden, und als das letzte hinter einer Biegung zurückgeblieben war, stieg ich anderthalb Stunden lang zwischen dichten Bäumen bergauf, ohne einem Menschen zu begegnen.

Ich folgte dem Lauf eines Bergbachs, dessen Plätschern alle Waldgeräusche übertönte. Dass mir jemand entgegenkam, hörte ich nicht, ich sah den Mann erst, als er praktisch vor mir stand. Er schien ein bisschen jünger zu sein als ich, aber sein Äußeres war so merkwürdig zeitlos, dass ich mir nicht sicher war. An einem Stock über seiner Schulter baumelte ein unförmiger Sack. Er trug Gummistiefel und ein altertümliches Regencape, unter dessen Kapuze eine weizengelbe Haartolle leuchtete. Seine blauen Augen strahlten, sein Lächeln war breit, seine Mimik langsam. Er sah aus wie der gutmütige Held eines slawischen Märchens – ein Huzule, der ins Tal hinabsteigt.

Seine Frage nach einer Zigarette verstand ich nicht auf Anhieb – er sprach einen seltsamen, gedehnten Dialekt. Ich fummelte eine der ukrainischen Schmuggelpackungen aus der Tasche, die mit mir zusammen die polnische Grenze überquert hatten. Rauchend standen wir im Wald.

Ich fragte ihn, wohin er unterwegs sei.

Er deutete auf den Sack, den er auf dem Waldboden abgesetzt hatte, und sagte etwas von Einkäufen.

Ich fragte ihn, wo er herkam.

Mit einer vagen Geste deutete er in die Berge.

Obwohl ich es mir nicht vorstellen konnte, fragte ich, ob er da oben lebte.

Er nickte.

Irgendwo tief in den Wäldern, so viel verstand ich von dem, was er mir erzählte, stand sein Haus. Er erwähnte Ziegen, Schafe, einen Hund. Ungläubig sah ich in die Richtung, in die er gezeigt hatte. Dichter, dunkler Wald umgab uns, nur ein schmaler, steiniger Fußweg schlängelte sich am Rand des Bachbetts entlang. Es war schwer vorstellbar, dass in dieser Abgeschiedenheit jemand leben sollte.

«Huzule?», fragte ich.

«Huzule», sagte er lächelnd.

Dann schulterte er seinen Sack und ging seiner Wege.

Ich lief weiter bergauf. Der Weg wurde steiler, schmaler und schwieriger. Nach einer Weile war ich mir nicht mehr sicher, ob ich überhaupt noch einem Weg folgte. Mir gingen die alten huzulischen Legenden durch den Kopf, die ich am Abend zuvor im Hotelzimmer gelesen hatte – von grünäugigen Waldnymphen, die Wanderern Rätselfragen stellen und jeden, dem keine Lösung einfällt, zu Tode kitzeln; von Berghexen, die ihre langen Hängebrüste rückwärts über die Schultern werfen, wenn sie sie gerade nicht zum Fliegen brauchen; von filzbärtigen, glutäugigen Räubern, die tief in den Wäldern Beutezüge aushecken, um den Armen zu geben, was sie den Reichen nehmen.

Der Himmel über den Baumwipfeln hatte sich nach und nach zugezogen, und in der Ferne hörte ich bald den ersten Donner. Ich wäre umgekehrt, wenn ich nicht ein Ziel vor Augen gehabt hätte: das Haus des Huzulen, das irgendwo hier stehen musste, fernab jeder Straße. Wenn er diesen Weg regelmäßig auf sich nahm, wie konnte ich da aufgeben? Ich lief weiter, auch dann noch, als ich mir längst eingestanden hatte, dass ich keinem Weg mehr folgte, sondern nur noch einem Bachbett, in dessen Schlamm schon lange keine Fußspuren mehr aufgetaucht waren.

Ich gab auf, als meine Stiefel in knöcheltiefem Matsch steckenblieben und das Unterholz so dicht geworden war, dass ich ein Huzulenbeil gebraucht hätte, um es zu lichten. Irgendwo musste ich eine Abbiegung verpasst haben.

Kurz nachdem ich kehrtgemacht hatte, riss ein plötzlicher Wind an den Bäumen. Sekunden später setzte der Regen ein. Klatschnass erreichte ich Rachiw, mit dem enttäuschenden Gefühl, dass aus mir kein Huzule werden würde.

Als der Festtag anbrach, versammelten sich die Huzulen in geordneten Prozessionsgrüppchen an der Rachiwer Hauptstraße. Die Frauen trugen scharlachrote Röcke und Blumenkränze im Haar, die Männer bestickte Westen und schmalkrempige Tirolerhüte. Viele schleppten hölzerne Trebitas durch den Nieselregen – lange, dünne Karpatenblashörner, die ihre Träger oft um das Doppelte überragten. Es sah aus, als marschiere eine Stabhochspringermannschaft durch Rachiw.

Als sich die Parade in Bewegung setzte, wurde sie von einer quäkenden Lautsprecherstimme begleitet, die aus dem Mund eines sowjetischen Bronzesoldaten zu kommen schien. Auf der Betontribüne des Weltkriegsdenkmals standen die Honoratioren von Rachiw, aufgereiht unter Regenschirmen. Reihum traten sie ans Mikrophon, um die Paradeteilnehmer anzukündigen, die zu ihren Füßen Transparente mit den Namen ihrer Herkunftsorte vorbeitrugen.

«... wir sehen nun das Folklorekollektiv der Siedlung städtischen Typs Welykyj Bytschkiw, zehntausend Einwohner, einer der ältesten Orte unserer schönen Huzulenregion, urkundlich erstmals erwähnt im Jahre 1358, bekannt für sein Schwefelsäurewerk und seine Salzraffinerie – Applaus für Welykyj Bytschkiw! Es folgt das Folklorekollektiv des Dorfs Dilowe, zweieinhalbtausend Einwohner, weltweit bekannt als der geographische Mittelpunkt Europas ...»

Die Parade schob sich quer durch die Stadt, bis zu einer großen Freiluftbühne am Fuß der Berge, wo sich der Strom der Teilnehmer und Zuschauer zwischen Schaschlikbuden, Souvenirständen und Bierzelten auflöste. Auf der Bühne traten Folklore-Ensembles und örtliche Pop-Sternchen auf, unterbrochen von Ansprachen krawattierter Funktionäre. Beides war ermüdend. Ich fühlte mich mehr zu den improvisierten Zeltständen hingezogen, an denen sich die

Dörfer der Huzulenregion präsentierten. Aus jedem Ort waren ein paar Musiker angereist, die mit ihren Fideln, Flöten, Zithern und Akkordeons versuchten, die Musiker aus dem Nebenzelt zu übertönen. Es klang wie eine große huzulische Volkssymphonie, deren Sätze nicht nacheinander, sondern zeitgleich gespielt wurden.

Petro Ferenz, der Bürgermeister eines Dreitausend-Seelen-Nests namens Bohdan, war sturzbetrunken, obwohl man es ihm nicht anmerkte. Die Spezialität seines Dorfs war selbstgebrannter Veilchenwodka. Er hatte mit dem Gouverneur angestoßen und mit allen Stellvertretern des Gouverneurs, er hatte mit den Bürgermeistern sämtlicher Nachbardörfer angestoßen und mit allen mitgereisten Musikern aus Bohdan, er hatte mit jedem einzelnen Mitglied der tschechischen und der ungarischen Besucherdelegation angestoßen, und mit dem deutschen Journalisten, der unerwartet vor seinem Zelt auftauchte, stieß er mehr als einmal an.

«Ich mache das nur, wenn ich im Dienst bin», sagte Ferenz. «Normalerweise trinke ich keinen Tropfen.»

Er hatte ein schönes, melancholisches Gesicht, lang und schmal und mit markanten Wangenknochen. Während er sprach, starrte ich immer wieder fasziniert auf die dunkle Stelle in der Mitte seines blau umschatteten Kinns – das Grübchen schien so tief zu sein, dass es sich nicht rasieren ließ.

Ich merkte nach drei Sätzen, dass Ferenz für den Posten des Dorfbürgermeisters überqualifiziert war. Meine Frage, wer diese Huzulen denn nun eigentlich seien, beantwortete er mit einem langen, bildungsbeladenen Monolog.

«Ein Sub-Ethnos der Ukrainer», sagte er. «Wie die Lombarden in Italien oder die Bayern in Deutschland.»

Er erzählte mir von den alten Handwerkstraditionen, die die Huzulen einst zu gefragten Spezialisten in ganz Europa gemacht hatten, von den Rodungs- und Flößtechniken, mit denen sie Holz aus den entlegensten Bergwinkeln in die Täler transportierten, von den Sägewerken und Schnitzkünsten, um die man sie beneidete.

Als ich fragte, ob von all dem noch etwas übrig sei, schüttelte er den Kopf.

«Mit dem Beginn der Sowjetära war das vorbei. Die Russen haben hier systematisch alle nationalen Traditionen zerstört.»

«... das ist ein wahrer, ein *äußerst* wahrer Satz.»

Ein betrunkener Jugendlicher aus Ferenz' Heimatdorf hatte sich breitbeinig neben uns aufgebaut. Was der Bürgermeister erzählte, ging merklich über seinen Horizont, aber weil er mitreden wollte, warf er nach jedem zweiten Satz Phrasen ein, die er im Fernsehen aufgeschnappt zu haben schien. Ich musste mich zusammenreißen, um nicht über seinen bierernsten Gesichtsausdruck zu lachen. Ferenz ignorierte ihn einfach.

«... man könnte sogar sagen, ein *hochgradig* wahrer Satz!»

Mit seinem Zeigefinger lenkte Ferenz meinen Blick auf die große Festbühne, über die gerade ein Tanzensemble in bunten Huzulenblusen wirbelte.

«Das ist alles, was von unseren Traditionen übrig ist. Folklore.»

«... sonst ist *nicht das Geringste* übrig!»

Ferenz sprach weiter, über die Sowjetzeit, die Repressionen, den Terror.

«Stellen Sie sich ein Feld vor, von dem die oberen fünfzig Zentimeter Erde abgetragen werden. Was wächst da noch?»

Ich nahm an, dass er seine rhetorische Frage selbst beantworten würde, aber er wartete auf meine Reaktion.

«Nicht viel?»

«Richtig.»

«... das ist sogar *mehr als* richtig!»

Ferenz sah mir in die Augen. «Die Ukraine ist dieses Feld. Die Sowjets haben unsere oberen Gesellschaftsschichten vernichtet, deportiert, verjagt. Übrig blieben Trinker, Banditen, Menschen ohne inneren Antrieb. Unter den Folgen leiden wir bis heute. Die Ukraine ist eine kranke Nation.»

«... eine *zutiefst* kranke Nation!»

Ich fragte ihn, wovon die Bewohner seines Dorfs lebten.

«Ein Teil wird staatlich bezahlt – Verwaltungsmitarbeiter, Lehrer, Kindergärtner, der Dorfarzt. Andere leben von Gelegenheitsjobs in der EU, jenseits der Grenze. Und der Rest ...»

Ferenz machte eine Pause, er schien nicht zu wissen, wie er den Satz beenden sollte. Der betrunkene Jugendliche sprang ein.

«... der Rest *schmuggelt*!»

Ich sah Ferenz an, in der Erwartung, dass er widersprechen würde. Stattdessen nickte er betreten. «Zigaretten, Schnaps, was immer sich in der EU verkauft.»

Kurz darauf tauchten ein paar Funktionäre in Anzügen auf. Ferenz stöhnte – eine seiner Kolleginnen war bereits dabei, die nächsten Plastikbecher mit Veilchenwodka zu füllen.

Er bat mich, noch zu bleiben. «Essen Sie was in der Zwischenzeit, es wird nicht lange dauern.»

Es dauerte lange. Ich setzte mich an einen der Tische und probierte hausgemachte Räucherwürste aus Bohdan. Mir gegenüber saß ein willensstarker Trinker. Ich sah ihm bewundernd zu. Konzentriert hielt er sich aufrecht, das eine Auge geschlossen, das andere auf halbmast, in der einen Hand einen Schnapsbecher, in der anderen ein Stück Brot. Eine Viertelstunde später lag er schnarchend auf der Tischplatte. Wieder eine Viertelstunde später saß er erneut aufrecht, in der einen Hand immer noch den Becher, in der anderen das Stück Brot.

Ich sah zu Ferenz hinüber. Lachend unterhielt er sich mit den Funktionären. Es sah aus, als habe er Freude an seiner Arbeit, und sicher war er ein guter Bürgermeister. Aber ich schaffte es nicht, mir sein Leben in Bohdan vorzustellen. Seine Bildung, seine Redebegabung – was fing er damit an in diesem Schmugglernest?

«Haben Sie in Ihrem Dorf Leute, mit denen Sie reden können?», fragte ich ihn, als er sich wieder neben mich setzte.

«Meine Frau», sagte er nachdenklich. «Meine Kinder.»

Er starrte auf die Tischplatte. «Praktisch niemanden.»

Dann sah er mir unvermittelt in die Augen. «Wissen Sie, es war ein Fehler. Nach dem Studium hätte ich in der Kreishauptstadt Karriere machen können, in Uschhorod. Damals habe ich mich dagegen entschieden. Heute weiß ich, dass ich dort besser aufgehoben wäre. Es war ein Fehler ...»

Ich versuchte, ihn aufzuheitern, aber er schüttelte abwesend den Kopf. Die letzten Becher Veilchenwodka schienen ihm den Rest gegeben zu haben.

«... ein Fehler.»

Als wir uns zum Abschied die Hände schüttelten, sank der Trinker von gegenüber langsam, wie in Zeitlupe, unter den Tisch.

Ein paar Monate später, nach meiner Rückkehr aus der Ukraine, sprach ich in Berlin mit einem lateinkundigen Kollegen über das Denkmal von Dilowe. Er bestätigte mir, was ich vermutet hatte: In der Inschrift war nicht vom Mittelpunkt Europas die Rede.

Wie es der Zufall wollte, interessierte sich der Kollege nicht nur für klassische Philologie, sondern auch für geographische Kuriositäten. Ein paar Jahre zuvor, erzählte er mir, hatte er zu beweisen versucht, dass der Mittelpunkt der Europäischen Union ziemlich genau im Körper von Helmut Kohl liegen musste – oder anders ausgedrückt: in der Nähe der Kanzlerresidenz im pfälzischen Oggersheim. Er hatte sich mit seiner Beweisführung schon fast am Ziel gewähnt, als ihm eine EU-Erweiterung dazwischenkam, die das Zentrum der Union nach Osten verschob.

Vage konnte sich der Kollege daran erinnern, dass er bei seinen damaligen Recherchen auch auf Dilowe gestoßen war. Mit den Hinweisen, die er mir gab, fand ich heraus, dass der ukrainische Obelisk einer von sieben identischen Markierungssteinen war, die österreichische Geographen Ende des neunzehnten Jahrhunderts in Mitteleuropa aufgestellt hatten, als Fixpunkte für die Höhen-, Längen- und Breitenvermessung des Habsburgerreichs. Auf allen stand die gleiche Inschrift wie in Dilowe. Keiner hatte etwas mit dem Zentrum Europas zu tun.

Wie die Legende von Dilowe entstanden war, fand ich nicht heraus. Irgendwann in der Sowjetzeit musste irgendjemand über den vergessenen Markierungsstein gestolpert sein und ihn falsch interpretiert haben, sei es aus mangelnder Lateinkenntnis oder aus lokalpatriotischer Begeisterung. Vermutlich hatte er mit seinem Enthusiasmus die örtlichen Behörden angesteckt, die die verwitterte Inschrift auf dem Stein zwar nicht verstanden, aber umgehend mit Goldfarbe auffrischen ließen. Die kleinen Rechtschreibfehler, die sie dabei eingebaut hatten, amüsierten meinen lateinkundigen Kollegen, aber in Dilowe schienen sie nie jemanden gestört zu haben.

Womöglich hatte bei der Geschichte auch die imperiale Genugtuung eine Rolle gespielt, das Zentrum Europas in der Sowjetunion verorten zu können, wenn auch an ihrem äußersten Rand. Sympathischer war mir die philosophische Hemdsärmeligkeit, mit der Fedir Gamor das Denkmal betrachtete, der Parkdirektor. Europas Geschichte hatte Transkarpatien ins geographische Abseits befördert. War es nicht eine angemessene Wiedergutmachung, dass hier nun wenigstens Europas Mittelpunkt liegen sollte?

Neben Dilowe stieß ich bei meinen Recherchen auf ein gutes Dutzend weiterer europäischer Orte, die darum wetteifern, im geographischen Zentrum des Kontinents zu liegen, mit mehr oder weniger fadenscheinigen Begründungen. Es überraschte mich nicht. Die Frage, wo Europa anfängt und endet, ist so alt wie unlösbar, und solange über die Grenzen gestritten wird, bleibt auch der Mittelpunkt eine Geschmacksfrage.

Für mich persönlich wird das Herz des Kontinents immer in Dilowe liegen, neben einem windigen transkarpatischen Parkplatz, im totesten Winkel Europas.

Am Abend vor meiner Weiterfahrt nach Tscherniwzi feierte im Restaurant meines Hotels eine Hochzeitsgesellschaft. Alle Tische waren zu einer großen Tafel zusammengeschoben, über und über bedeckt mit Wurstplatten und Wodkaflaschen. Die meisten Hochzeitsgäste saßen apathisch vor ihren Tellern, versunken in matter Verdauungsmeditation. Ein Lautsprecher pumpte russischen Discopop in den Raum, aber niemand schien in Feierlaune zu sein. Am Kopfende der Tafel saß das Hochzeitspaar. Der Bräutigam starrte glasig ins Leere, er schien um sein Gleichgewicht zu ringen. Die Braut warf ihm sorgenvolle Seitenblicke zu.

Hungrig sah ich die Kellnerin an. Sie fand einen kleinen Tisch für mich, halb hinter dem Tresen verborgen.

Ich blätterte noch in der Speisekarte, als ein Mann mit einem Bierkrug in der Hand vor mir auftauchte. Fragend deutete er auf den Stuhl gegenüber. Ich nickte.

Er schien nicht zur Hochzeitsgesellschaft zu gehören. Sein Gesichtsausdruck war müde und deprimiert, er musste um die fünfzig sein. Ich hatte erwartet, dass er ein Gespräch anfangen würde, aber er trank nur stumm sein Bier.

«Sie besuchen das Huzulenfest?», fragte ich schließlich.

Sein Blick belebte sich leicht. «Zum fünfzehnten Mal. Jedes Jahr komme ich hierher, aus Lwiw.»

«Weil Sie Huzule sind?»

«Bojke.»

«Bojke?»

Er deutete vage in eine Himmelsrichtung, die hinter meinem Rücken lag.

«So ähnlich wie die Huzulen, aber aus einem anderen Teil der Karpaten. Und Ihre Nationalität?»

«Ich komme aus Deutschland.»

Interessiert hob er die Augenbrauen.

«Deutschland ...»

Er stellte seinen Bierkrug auf dem Tisch ab und beugte sich in meine Richtung.

«Wir sollten Adressen austauschen. Vielleicht kommen Sie mal nach Lwiw, vielleicht komme ich mal nach Deutschland. Wenn die Kellnerin kommt, bitten wir sie, uns was zum Schreiben zu bringen.»

«Wir bitten sie erst mal, uns was zum Essen zu bringen», scherzte ich. An seinem plötzlichen Interesse war etwas Seltsames, ich wollte Zeit gewinnen.

«Mein Vater sprach Deutsch», sagte der Mann unvermittelt. «Noch aus der österreichischen Zeit. Und im Krieg war er in Deutschland. In dem anderen Deutschland.»

Er verzog die Mundwinkel zu einem verschwörerischen Lächeln.

«Hitler-Deutschland.»

Ich fragte, was sein Vater dort gemacht hatte. Innerlich tippte ich auf einen SS-Veteranen – in meinen Gedanken war das Gespräch mit Iwan Mamtschur noch frisch.

«Er hat in einem Bergwerk gearbeitet. Später saß er im Gefängnis. Als die Deutschen ihn freiließen, ging er zurück nach Lwiw.»

Ich nickte, ohne zu verstehen.

«Es gab damals so ein Programm. Junge Ukrainer wurden nach Deutschland geholt, zum Arbeiten.»

Endlich begriff ich. «Ihr Vater war Zwangsarbeiter?»

Er nickte. «Genau, so hieß das.»

Während ich betreten nach einer Antwort suchte, beugte er seinen Oberkörper noch ein Stück weiter in meine Richtung.

«Wissen Sie, eine Sache muss ich Ihnen sagen.»

Abwartend sah ich ihn an.

«Ich bin überzeugt, dass die Welt ein besserer Ort wäre, wenn es keine Juden in ihr gäbe.»

Ich brauchte ein paar Augenblicke, um den Satz zu verdauen, um zu begreifen, dass sich der vermeintliche Sohn eines SS-Veteranen vor meinen Augen in den antisemitischen Sohn eines Nazi-Opfers verwandelt hatte.

«Da haben Sie sich den falschen Gesprächspartner ausgesucht», sagte ich, als ich mich gefangen hatte.

Überrascht sah er mich an. «Sie sind Jude?»

Ich spürte, wie der Ärger in mir aufstieg.

«Nein. Man muss kein Jude sein, um ihre Meinung nicht zu teilen.»

Ein paar Sekunden lang starrte er stumm in seinen Bierkrug. Als er den Kopf hob, war sein Gesicht so ausdruckslos wie ganz am Anfang.

«Wissen Sie, es ist seltsam, irgendwie gibt es immer Probleme, wenn die Juden ...»

«Sie werden mich nicht überzeugen.»

«Immer, wenn die Juden ...»

«Sie sprechen mit dem Falschen.»

Er sah mich stumm an. Dann schob er ruckartig seinen Stuhl zurück, nahm den halbvollen Bierkrug und ging.

DR. STUMPP FEIERT EIN TRAURIGES WEIHNACHTSFEST

Ein nicht mehr junger, aber noch nicht alter Mann durchquert in den Jahren 1941 bis 1943 die ukrainische Sowjetrepublik. Im Gepäck hat der deutsche Forschungsreisende rassenkundliche Erfassungsformulare, sogenannte «Sippenkarten». Er reist von Dorf zu Dorf, auf der Suche nach deutschstämmigen Bewohnern, denen er seine Fragebögen vorlegt.

Unterwegs, in einer Mußestunde, gönnt sich der Forscher das kleine Vergnügen, eines der Kärtchen selbst auszufüllen.

Name: Stumpp, Dr.
Vorname: Karl
Geburtstag: 12. Mai 1896
Geburtsort: Alexanderhilf
Körpergröße: 1,82 Meter
Haarfarbe: dunkelblond
Augenfarbe: grau
Rasse: nordisch-westisch

Bescheiden stuft sich Dr. Karl Stumpp am Ende in die «Rassenwertungsklasse 2» ein. Eine überstandene Tuberkulose-Erkrankung, die er im Formular nicht verschweigt, dürfte ihn davon abgehalten haben, sich selbst die rassenkundliche Bestnote zu verleihen.

Stumpps Reise durch die Ukraine ist in gewisser Weise eine Heimkehr. Alexanderhilf, das Dorf, in dem er aufgewachsen ist, liegt in der Nähe von Odessa. Der Forscher ist Ukrainedeutscher, er gehört zu den Nachkommen jener Einwanderer, die im achtzehnten Jahrhundert ins russische Zarenreich strömten, gerufen von Katharina der Großen. Um ihre neu eroberten Landstriche an der Wolga, am westlichen Dnjepr-Ufer und am Schwarzen Meer zu bevölkern, hatte die Zarin Siedler aus Westeuropa anwerben lassen. Zehntausende landsuchende Bauern aus Deutschland waren ihrem Ruf gefolgt, darunter Stumpps Vorfahren.

Als er nun zurückkehrt, hat der Forscher seine ukrainische Heimat seit mehr als zwanzig Jahren nicht gesehen. Zusammen mit den abziehenden deutschen Truppen hat Stumpp die Schwarzmeerküste im Ersten Weltkrieg hinter sich gelassen, auf der Flucht vor der sowjetischen Armee. Es verschlug ihn nach Tübingen, wo er Geographie studierte und über die deutschen Siedlungen am Schwarzen Meer promovierte. Zehn Jahre lang unterrichtete er danach an einer Mädchenschule in Rumänien, wo er nebenbei mit wissenschaftlichen Publikationen zur Geschichte der Deutschen in Bessarabien den Grundstein für seine spätere akademische Karriere legte.

Stumpps große Stunde schlug mit der Machtergreifung der Nationalsozialisten. Aus Rumänien kehrte er 1933 heim ins Reich, wo er schnell zum führenden Experten für das Deutschtum im Ausland avancierte. Er wusste um den nationalsozialistischen Drang nach Osten, jenen Traum von der Ausdehnung Deutschlands, der Hitler seit den zwanziger Jahren umtrieb. Früher als die meisten muss Stumpp geahnt haben, dass seinen volksdeutschen Landsleuten in der Ukraine eine Pionierrolle bei den Eroberungsplänen der Nazis zufallen würde. Schlug sein Herz höher, als er las, was Hitler in «Mein Kampf» schrieb? «Wenn wir aber heute in

Europa von neuem Grund und Boden reden», hatte der Parteichef 1924 in einer oberbayerischen Gefängniszelle in die Tasten seiner Reiseschreibmaschine getippt, «können wir in erster Linie nur an Russland und die ihm untertanen Randstaaten denken.»

Die gesamten dreißiger Jahre hindurch warb Stumpp beharrlich für die Sache der Russlanddeutschen. Seine Wirkungsstätte war Stuttgart, wo er im Auftrag des Deutschen Ausland-Instituts eine Kartei mit «sippenkundlichen und volksbiologischen» Daten aufbaute, mit dem Ziel, die volksdeutschen Siedlungen in Osteuropa zu erfassen.

Nun, wo Deutschlands Drang nach Osten Wirklichkeit geworden ist, kehrt Stumpp im Gefolge der Wehrmacht zurück in die Ukraine. Begleitet wird er von einer achtzigköpfigen Forschungseinheit, dem «Sonderkommando Dr. Stumpp», dessen Mitglieder in den folgenden zwei Jahren kreuz und quer durch die besetzte Ukraine ziehen, von Dorf zu Dorf, von Tür zu Tür, auf der Suche nach deutschstämmigen Bewohnern, denen Stumpp und seine Leute ihre Sippenkarten vorlegen.

Ihre Expedition ist Teil des Generalplans Ost, dessen Umsetzung in der Ukraine SS-Chef Heinrich Himmler persönlich überwacht, einquartiert in einem Bunker in der Nähe von Schytomyr. Während die Wehrmacht ostwärts tiefer in die Sowjetunion vordringt, ist westlich der Front bereits im Gange, was Hitler in «Mein Kampf» skizziert hat: Die Ukraine wird zum neuen deutschen Lebensraum umgebaut. Stumpps Sonderkommando ist Teil eines ganzen Heeres deutscher Wissenschaftler, die ab 1941 durch die eroberten Ostgebiete ziehen, um das Fundament des Tausendjährigen Reichs zu legen. In naher Zukunft, so ihre Hoffnung, wird die schwarze Erde der Ukraine von reichsdeutschen Siedlern gepflügt werden.

Bis es so weit ist, sollen volksdeutsche Ukrainer den Pflug führen. Für sie baut das angereiste Akademikerbataillon ab 1941 Schulen auf,

Krankenhäuser, Zeitungen, Jugendorganisationen, Frauengruppen. Südlich von Schytomyr, in der Nähe von Himmlers Bunker, entsteht eine ganze deutsche Stadt, die Mustersiedlung Hegewald, in der mehr als vierzigtausend Volksdeutsche angesiedelt werden, etwa ein Zehntel der deutschstämmigen Gesamtbevölkerung, die zur Zeit der Besatzung in der sowjetischen Ukraine lebt.

Die Deutschen ausfindig zu machen, ist Stumpps Aufgabe. Sein Sonderkommando soll das Bevölkerungsgemisch der Ukraine entwirren, soll Dörfer ordnen, Menschen sortieren, Deutsche von Nichtdeutschen scheiden. Es ist, wie Stumpp bald merkt, keine leichte Aufgabe. Die Ukraine, die er im Ersten Weltkrieg hinter sich gelassen hat, ist nicht mehr die Ukraine, die er im jetzigen Krieg vorfindet. Zwei Jahrzehnte Sowjetherrschaft haben den Landstrich umgekrempelt, auch an der deutschstämmigen Bevölkerung sind die Veränderungen nicht spurlos vorübergegangen. Viele haben gelernt, sich dem neuen Regime anzupassen. Kommunistische Banner zieren ihre Bauernhütten, und nicht alle tauschen den Wandschmuck enthusiastisch gegen die Führerporträts aus, die Stumpps Mitarbeiter in den Dörfern verteilen.

Überhaupt entsprechen viele der deutschen Siedlungen nicht dem Idealbild, das Stumpp in den dreißiger Jahren in Deutschland propagiert hat. Himmlers SS-Truppen, unter deren Befehl Stumpps Sonderkommando steht, haben erwartet, in der Ukraine Dorfgemeinden vorzufinden, deren Reinlichkeit und Arbeitsliebe sie auf den ersten Blick vom Untermenschentum ihrer slawischen Nachbarn abhebt, Dörfer, bewohnt allein von Deutschen, die Deutsch sprechen, deutsche Feste feiern, deutsche Lieder singen. In der Realität ist die SS oft mit ärmlichen, heruntergekommenen Hütten konfrontiert, deren Bewohner aus gemischten Ehen stammen oder selbst in solchen leben. Deutsches Blut mischt sich in ihren Adern mit ukrainischem, polnischem und jüdischem, und wenn sie auf Deutsch befragt werden, können sie oft nur gebrochen antworten.

«Wir halten nicht viel von Ihren Volksdeutschen», muss sich einer von Stumpps Mitarbeitern kurz nach Beginn der Ukraine-Mission von einem SS-Vorgesetzten sagen lassen. Dass auch Teile der Berliner Führung skeptisch werden, dürfte Stumpp aufgehen, als Hermann Göring öffentlich anregt, die männliche Bevölkerung der Ukraine unterschiedslos zu erschießen und auf den weiblichen Rest «die Hengste der SS» loszulassen, um deutschen Nachwuchs zu zeugen. Selbst in den Reihen seines Sonderkommandos spürt Stumpp gelegentlich Zweifel am Sinn der Mission – in manchen Dörfern sind die deutschen Bewohner ihren slawischen Nachbarn so ähnlich, dass sich die angereisten Rassenkundler mit Spekulationen über Augenlidpartien und Kinnlinien behelfen müssen, um ihre Sippenkarten ausfüllen zu können.

Auch Stumpp selbst scheint gelegentlich an seiner Arbeit zu verzweifeln. Seinen persönlichen Tiefpunkt erlebt er am 24. Dezember des Kriegsjahres 1941. Nicht weit entfernt von Himmlers Bunker, in der zentralukrainischen Stadt Berdytschiw, feiert er das Weihnachtsfest als Gast einer volksdeutschen Familie. Es wird ein trauriger Feiertag für den Forschungsreisenden. In ganz Berdytschiw, schreibt Stumpp in einem enttäuschten Brief nach Deutschland, sei weder Zucker noch Mehl aufzutreiben gewesen, weshalb er zum Fest nicht in den Genuss deutschen Weihnachtsgebäcks gekommen sei. Auch habe seine Gastfamilie den Christbaum nicht geschmückt, sei es aus Not oder aus Traditionsvergessenheit. Der Anblick der kahlen Tanne, klagt Stumpp, habe ihn schwer deprimiert. Noch schlimmer aber war, was folgte: «Die Kinder standen um den Baum und sangen ukrainische Lieder.»

Nur in seiner Privatkorrespondenz beichtet Stumpp solche schwachen Momente, nach außen hin vertritt er unbeirrbar die

Sache der Volksdeutschen. Den Zweiflern in der SS hält er, nicht ganz zu Unrecht, entgegen, dass erst die Verfolgung durch das sowjetische Regime die deutsche Minderheit in ihren bejammernswerten Zustand gebracht habe – Schulen, Kirchen und Zeitungen der Deutschen seien geschlossen und abgeschafft worden, fast jede Familie beklage erschossene, deportierte oder anderweitig beseitigte Angehörige, viele Überlebende hätten ihre deutschen Wurzeln verleugnen müssen, um ihr Leben zu retten.

Wirbt Stumpp für die Volksdeutschen, weil er sein akademisches Lebenswerk in Gefahr sieht? Oder weil er um seine Landsleute fürchtet? Er weiß, dass seine Sippenkarten in den Kriegsjahren unmittelbar über menschliche Schicksale entscheiden. In vier abgestufte Wertungsklassen teilt das Sonderkommando die ukrainischen Volksdeutschen ein – je nach rassenkundlichem Reinheitsgrad werden ganze Dorfbevölkerungen zu tauglichem Übermenschenmaterial erklärt, zu umerziehbaren Problemfällen oder zu ethnisch verunreinigtem Ausschuss, der das Schicksal der slawischen Bevölkerung teilen soll: Vertreibung, Versklavung, Vernichtung.

Stumpp legt andere Maßstäbe an als die SS. Solange er nur einen Tropfen deutsches Blut nachweisen kann, bleiben Deutsche für ihn Deutsche, auch wenn sie die Lieder ihrer Heimat vergessen haben und nicht mehr wissen, wie man Weihnachtsplätzchen backt. Stumpps Arbeit, wird deshalb im Rückblick mancher über die Kriegsjahre sagen, rettete Leben.

Aber nur ausgewählte Leben. Auf Kosten anderer Leben.

In der ukrainischen Stadt Berdytschiw, in der Stumpp 1941 sein trauriges Weihnachtsfest feierte, hatten vor dem Krieg knapp siebzigtausend Menschen gelebt. Laut Stumpps Listen gab es unter ihnen lediglich sechsundzwanzig deutschstämmige Familien. Der weitaus größere Teil der Bevölkerung, etwas mehr als die Hälfte, war jüdisch. Von den Juden fehlten allerdings bereits zwanzigtausend, als Stumpp die Stadt im Dezember besuchte. Die SS hatte sie kurz vor seiner Ankunft erschossen. Weder über die Hinrichtungen noch über das Ghetto, in denen Berdytschiws übriggebliebene Juden während des Weihnachtsfests verhungerten, verlor der deutsche Forscher in seinem Lebkuchenlamento ein Wort.

Auch sonst kommentierte Stumpp die Ermordung der ukrainischen Juden nicht, obwohl sie vor seinen Augen stattfand – und obwohl seine Listen sie peinlich genau dokumentierten. Gut anderthalb Jahre lang, von Ende 1941 bis Anfang 1943, blieben er und seine Mitarbeiter in der Ukraine. Viele Dörfer besuchten sie in diesem Zeitraum mehr als einmal, um Veränderungen in der Bevölkerungsstruktur zu erfassen. Neben den Volksdeutschen verzeichneten ihre Listen dabei auch die übrigen ukrainischen Volksgruppen, unter ihnen die Juden. Hatten Stumpps Mitarbeiter etwa 1941 in der Kleinstadt Sume noch 4818 Juden angetroffen, so waren es ein Jahr später nur noch fünf. In Horodniza waren von 3795 Juden elf übrig geblieben, in Slowetschno neun von 5600. In Radomyschl, wo einst 5840 Juden gelebt hatten, und in Malin, wo es 8745 waren, verzeichneten Stumpps Mitarbeiter 1942 keinen einzigen mehr.

Spurlos verschwanden die Juden aus Stumpps Listen. Wo waren sie geblieben? Wie kam es, dass ihre Häuser leer standen, dass ihre Möbel, ihre Kleidung, ihr ganzer Besitz von Stumpps Sonderkommando an die Volksdeutschen verteilt werden konnte? Wie genau wusste Stumpp, was mit den Juden geschehen war? Sah er ihnen beim Sterben zu, beteiligte er sich sogar selbst an den Morden, wie es später ein amerikanischer Geheimdienstmitarbeiter behauptete? Oder sah Stumpp einfach weg, froh, dass er nicht selbst Hand anlegen musste bei der «Befreiung Europas von der bolschewistisch-jüdischen Pest», von der er in einem Tagebucheintrag schrieb?

Als der Krieg zu Ende ging, war die Ukraine nicht mehr der Landstrich, der sie vor dem Krieg gewesen war. Verschwunden war das Völkergemisch ihrer Dörfer, verschwunden war ihr polnisch-jiddisch-deutsch-rumänisch-ungarisch-tschechisches Stimmengewirr.

Verschwunden war auch das Unverständnis, mit dem viele Bauern noch um die Jahrhundertwende auf Fragen nach ihrer Volkszugehörigkeit reagiert hatten, weil sie zwar ihre Sprache, ihren Glauben und ihr Heimatdorf benennen konnten, aber keine Ahnung hatten, was die Städter mit «Nationalität» meinten.

Erst nach Lenins Oktoberrevolution, als die ersten Sowjetplaner durch die ukrainischen Dörfer zogen, begann jener langwierige, verhängnisvolle Prozess der Völkerentwirrung und Menschensortierung, der im Krieg von den Nazis pervertiert werden und nach Stalins Sieg seinen tragischen Abschluss finden sollte.

Der Prozess begann durchaus vielversprechend. Die Sowjets, noch ganz im Zukunftsrausch der frühen Lenin-Jahre, schenkten der Ukraine in den zwanziger Jahren das Prinzip der nationalen Selbstverwaltung, um die Unterdrückungsverhältnisse der Zarenzeit zu beenden – nie wieder sollten polnische Landherren über ukrainische Bauern herrschen, von nun an würden klassenlose Ukrainer, Polen, Deutsche, Rumänen und Tschechen ihre jeweils eigenen sowjetischen Verwaltungsbezirke regieren.

Zwar stießen die Sowjetplaner beim Auseinanderdividieren der ukrainischen Landbevölkerung auf sehr ähnliche Probleme wie später Dr. Stumpp und seine Rassenkundler: Viele Familien waren ethnisch gemischt, kaum ein Bauer konnte sagen, welcher Nationalität er angehörte, die Grenzen zwischen den Völkern waren nicht eindeutig zu ziehen. Da aber die neu gegründeten Verwaltungseinheiten mit eigenen Schulen, Krankenhäusern, Zeitungen und Kultureinrichtungen für die jeweilige Minderheit ausgestattet wurden, begannen die Menschen bald ganz von selbst, sich der einen oder anderen Volksgruppe zuzuordnen. Es entstand jene «vollkommene und beinahe übertriebene nationale Autonomie», für die sich in den zwanziger Jahren internationale Beobachter wie der Schriftsteller Joseph Roth begeisterten.

Doch als der Zukunftsrausch der frühen Sowjetjahre verflogen war, wurde den Planern ihr eigenes Werk unheimlich. Die Revolution hatte sich, anders als geplant, nicht zur Weltrevolution ausgewachsen. Im Gegenteil, an den Westgrenzen der Sowjetunion herrschten zunehmend reaktionäre Regime, die den Kommunismus zu ihrem Todfeind erklärten. Mit der ihm eigenen Paranoia begann Stalin in den späten zwanziger Jahren, die national verwalteten Bezirke der Ukraine als Einfallstore fremder Mächte zu begreifen: Was, wenn Agenten des faschistischen Berlins die volksdeutschen Rajons der Ukraine unterwanderten? Was, wenn polnische, rumänische und tschechische Nationalisten ihre ukrainischen Landsleute auf falsche Ideen brachten? Die Fragen in seinem eigenen Kopf beantwortete Stalin mit Deportationen und Repressionen. Zehntausende Angehörige der ukrainischen Minderheiten wurden zwangsweise in andere Teile der Sowjetunion umgesiedelt, man schloss ihre Schulen, ihre Zeitungen, ihre Kultureinrichtungen. Systematisch bekämpften die Machthaber in Moskau plötzlich die Nationalitäten, die sie kaum ein Jahrzehnt zuvor in gewisser Weise erst selbst ins Leben gerufen hatten.

Als die Nazis einmarschierten, begann die zweite Phase des ukrainischen Säuberungsprozesses, die nahtlos an die erste anknüpfte. Die Bevölkerungsstatistiken, mit denen die Sowjetplaner zwanzig Jahre zuvor die Nationalitäten der Ukraine sortiert hatten, halfen Stumpps Sonderkommando bei der Suche nach Volksdeutschen – und der SS bei der Suche nach Juden. Als die Deutschen zwei Jahre später wieder abzogen, war ein Großteil der jüdischen Bevölkerung aus der Ukraine verschwunden. Etwa anderthalb Millionen waren ermordet worden, eine halbe Million war geflohen.

Diejenigen Volksdeutschen wiederum, die nicht schon vorher nach Sibirien und Zentralasien deportiert worden waren, wurden zum Kriegsende gesammelt aus der Sowjetunion vertrieben. Gleichzeitig verschob Stalin in Absprache mit den übrigen Siegermächten Europas Grenzen. Polen rückte auf der Landkarte nach links, es wuchs um den östlichen Teil des deutschen Reichs und verlor den Westteil der Ukraine. Die immer noch anhaltenden Feindseligkeiten zwischen Polen und Ukrainern nahm Stalin schließlich zum willkommenen Anlass, den letzten Teil der ukrainischen Säuberung einzuläuten. Gewaltsam ließ er nach dem Krieg achthundertfünfzigtausend Polen aus der ukrainischen Sowjetrepublik ins Nachbarland umsiedeln, während aus Polen eine halbe Million Ukrainer in die Sowjetunion vertrieben wurden.

Verschwunden war damit endgültig die vielsprachige, völkerübergreifende Ukraine der Vorkriegszeit. Ihre Minderheiten waren tot oder in alle Winde zerstreut, ihre Sprachen vergessen, ihre Nationalbezirke aufgelöst. Zum ersten Mal in ihrer Geschichte bewohnten die Ukrainer ihren Teil der Erde damit weitgehend alleine. Bloß waren sie nun Bürger eines Staatenverbands, der sich nie wieder auf Experimente mit nationaler Selbstverwaltung einlassen würde.

Verschwunden war auch die Ukraine, in deren Westteil Joseph Roth aufgewachsen war, der Schriftsteller aus Galizien. «Nur wider sein besseres Wissen», hatte Roth noch 1928 über seine Heimat geschrieben, könne man sich «zu jener naiven Anschauung zwingen, dass die Nationen in Europa in säuberlich voneinander getrennten Gebieten leben, wie auf Schachbrettern». Es sollte nur zwei Jahrzehnte dauern, bis Roths «naive Anschauung» europäische Realität geworden war.

Karl Stumpp, dessen Rolle im ukrainischen Schachspiel klein, aber nicht unerheblich gewesen war, lebte nach dem Krieg unbehelligt in Stuttgart. Mit einigem akademischen Erfolg setzte er seine Forschungen zur Geschichte der Auslandsdeutschen fort, wobei ihm das Datenmaterial, das er im Krieg in der Ukraine hatte sammeln können, wertvolle Dienste leistete. Zusätzlich leitete Stumpp die Landsmannschaft der Russlanddeutschen, unter deren Dach sich all jene sammelten, die nach dem Krieg aus der Sowjetunion vertrieben worden waren. Nebenbei fand der Forscher die Muße, zwei volksdeutsche Landsmannschaften in Nebraska und North Dacota zu gründen, wo interessierte Deutschstämmige bis heute auf seine Erfassungslisten aus dem Krieg zurückgreifen können, um ihre Familiengeschichten zu rekonstruieren.

Für seinen Einsatz um die Auslandsdeutschen verlieh man Stumpp 1966 das Bundesverdienstkreuz I. Klasse. Später durfte er das Ehrenzeichen des Deutschen Roten Kreuzes entgegennehmen, 1975 gesellte sich zu seinen Auszeichnungen eine Verdienstmedaille des Instituts für Auslandsbeziehungen. Als Dr. Karl Stumpp 1982 friedlich in Stuttgart starb, galt er der Welt als ehrenwerter Mann.

Auch Stumpps ehemalige Wirkungsstätte, das Deutsche Ausland-Institut, setzte nach dem Krieg seine Arbeit fort, entnazifiziert zwar, unter neuem Namen und mit verändertem Aufgabengebiet, aber im selben Stuttgarter Gebäude. Vor dem Haupteingang des Barockbaus liegt eine Treppe, deren dreizehn Stufen im Sommer 2003, einundzwanzig Jahre nach Stumpps Tod, ein junger Mann in einem schlecht sitzenden Anzug emporstieg. Der junge Mann betrat die Räumlichkeiten des Instituts für Auslandsbeziehungen, wie die Organisation heute heißt, mit klopfendem Herzen. Vor ihm lag ein Vorstellungsgespräch.

Er wurde genommen. Man entsandte ihn nach Moskau, wo er zwei Jahre lang als Redakteur einer deutschsprachigen Zeitung arbeitete. Es war die erste Station einer beruflichen Reise, die den jungen Mann kreuz und quer durch Europas Osten führen sollte.

Von Dr. Karl Stumpp hatte der junge Mann nie gehört, als er an jenem Sommertag die dreizehn Stufen der Eingangstreppe erklomm. Ebenso fremd war ihm die Vorgeschichte des Instituts, die ihn auch nicht besonders interessierte, er wollte nur nach Moskau. Dass sein Vorstellungsgespräch im selben Gebäude, möglicherweise gar im selben Zimmer stattfand, in dem Karl Stumpp siebzig Jahre zuvor mit der sippenkundlichen Erfassung der Ukrainedeutschen begonnen hatte, dass sie beide, Stumpp und er, von hier aus einem inneren Drang nach Osten gefolgt waren, geleitet von unterschiedlichen Motiven zwar, aber vielleicht von einem ähnlichen Ehrgeiz, dass Institutionen Ideologien überdauern und die Menschen das gerne vergessen – all das wurde dem jungen Mann erst bewusst, als er zwölf Jahre später in Stumpps Fußstapfen durch die Ukraine reiste.

Der junge Mann war ich.

STREICHT DUNKLER DIE GEIGEN

Auf dem alten jüdischen Friedhof von Tscherniwzi hatte die Septembersonne die Steine erhitzt. Sie waren von Brombeersträuchern überwuchert, in deren Schatten Millionen roter Wanzen kauerten. Schob ich einzelne Ranken beiseite, um eine Inschrift zu lesen, stoben die Wanzen panisch auseinander, und über die hebräischen, lateinischen und kyrillischen Buchstaben auf den Grabsteinen krabbelten zittrige Zeichenkolonnen aus roten Punkten.

HIER RUHT IRO MORDCHE FRÖHLICH
3. XII. 1882 – 13. II. 1919

HIER RUHT PEPI BERGMANN GEB. TRICHTER
GEST. 5. NOVEMBER 1925 IM 38. LEBENSJAHR

HIER RUHT CHAJE BIRNBAUM AUS SNJATYN
GEST. 29. 11. 1924 IM 58. LEBENSJAHR

HIER RUHT DAVID TITTINGER
KAISERLICHER RATH, REICHSRATHS- UND LANDTAGS-
ABGEORDNETER, PRÄSIDENT DER CZERNOWITZER
FRUCHT- UND PRODUKTENBÖRSE, VIZEPRÄSIDENT

der Bukowiner Handels- und Gewerbekammer,
Mitglied des Gemeinderathes der Landeshauptstadt Czernowitz und des Vorstandes der Israelitischen Cultusgemeinde
Geboren in Suczawa am 3. Februar 1839
Gestorben in Czernowitz am 29. Mai 1900

ANTOINETTE ONITZKANSKI GEB. TITTINGER
1. IV. 1850 – 19. III. 1926

OBERBEZIRKSRAT DR. HERMANN TITTINGER
Ritter d. Franz Josef Ordens u. bes. D. Gold. Verdienstkreuzes M.D.K.
11. XI. 1851 – 21. VI. 1932

REGINA METSCH
Die am 23. Sept. 1931 einem ruchlosen Morde zum Opfer fiel

Der Friedhof ist groß. Auf einem Hügel über der Stadt reiht sich Stein an Stein, so weit und so breit, dass vom einen Ende her das andere nicht zu erahnen ist. Es würde Stunden und Tage dauern, alle Querreihen und Längszeilen abzulaufen, und erst am Ende des Weges hätte man ansatzweise eine Vorstellung davon, wie jüdisch das alte Tscherniwzi war.

Noch zahlreicher aber sind die Gräber, die fehlen. Lange suchte ich nach Inschriften aus den Kriegsjahren, bis mir aufging, wie unsinnig das war. Die ermordeten Juden der deutsch-rumänischen Besatzungszeit hätten einen zweiten, einen dritten, einen zehnten Friedhof füllen können, aber man hatte sie weder in Tscherniwzi beisetzen können noch irgendwo anders. Sie waren unbestattet geblieben, wie das Ehepaar Leo und Friederike Antschel, von deren Tod kein Stein zeugt, sondern ein Gedicht, verfasst in der Sprache ihrer Mörder.

Paul Antschel kam 1920 im rumänischen Cernăuţi zur Welt. Bevor er starb, wechselte er zweimal den Namen und einmal die Staatsangehörigkeit. Seine Geburtsstadt wechselte beides im selben Zeitraum dreimal, und dann noch einmal, nachdem Antschel sich das Leben genommen hatte.

Einen ersten Seitenwechsel hatte die Stadt gerade hinter sich, als Leo Antschel und seine Frau Friederike 1920 die Geburt ihres ersten – und einzigen – Kindes bekanntgaben. Verliebt hatte sich das Paar, als Cernăuţi noch Czernowitz geheißen und zu den entlegeneren Teilen des Habsburgerreichs gehört hatte. Formal hatten damals die Österreicher das Sagen gehabt, was aber im jüdisch-ukrainisch-deutsch-rumänisch-polnisch-armenischen Nationalitätengewirr der Bukowina, wo jeder Schusterjunge drei Sprachen und fünf Dialekte beherrschte, kaum weiter aufgefallen war.

Paul Antschel sprach zu Hause Deutsch, was seine literaturliebende Mutter durchgesetzt hatte, gegen den Willen des Vaters, der in einem wahrscheinlich auf Jiddisch geführten Streitgespräch erfolglos für Hebräisch plädiert hatte. Letzteres sprach der Sohn dann in der Grundschule, bevor er auf ein rumänisches Gymnasium wechselte, um später an einem ukrainischen die Schule abzuschließen.

Er wuchs auf zwischen jenen «flötenblasenden Berghirten, parfümierten und knoblauchkauenden Operettenoffizieren, Chagallschen Chassidim mit langen Schläfenlocken unter den schwarzen Hüten, sporenklirrenden rumänischen Militärs und strebsamen volksdeutschen Bürgern», an die sich in seinen Czernowitz-

Memoiren der sechs Jahre früher geborene Schriftsteller Gregor von Rezzori erinnerte, ein Nachkomme sizilianischer Einwanderer, die es über Wien in die buntscheckige Welt der Bukowina verschlagen hatte. Die Machtübernahme der Rumänen nach dem Ersten Weltkrieg, schrieb von Rezzori, habe in Czernowitz niemand wirklich ernst nehmen können – man habe ihr etwa das gleiche Gewicht beigemessen wie einem Bühnenumbau im örtlichen Operettentheater.

Als zwanzig Jahre später Hitler und Stalin in ihrem Pakt von 1939 das mittlere Europa unter sich aufteilten, übernahm die Sowjetunion das Kommando in Cernăuţi, dessen Bewohner sich nun an den russischen Namen Tschernowzy gewöhnen mussten. Auch diese Wachablösung mag mancher Czernowitzer anfänglich für einen reinen Kulissenwechsel gehalten haben. Sehr bald aber begannen sich die Zuschauerränge gespenstisch zu leeren.

Die ersten, die gehen mussten, waren rund fünfundzwanzigtausend Deutsch- und Österreichstämmige, etwa ein Sechstel der damaligen Stadtbevölkerung, auf deren Umzug sich Hitler und Stalin verständigt hatten – auch Gregor von Rezzoris Familie gehörte zu jenen, die unter der Parole «Heim ins Reich» hinter die deutsche Front umgesiedelt wurden. Ein paar tausend «Klassenfeinde», die meisten von ihnen Juden, verließen Tschernowzy etwa zeitgleich in östlicher Richtung, von NKWD-Mitarbeitern auf Güterwaggons verfrachtet, die erst in Sibirien wieder anhielten. Aus Angst, ebenfalls dort zu landen, flohen derweil Teile der rumänischen Oberschicht nach Bukarest.

Paul Antschel, der kurz zuvor ein Romanistikstudium begonnen hatte, blieb mit seinen Eltern vorerst in der Stadt. Er sollte es sein Leben lang bereuen. Aus Tschernowzy wurde im Juli des Kriegsjahres 1941 wieder Cernăuţi, als Rumänien, inzwischen verbündet mit Nazi-Deutschland, die Stadt zurückeroberte. Mehr als die Hälfte der Bevölkerung war zu diesem Zeitpunkt jüdisch. Im Ghetto landeten die Antschels gemeinsam, verlassen sollten sie es getrennt. Den Sohn verlegten die Besatzungstruppen in ein rumänisches Arbeitslager, die Eltern in ein transnistrisches KZ, wo der Vater an Typhus starb und die Mutter erschossen wurde.

Von sowjetischen Truppen kurz vor Kriegsende aus dem Lager befreit, kehrte Paul Antschel 1944 zurück in seine Heimatstadt, die nun wieder den russischen Namen Tschernowzy trug. Freunden, denen er an der Universität wiederbegegnete, erzählte er von quälenden Selbstvorwürfen – er konnte das Gefühl nicht abschütteln, seine Eltern im Stich gelassen zu haben. Ein Gedicht, an dem er in jener Zeit arbeitete, trägt den Tod im Titel, und seine deutschen, singenden Todesverse wird Paul Antschel später als das Grabmal bezeichnen, das den ermordeten Eltern verwehrt blieb.

... er ruft streicht dunkler die Geigen dann steigt ihr als Rauch in die Luft
dann habt ihr ein Grab in den Wolken da liegt man nicht eng ...

Aus «Antschel» wurde «Ancel», als der Dichter 1945 nach Bukarest übersiedelte, um sein Studium fortzusetzen. Wenige Jahre später floh er nach Paris, wo er die rumänische Version seines Nachnamens in Silben auflöste und umkehrte, um seinen Dichternamen zu bilden.

Das ehemalige Czernowitz liegt heute am Südrand der ukrainischen Bukowina und heißt Tscherniwzi. Paul Antschel liegt auf dem Pariser Cimetière de Thiais, und auf seinem Grabstein steht der Name Paul Celan.

Als der Autor der «Todesfuge» am 1. Mai 1970 tot aus einem Fischernetz in der Seine geborgen wurde, erreichte die Nachricht im sowjetischen Tschernowzy kaum jemanden. Er war der berühmteste Sohn der Stadt, aber die Stadt wusste nichts von ihm. Bekannt geworden war Celan in einem fremden Land, unter einem fremden Namen, auf der anderen Seite des Eisernen Vorhangs, die von der Sowjetunion so weit entfernt war wie der Mond. In den Parteizeitungen kamen deutschsprachige Exildichter selten vor, und in Celans Heimat waren wenige übrig geblieben, die sich an den Studenten Paul Antschel erinnern konnten.

Es sollte fast ein halbes Jahrhundert dauern, bis an Celans Geburtshaus eine Gedenktafel aufgehängt wurde. Auch die kleine Celan-Büste, an der ich in der Wuliza Golowna, der alten Hauptstraße, vorbeikam, gab es erst seit wenigen Jahren.

Ich durchlief das ukrainische Tscherniwzi mit dem irritierenden Gefühl, ein Requisitenlager zu besichtigen, in dem die Kulissen eines längst nicht mehr gespielten Stücks aufbewahrt wurden, zu welchem Zweck auch immer. Alles war noch da, alles war gepflegt und in einsatzbereitem Zustand – die Barockkirchen, die weinumrankten Stadtvillen mit den Habsburgerwappen am Giebel, die verwinkelten Pflastersteingassen, die alten Hotels, die Kaffeehäuser. Aber all diese architektonischen Zutaten wirkten wie Hinterlassenschaften einer fremden, untergegangenen Kultur, die jenseits ihrer offensichtlichen Schönheit keine erkennbare Bedeutung mehr für das heutige Tscherniwzi hatten. Anders als in Lwiw, dessen Bewohner das historische Erbe der Stadt stolz zu ihrem eigenen machten, schien hier eine unüberbrückbare Lücke zwischen Vergangenheit und Gegenwart zu klaffen.

«Die Stadt ist ausgewandert.»

Bronislaw Tutelman zählte die Emigrierten an den Fingern seiner linken Hand ab.

«Mein Bruder – in Israel. Meine Frau – in Amerika, zusammen mit unserem Sohn. Der zweite Sohn – Israel. Meine Cousins und Cousinen – Amerika, Israel, Europa ...»

Tutelman war einer der wenigen Juden, die Tscherniwzi nicht verlassen hatten. Weniger als anderthalbtausend, schätzte er, waren übrig geblieben.

Wir saßen im verrauchten Wintergarten seiner Wohnung, eine gemeinsame Bekannte aus Berlin hatte uns in Kontakt gebracht. Tutelman war in den mittleren Sechzigern, ein winziger Mann mit einem schneeweißen Stoppelbart. Er trug einen Trainingsanzug, der bessere Tage gesehen hatte, und obwohl das Sonnenlicht nur schummrig durch den Rauch seiner moldawischen Schmuggelzigaretten drang, hellte sich seine selbsttönende Brille nicht restlos auf.

Seine Wohnung musste einmal ein Palast gewesen sein. Das Parkett quietschte unter unseren Schuhen, als Tutelman mir die vier riesigen Zimmer zeigte, die er seit dem Weggang seiner Familie alleine bewohnte. Opulent verzierte Kachelöfen endeten kurz unter den stuckbeladenen Zimmerdecken, die so hoch waren, dass sie den kleinen Tutelman wie ein weißhaariges Kind aussehen ließen. Der Glanz des alten Kaiserreichs hatte sich in den Räumen gehalten, nicht einmal das sowjetische Mobiliar hatte ihn vertreiben können.

Überall standen und lagen und hingen Bilder. Sein ganzes Leben lang hatte Tutelman gemalt und fotografiert, schon zu Sowjetzeiten war er Künstler gewesen, ein Angehöriger der überschaubaren Dissidentenszene von Tscherniwzi. Ich sah bunte, an Chagall erinnernde Straßenszenen, dazwischen abstraktere, monochrome Zeichnungen und collagenartige Konzeptkunst. Noch mehr als die Bilder zogen mich die Fotos an. Mit seiner Kamera streifte Tutelman seit Jahrzehnten über den alten jüdischen Friedhof, dessen verwitterte Steine in Hunderten von Detailaufnahmen seine Wohnung schmückten. Er musste das Friedhofsgelände besser kennen als irgendjemand sonst in Tscherniwzi, obwohl er mir erzählte, dass selbst er bei seinen Spaziergängen noch auf verwilderte Ecken stieß, die er vorher nie gesehen hatte.

Was ihn in Tscherniwzi hielt, war schwer in Worte zu fassen. Seine Eltern, die etwa um die gleiche Zeit hier geboren worden waren wie Paul Celan und Gregor von Rezzori, hatten den Holocaust überlebt, weil sie im Krieg nach Zentralasien geflohen waren. Als sie in die Bukowina zurückkehrten, packten viele ihrer jüdischen Nachbarn gerade die Koffer – kurz nach dem Krieg war die Ausreise aus der Sowjetunion noch möglich, und mancher zweifelte, ob das Leben unter Stalin wirklich besser werden würde als unter Hitler. Es war die erste von drei Emigrationswellen, mit denen Tscherniwzi in der Nachkriegszeit den überlebenden Teil seiner jüdischen Bevölkerung verlor.

Als Tutelman 1950 zur Welt kam, lebten seine Eltern bereits in der Wohnung, in deren Wintergarten wir nun saßen. Die bürgerlichen Herrschaftsgemächer waren zur Kommunalwohnung umfunktioniert worden, belegt von mehreren Familien, die sich jeweils ein Zimmer teilten. Damals, schätzte Tutelman, sei das Haus noch zu etwa zwei Dritteln von Juden bewohnt gewesen.

«Als Kind stand ich stundenlang auf dem Balkon und hörte den Nachbarn zu, die sich von Geländer zu Geländer auf Jiddisch unterhielten», erinnerte er sich. «Man hörte Jiddisch noch überall in der Stadt, auch meine Eltern sprachen es unter sich. Nur Hebräisch war tabu – das war die Sprache der Zionisten, damit konnte man sich Ärger einhandeln.»

Eine zweite Welle von Emigranten setzte sich in den siebziger Jahren in Bewegung, als in der Sowjetunion auf internationalen Druck hin die Ausreisebestimmungen für Juden gelockert wurden. Ganze Straßenzüge hatte Tutelman damals in Richtung Israel verschwinden sehen. Der Großteil der Übriggebliebenen, darunter seine Familie, hatte Tscherniwzi schließlich in den Chaosjahren nach dem sowjetischen Zusammenbruch verlassen.

Tutelman steckte sich eine neue Zigarette an. Der Rauch zog in Richtung Fenster, wo er sich mit dem schräg einfallenden Sonnenlicht zu scharfkantigen weißen Mustern verband.

«Inzwischen bin ich der einzige Jude im ganzen Haus», sagte er. «Wenn ich durch die Straßen laufe, denke ich an jeder Ecke: Da drüben hat mal einer gewohnt, dort hinten fehlt ein anderer, hier sind auch alle weg.»

Hätte ich mich an dieser Stelle des Gesprächs von Tutelman verabschiedet, wäre er in meiner Erinnerung ein vereinsamter alter Mann geblieben. Aber nichts war weiter von der Wahrheit entfernt, wie ich begriff, als wir kurz darauf gemeinsam die Wohnung verließen. Nur ein paar Schritte vom Haus entfernt bogen wir in eine Fußgängerzone ein, die alte Wuliza Panska, die zu österreichischer Zeit Herrengasse geheißen hatte. Kaum waren wir in den Strom der Spaziergänger eingeschwenkt, fing es an. Alle paar Meter kam jemand auf uns zugelaufen, stürmisch wurde Tutelman begrüßt, musste Hände schütteln, Wangenküsse austauschen, Komplimente verteilen, Neuigkeiten entgegennehmen, Grüße übermitteln, zu Vermählungen gratulieren, Beileidsbekundungen formulieren, Neugeborene bestaunen. Er schien die halbe Stadt zu kennen.

«Aber das ist gar nichts!», protestierte er, als ich ihn darauf ansprach. «Du hättest sehen sollen, wie es früher war, als noch nicht alle weg waren. Drei Stunden habe ich damals gebraucht, um einmal bis ans Ende der Straße zu laufen!»

Später am Nachmittag saßen wir zusammen in einem Straßencafé. Wir hatten Wodka bestellt und aßen Salo dazu, weißes Schweinefett in dünnen Scheiben, das Nationalgericht der Ukrainer. Selbst die religiöseren unter den ukrainischen Juden, sagte

Tutelman grinsend, vergäßen ihren koscheren Speiseplan, wenn man ihnen Salo vorsetze.

«Die Emigranten in Israel lassen sich das Zeug kofferweise aus der Heimat mitbringen.»

Nach dem dritten Wodka begann er über seine Dissidententage zu sprechen, über die Zeit, als von Tschernowzy aus noch zwei Flüge täglich über Kiew nach Moskau gestartet waren und ein Ticket wenig mehr gekostet hatte als ein ordentliches Besäufnis. Ständig hatte er damals in den Moskauer Küchen gleichgesinnter Künstler gesessen, mit manchen von ihnen stand er bis heute in Kontakt, obwohl sie sich selten sahen, seit die Flugverbindungen unregelmäßiger und teurer geworden waren.

Ukrainisch hatte Tutelman nie gelernt, seine Welt war die russischsprachige Dissidentenszene gewesen. Im Konflikt mit Russland stand er trotzdem vehement auf der Seite der Ukrainer, weil er das Großmachtstreben, das in Moskau neuerdings wieder Beifall fand, für eine Fortsetzung des alten sowjetischen Imperialismus hielt, den er sein Leben lang gehasst hatte.

«Wir halten hier mit ukrainischem Blut Moskaus Vormarsch auf den Westen auf», sagte er.

Nach dem fünften Wodka fand er zurück zu seinen sentimentalen Stadtbetrachtungen. Tscherniwzi werde provinzieller und provinzieller, klagte er. Die alte Bevölkerung habe die Stadt verlassen, die neue habe keinen Bezug zu ihr. Er fluchte über Zuzügler aus dem ukrainischen Umland, die aus den alten Wohnungen alles herausrissen, was schön an ihnen war – die Öfen, den Stuck, das Parkett. Er beschwerte sich über bornierte ukrainische Intellektuelle, die mit der jüdisch-österreichischen Kultur des alten Czernowitz nichts anfangen konnten, die sich für Schriftsteller wie Paul Celan und Gregor von Rezzori nicht interessierten, weil sie keine Ukrainer waren, weil sie nicht auf Ukrainisch geschrieben hatten.

«Die Stadt ist ausgewandert», wiederholte er. «Das Tscherniwzi, das ich kannte, existiert nur noch in meiner Wohnung.»

Während ich ihm zuhörte, musste ich an eine Serie von Fotos denken, die er mir ein paar Stunden zuvor gezeigt hatte. Über Jahre hinweg hatte Tutelman aus gleichbleibender Perspektive seinen kleinen, weinüberwucherten Balkon fotografiert. Die Jahreszeiten wechselten, die Weinranken waren mal schneebedeckt, mal frühlingsgrün, mal herbstlich verfärbt, aber immer war es derselbe alte Balkon, der über derselben alten Stadt hing.

Als ich mir die Bilder vor Augen rief, hatte ich plötzlich das Gefühl, zu begreifen, was Bronislaw Tutelman in seiner Heimat hielt. Das alte Czernowitz war auf die Größe von vier Zimmern geschrumpft. Er war der letzte Bewohner, und tief in seinem Herzen schien er beschlossen zu haben, die Stadt mit ins Grab zu nehmen.

«Wohin? Nach Deutschland?»

Die Schalterfrau im Postamt sah mich erschrocken an. Ich hatte nach Briefmarken gefragt.

Sie stand auf und legte die Hände trichterförmig an den Mund. Ihr Ruf gellte durch die Leere des alten Postsaals.

«Iriiiiiina!»

Irina war jung und blond und erfahren in ausländischen Versandangelegenheiten. Sie nahm mir meine unbeschriebenen Postkarten aus der Hand und führte mich zu einem Verkaufstisch, der über und über mit Briefmarkenbögen bedeckt war.

«Aber Sie müssen die Karten heute noch abschicken, hören Sie?»

Verständnislos sah ich sie an.

«Der Wechselkurs! Ich kann Ihnen heute die passenden Marken verkaufen, aber niemand weiß, ob der Auslandstarif morgen noch derselbe ist.»

Ich verstand. Die Nachrichten über das Taumeln der Landeswährung hatten meine Reise begleitet.

Mit den Spitzen ihrer langen Fingernägel tippte Irina ein paar Zahlen in ihren Taschenrechner. Es dauerte eine gute Viertelstunde, bis sie die passenden Werte zusammengestückelt, die Marken aus den Bögen getrennt und jeweils sieben Stück auf jeder Postkarte verteilt hatte. Am Ende waren die Karten sehr bunt und fast lückenlos zugeklebt.

Irina strahlte.

«Bitte. Die Adresse passt noch drauf.»

Mit dem Zug verließ ich Tscherniwzi in Richtung Winnyzja.

Eine halbe Stunde nach der Abfahrt begann mein Telefon zu surren. Drei Roaming-Nachrichten in Folge hießen mich erst in Moldawien willkommen, dann wieder in der Ukraine, dann erneut in Moldawien.

Meine Frage beantwortete der Schaffner mit einer schlängelnden Handbewegung. Die Gleise, erklärte er mir, verliefen teils nördlich, teils südlich der Landesgrenze, auf zwei kurzen Abschnitten fuhr der Zug über moldawisches Gebiet.

«Als die Strecke hier gebaut wurde, gab es noch kein Moldawien», sagte er lächelnd. «Und auch keine Ukraine.»

Kurz darauf traf die vierte Roaming-Nachricht ein. Willkommen in der Ukraine, las ich. Willkommen in einem Land, dachte ich, dessen Bahnlinien älter sind als seine Grenzen.

DAS WUNDER VON KALYNIWKA

Wie viel Zeit vergangen war, ließ sich an den Bäumen ablesen. Kiefern und Birken hatten zwischen den Betontrümmern Wurzeln geschlagen, und im kniehohen Gras faulten die Früchte eines einsamen Apfelbaums. Ziemlich genau vor siebzig Jahren mussten die Samen dieser Bäume aufgegangen sein, kurz nachdem drei mächtige Explosionen den Waldboden gepflügt hatten.

Das alte Bunkergelände war umringt von höheren, älteren Kiefern, die hier schon gestanden hatten, als im November des Kriegsjahres 1941 die Deutschen kamen und eine Lichtung in den Wald schlagen ließen. Ein paar Hundertschaften ukrainischer Zwangsarbeiter versenkten nördlich der Stadt Winnyzja drei betonierte Schutzkeller im Boden: einen für die Soldaten, einen für die Offiziere, einen für den Führer.

«Hauptquartier Werwolf» stand auf einem Schild am Eingang des Geländes, das vor ein paar Jahren in ein Freilichtmuseum umgewandelt worden war. Ich war der einzige Besucher. Der nadelbedeckte Waldboden schluckte das Geräusch meiner Schritte. Nur Vogelgezwitscher war in der Stille zu hören. Jedes Mal, wenn ich in den Apfel biss, den ich im Vorbeigehen von einem der Bäume gepflückt hatte, erschreckte ich mich über das gespenstisch laute Krachen.

Dreimal hatte Hitler in seiner Werwolfshöhle übernachtet. Sie war das am weitesten östlich gelegene Führerhauptquartier, das er in den Kriegsjahren nutzte. Beim ersten Besuch, in den Hochsommermonaten des Jahres 1942, hatte sich in den unterirdischen Kammern eine derart schwüle Hitze angestaut, dass sich der Werwolf einen Virusinfekt einfing und seine Truppenbewegungen mit knapp vierzig Grad Fieber dirigieren musste. Die beiden Besuche im Folgejahr legte Hitler auf kühlere Jahreszeiten.

Als im März 1944 die Rote Armee auf Winnyzja vorrückte, zerstörten die Deutschen die gesamte Anlage. Die oberirdischen Holzbauten wurden abgebrannt, die Bunker gesprengt. Im zerklüfteten Waldboden sind heute nur noch Betonbrocken zu erkennen, aus denen verbogenes Metallgestänge ragt.

Unzerstört blieb allein das Schwimmbad. Ich war schon auf dem Weg zum Ausgang, als ich es entdeckte. Die rechteckige Betonwanne war unter freiem Himmel in den Waldboden eingelassen, zur Stirnseite hin senkte sie sich leicht ab. Sie war so gut erhalten, als sei das Wasser gestern erst abgepumpt worden.

Minutenlang stand ich auf der Betonumrandung und starrte in das leere Becken, in dem dreiundsiebzig Jahre zuvor, wer weiß, Adolf Hitler seinen bleichen, fiebernden Führerkörper gekühlt hatte.

Meine Zugfahrt von Tscherniwzi nach Winnyzja hatte mich in jenen Teil der Ukraine geführt, der anders als die westlichen Landstriche nicht erst mit dem Zweiten Weltkrieg unter russischen Einfluss geraten war. Bestandteil der Sowjetunion war die Zentralukraine eine Generation und einen Weltkrieg früher geworden als der Westen des Landes, und noch früher, vor Lenins Revolution, hatte sie nicht zum Habsburgerreich gehört, sondern zum Moskauer Zarenreich.

Ich tat mich schwer damit, diese unterschiedliche historische

Prägung an der Lebenswirklichkeit beider Landesteile festzumachen. Einigermaßen klar ließen sich die Unterschiede in der Architektur erkennen, der in der Zentralukraine die österreichischen Einflüsse fehlten, aber war die Andersartigkeit auch den Menschen anzumerken? Ich hatte das Gefühl, dass in Winnyzja mehr Russisch auf der Straße gesprochen wurde, aber sicher war ich mir nicht. Bei Busfahrten bildete ich mir ein, im Radio weniger ukrainische Musik zu hören, aber ich konnte mich täuschen. Es kam mir vor, als sei der Kaffee schlechter geworden, aber vielleicht trank ich ihn nur an den falschen Orten.

Der erste unzweideutige Unterschied sprang mir auf dem Rathausplatz von Kalyniwka ins Auge, einer Kleinstadt nördlich von Winnyzja. Vor dem Betonbau der Stadtverwaltung stand ein Denkmalsockel, dem das Denkmal fehlte. Ich hatte in meinem Leben genug sowjetische Rathausplätze gesehen, um zu wissen, wer auf dem Steinpodest hätte stehen sollen: Lenin.

Das Verschwinden des Revolutionsführers schien noch nicht lange zurückzuliegen, offenbar war die Statue nach den Maidan-Kämpfen in Kiew gestürzt worden. Auf die Vorderseite des verwaisten Fundaments hatte jemand dic Figur eines erschossenen Demonstranten gemalt, mit großen, weißen Engelsflügeln. Auf der Rückseite, dem Rathaus zugewandt, stand in breiten Buchstaben: «Macht ist nicht ewig!», darunter prangte in den Nationalfarben Blau und Gelb eine alte Losung der Bandera-Bewegung: «Die Ukraine über alles!»

Im weiteren Verlauf meiner Reise sollten leergefegte Sockel wie der in Kalyniwka zu einem vertrauten Anblick werden. Hunderte von Lenin-Denkmälern waren in den zurückliegenden Monaten gestürzt worden. Allerdings nicht in der Westukraine, wo ich, wie mir rückblickend auffiel, nirgends solche leeren Fundamente gesehen hatte. Zwar war nach dem Krieg auch zwischen Lwiw und

Tscherniwzi auf jedem Rathausplatz ein Lenin aufgestellt worden, aber anders als im Rest des Landes hatte man die Denkmäler dort bereits in den neunziger Jahren demontiert, unmittelbar nach dem Ende der Sowjetunion, mitsamt ihren Sockeln. Der Landesteil, der als letzter von Lenin beglückt worden war, hatte ihn auch als erster wieder verjagt.

Kalyniwka war klein, und schnell fand ich, was ich suchte: das Kreuz.

Schon von der Straße aus konnte ich es sehen, im Inneren einer Kapelle, deren Dach auf Glaswänden ruhte. Das Kreuz ragte bis knapp unter die Decke, es war blau gestrichen und musste fünf, vielleicht sechs Meter hoch sein. Auf die Holzoberfläche war eine Christusfigur gemalt – der Leib zog sich über den Hauptbalken, die Arme über den Querbalken, die durchbohrten Füße endeten, wo der Schrägbalken des orthodoxen Kreuzes ansetzte. Gemaltes Blut strömte aus einer Wunde zwischen Christi Rippen.

Einst, so ging die Legende, war aus dieser Holzwunde echtes Blut geflossen.

Vor der Kapelle stand ein überdachter Brunnen. Daneben hantierte eine alte Frau mit Blumentöpfen. Ihr Kopftuch war in den Nacken gerutscht, sie hatte krauses, rot gefärbtes Haar mit einem sehr breiten grauen Ansatz. Als ich sie ansprach, war ich erst nicht sicher, ob sie mich sah oder nicht – ihre Augen waren milchig und merkwürdig unfokussiert.

«Das Kreuz? Sie wissen nichts über das Kreuz? Gott hat uns zusammengeführt! Ich werde Ihnen alles erzählen!»

Mit «alles» meinte sie «alles». Eine gute halbe Stunde lang redete sie auf mich ein, während ich nur noch stumm nicken konnte.

«Wo soll ich anfangen? Ich habe in Italien gearbeitet. Dann hat das Kreuz mich zu sich gerufen! Über meine Kinder waren große

Versuchungen gekommen, als Strafe für meine Sünden. Als ich nach Kalyniwka kam, bat ich Vater Wolodymyr, bleiben zu dürfen, ich wollte für ihn arbeiten, als Putzfrau, als Gärtnerin, irgendetwas, nur in der Nähe des Kreuzes wollte ich sein, ich muss beten, für meine Kinder, das Kreuz wird sie retten! Vater Wolodymyr wollte es nicht, er glaubt, dass ich vom bösen Geist besessen bin, aber ich blieb trotzdem. Bitte sagen Sie Vater Wolodymyr nicht, dass ich mit Ihnen gesprochen habe, erwähnen Sie besser gar nicht, dass wir uns begegnet sind ...»

Sprunghaft kreiste ihre Erzählung um die immer gleichen Motive: ihre Kinder, Versuchungen, Gebete. Innerlich gab ich die Hoffnung schon auf, von ihr etwas über die Vorgeschichte des Kreuzes zu erfahren, aber irgendwann kam sie doch darauf zu sprechen.

«... es ist alt, unser Kreuz, es stand schon, bevor die Gottlosen kamen. Ein Mann ließ es aufstellen, weil er kinderlos geblieben war, er fragte Gott: Was soll ich tun, um nicht umsonst auf dieser Welt gelebt zu haben? Gott trug ihm auf, einen Brunnen zu graben, damit die Menschen trinken und für ihn beten würden. Daneben stellte er das Kreuz. Als er gestorben war, kamen gottlose Soldaten. Einer schoss auf den Erlöser, aber die Kugeln fielen zu Boden, erst die letzte traf ins Ziel, und aus der Wunde begann das Blut des Erlösers zu fließen! Von überall her kamen die Menschen, um zu beten, die Blinden konnten wieder sehen, die Stummen begannen zu sprechen, die Lahmen brauchten ihre Krücken nicht mehr. Wissenschaftler wurden geschickt, sie untersuchten das Kreuz und fanden heraus, dass aus der Wunde das wahrhaftige Blut unseres Herrn Jesus Christus strömte, aber man durfte nicht darüber sprechen, es war verboten ...»

Während sie sprach, war sie immer näher an mich herangerückt, ich spürte ihre heftigen Atemzüge in meinem Gesicht.

«... bald wird unser Kreuz seine ganze Macht entfalten, ich

spüre, dass es bald geschehen wird, sehr bald! Aus der ganzen Welt werden die Menschen nach Kalyniwka pilgern, es werden so viele sein wie in Jerusalem, ich weiß es. Wir leben im letzten Kapitel des Evangeliums, alles ist eine Folge unserer Sünden, auch der Krieg in unserem Land. Wir rufen: Ruhm der Ukraine, obwohl wir rufen sollten: Ruhm sei Gott! Wir denken, wir haben unser Leben in der Hand, aber wir täuschen uns, alles kommt von Gott, auch die Versuchungen, die er meinen Kindern schickt, als Strafe für meine Sünden ...»

Vorsichtig fragte ich nach, von welchen Versuchungen sie sprach, aber ihr Monolog war nicht zu steuern. In Gedanken sah ich ihre Kinder auf die schiefe Bahn geraten, Drogen nehmen, zum Buddhismus konvertieren, schwule Neigungen entdecken, doch welche tatsächlichen oder eingebildeten Versuchungen es waren, die ihre Mutter so beunruhigten, fand ich nicht heraus. Vielleicht wusste sie es selbst nicht so genau.

Bevor ich mich von ihr verabschiedete, fragte ich, wo ich Vater Wolodymyr finden könne. Mit umständlichen Erklärungen wies sie mir den Weg zur Kirche.

«... aber sagen Sie ihm nicht, dass ich mit Ihnen gesprochen habe, erwähnen Sie mich nicht! Sind Sie gläubig? Getauft? Sie dürfen sich nur orthodox taufen lassen, hören Sie? Nur orthodox, nichts anderes ...»

Noch eine Weile hörte ich sie weiterreden, mit sich selbst oder mit mir, während ich die staubige Landstraße entlanglief.

«... nur orthodox!»

Es gab zwei orthodoxe Kirchen in Kalyniwka. Eine gehörte zum Moskauer Patriarchat, die andere zum Kiewer Patriarchat. Leider hatte mir die alte Frau nicht gesagt, in welcher von beiden Vater Wolodymyr predigte – und in welcher ich mich taufen lassen sollte.

Es war keine einfache Wahl. Die beiden Kirchenhierarchien waren sich nicht wohlgesinnt, und seitdem zwischen Russland und der Ukraine Krieg herrschte, war ihr Verhältnis nicht besser geworden.

Die Kiewer Patriarchatskirche fand ich zuerst. Sie war verschlossen, aber an der Eingangstür hing ein Zettel mit Telefonnummern. Nach ein paar Versuchen hatte ich den Priester in der Leitung.

«Vater Wolodymyr?»

«Nein. Das ist die andere Kirche.»

«Verzeihung. Ich interessiere mich für das Wunder von Kalyniwka, vielleicht könnten Sie mir ein paar Fragen ...?»

«Die andere Kirche.»

«Ach so. Das heißt ... Sie meinen, Ihre Kirche erkennt das Wunder nicht an?»

Einen Moment lang herrschte Stille am anderen Ende der Leitung.

«Das habe ich nicht gesagt», antwortete der Priester kühl. «Es hat sich nur historisch so ergeben, dass für das Kreuz die andere Kirche zuständig ist.»

Die Kirche des Moskauer Patriarchats war mindestens dreimal so groß wie die des Kiewer Patriarchats. Vater Wolodymyrs Stimme füllte sie mühelos. Sein dröhnender, gutgelaunter Bass schien aus den Tiefen des kolossalen Popenbauchs zu kommen, der sich unter seiner Soutane wölbte. Ein schneeweißer Weihnachtsmannbart ging ihm bis zur Brust, darüber leuchteten pralle, rote Apfelbäckchen. Er sah aus, als sei er einem Propagandaplakat der Bolschewiken entstiegen – der lachende Priester, der sich auf Kosten seiner darbenden Schäfchen den Bauch vollschlägt.

«... nur ein paar kleine Meinungsverschiedenheiten, nichts Ernstzunehmendes. Wirklich, hier in Kalyniwka verstehen wir uns alle blendend!»

Ich hatte ihn nach dem Kirchenstreit gefragt. Für das Moskauer Patriarchat, dem er angehörte, war die orthodoxe Kirche in der Ukraine traditionell nur ein regionaler Ableger der russischen Orthodoxie. Widerstand gegen diese Unterordnung hatte sich erstmals in der Zeit zwischen den Weltkriegen geregt, als ukrainische Kleriker versucht hatten, eine Nationalkirche aufzubauen. Halbwegs erfolgreich waren sie damit erst seit den neunziger Jahren – nach der Unabhängigkeit des Landes hatte sich ein kleiner Teil der ukrainischen Gemeinden vom Moskauer Patriarchat losgesagt und ein eigenes Kirchenoberhaupt eingesetzt.

«Aber keine Kirche auf der Welt erkennt den Kiewer Patriarchen an», sagte Vater Wolodymyr lachend. «Natürlich ärgert das meinen lieben Kollegen hier in Kalyniwka manchmal ein bisschen, das kann ich vollkommen verstehen! Aber so ist es nun mal.»

Während ich ihm zuhörte, hob und senkte sich vor meinen Augen sein monumentaler Bart, und ich spürte, wie sich in mir das kindliche Verlangen regte, die weichen, weißen Haare anzufassen.

«Natürlich würde er sich wünschen, dass mehr Gläubige in seine Kirche kommen, das wollen wir schließlich alle. Aber seine Kirche ist neu, viele Leute hier haben sich an unsere gewöhnt. Und solange sie überhaupt beten, ist es doch nicht wichtig, in welcher Kirche sie das tun, nicht wahr? Ruhm der Ukraine, meinetwegen, aber im Gottesdienst wird Gott gerühmt!»

Ich fragte ihn nach dem kleinen Gedenkstein, an dem ich im Kirchhof vorbeigelaufen war. Er erinnerte an die Opfer des Holodomor, jener künstlich ausgelösten Hungersnot, mit der Stalin in den dreißiger Jahren Millionen ukrainischer Bauern ermordet hatte. Es war die Art von Mahnmal, die man sonst eher neben Kirchen des Kiewer Patriarchats antraf.

«Eigentlich sollte es neben dem Rathaus aufgestellt werden», sagte Vater Wolodymyr. «Aber wer würde es dort bemerken, wer würde stehen bleiben und für die Toten beten? Ich habe mit den Leuten in der Verwaltung gesprochen, und wir einigten uns darauf, den Stein neben die Kirche zu setzen. Wir beten in den Gottesdiensten sowieso für die Holodomor-Opfer, hier ist er besser aufgehoben.»

Ich mochte Vater Wolodymyr. Aber ich konnte mir vorstellen, dass der andere Priester ihn hassen musste. Auf seine leutselige Art hatte er die Stadt monopolisiert. Nicht nur das Wunderkreuz gehörte ihm, auch das Holodomor-Gedenken hatte er sich unter den Nagel gerissen.

Er kam aus den Karpaten. In den westukrainischen Regionen, die erst nach dem Krieg Teil der Sowjetunion geworden waren, sei die Religionsverfolgung nicht so schlimm gewesen wie im Rest des Landes, erklärte er mir.

«Es gab Klöster, es gab Kirchen, es gab Gottesdienste. Einer meiner Großonkel war Priester. Ich bin mit dem Glauben aufgewachsen, und als ich älter wurde, entschied ich, selbst Priester zu werden.»

Noch zu Sowjetzeiten war er nach Moskau gegangen, um am orthodoxen Seminar zu studieren. Nach seiner Priesterweihe hatte er eine Gemeinde im sibirischen Omsk geleitet, bevor er in den achtziger Jahren zurück in seine ukrainische Heimat versetzt wurde.

«Kurz nachdem ich in Kalyniwka angekommen war, fing die Geschichte mit dem Kreuz an.»

Plötzlich lag der Gesang eines orthodoxen Chors in der Luft. Er wurde lauter, als Vater Wolodymyr sein Telefon aus der Soutane zog. Der Chor war sein Klingelton.

«Wasyl? Ja, wir erwarten dich ...»

Er ließ das Telefon wieder in der Soutane verschwinden.

«Mein Sohn. Er kann Ihnen mehr über das Kreuz erzählen.»

Sein Sohn war ebenfalls Priester. Auch er trug eine schwarze

Soutane, aber damit endeten die Ähnlichkeiten zwischen Wasyl und Wolodymyr Rosman. Der Sohn war das genaue Gegenteil seines Vaters – hager, leise, ernst.

In einem Seitenraum neben der Chor-Empore erzählte mir Vater Wasyl, was er über das Kreuz herausgefunden hatte. Er zeigte mir Dokumente, die er während seines Priesterstudiums in den sowjetischen Stadtarchiven ausgegraben hatte. Befragt hatte er damals auch die älteren Einwohner von Kalyniwka. Vater Wasyl erinnerte sich an ein Gespräch mit einer Greisin.

«Ich hatte zu dem Treffen meine Tochter mitgenommen, die damals noch klein war. Die alte Frau plauderte ein paar Minuten mit dem Kind, dann fragte sie mich, wie sie mir helfen könne. Als ich das Kreuz erwähnte, sah sie mich erschrocken an. Sie schüttelte den Kopf und sagte: Söhnchen, ich kann dich nicht hören, meine Ohren sind alt! Sie stellte sich plötzlich taub, obwohl sie vorher mit meiner Tochter gesprochen hatte. Fast neunzig Jahre waren vergangen, aber manche Leute hatten immer noch Angst, über das Kreuz zu sprechen.»

Wann und von wem das Kreuz aufgestellt worden war, hatte Vater Wasyl nicht genau herausfinden können. Die einen sagten, es sei das Grabkreuz dreier ermordeter Kaufleute gewesen, die man neben einem Brunnen beigesetzt hatte, weil sie dort gestorben waren. Von anderen hörte Vater Wasyl die Version, die mir die alte Frau bei der Kapelle erzählt hatte: Ein kinderloser Mann hatte den Brunnen im Auftrag Gottes gegraben und ein Kreuz danebengestellt.

«Die Version mit den ermordeten Kaufleuten klingt unwahrscheinlich», sagte Vater Wasyl. «Außerhalb der Friedhöfe wurden nur Selbstmörder beerdigt, und wer würde auf die Idee kommen, neben einem Trinkwasserbrunnen Leichen zu vergraben? Die Wahrheit ist vielleicht eine Mischung aus beiden Versionen: Ein

Mann, der seine Kinder durch ein Verbrechen verloren hatte, stellte zu ihrem Andenken ein Kreuz neben einem Brunnen auf.»

Verbürgt ist, dass das sechs Meter hohe Holzkreuz bereits an der Landstraße zwischen Winnyzja und Kalyniwka stand, als in Sankt Petersburg Lenins Bolschewiken die Macht eroberten und nach einem blutigen Bürgerkrieg auch den ukrainischen Teil des Zarenreichs unter ihre Kontrolle brachten.

Am 7. Juli 1923, einem Samstag, liefen drei Rotarmisten die Landstraße entlang. Als sie den Brunnen erreichten, machten die Soldaten halt, um sich zu erfrischen, ihre Kehlen brannten, sie hatten unterwegs getrunken. Im Suff begann einer der Rotarmisten, auf das Kreuz zu feuern. Er zielte auf eine große Ikone, die an der Vorderseite der Holzbalken angebracht war, das Christusbildnis zeigte eine Kreuzigungsszene. Vierundzwanzig Schüsse verfehlten ihr Ziel.

In einem Brief aus jenen Tagen, den Vater Wasyl in den Archiven gefunden hatte, heißt es: «Alle Kugeln fielen vor dem Kreuz zu Boden, und erst, als er zum fünfundzwanzigsten Mal schoss, traf er Jesus Christus in die rechte Schulter, und das Blut begann zu fließen.»

Schnell sprach sich herum, dass in Kalyniwka ein Wunder geschehen war. Die ersten Gläubigen, die sich vor dem Kreuz die Kehlen heiser beteten, kamen aus den umliegenden Dörfern, doch bald erreichte die Kunde auch weiter entfernte Ortschaften. Prozessionen setzten sich in Bewegung, Priester zogen mit ihren Gemeinden über die Landstraßen, von überall her strömten die Menschen nach Kalyniwka, um das Wunder mit eigenen Augen zu sehen.

Die örtlichen Parteibosse wussten nicht, wie sie reagieren sollten. Es gab keinen Gott, das hatte man ihnen eingeimpft, und wenn es ihn doch geben sollte, beschmierte er sicher keine Ikonen mit Blut, und falls doch, dann bestimmt nicht in Kalyniwka. Aber wie sollte man das den Leuten erklären, die inzwischen zu Tausenden rund um das Kreuz kampierten? Ein Parteischreiben aus jenen Tagen warnt vor unüberlegten Reaktionen. Man könne, heißt es darin, «in dieser Sache leicht Fehler machen und sich sogar den Hals brechen».

Die Parteibosse beschlossen, höhere Parteibosse einzuschalten. Vorsorglich postierten sie eine zwölfköpfige Wachmannschaft neben dem Kreuz, die für Ordnung sorgen sollte, bis weiter oben eine Entscheidung getroffen worden war.

Das nächsthöhere Parteigremium setzte eine Untersuchungskommission ein. Zwei Ärzte, drei Priester, zwei örtliche Gemeindevertreter und mehrere Parteifunktionäre erreichten am 2. August das Kreuz, vor dem inzwischen mehr als fünfzehntausend Menschen beteten, allein an jenem Tag waren achtzig neue Prozessionen in Kalyniwka angekommen.

Die Kommissionsmitglieder lehnten eine Leiter an das Holzkreuz. Ausgiebig begutachteten sie die durchschossene Ikone. Mit einem Wattebausch nahmen sie eine Probe der roten Flüssigkeit, die aus dem Bildnis auszutreten schien. Die tausendstimmigen Fragen, die ihnen aus der Menschenmenge entgegengeschrien wurden, ignorierten sie schweigend.

Als die Kommission wenig später ihren Bericht vorlegte, berief sie sich unter anderem auf eine Laboranalyse. «Die geprüfte rötliche Flüssigkeit enthält kein Blut», hieß es darin, «weder menschliches noch das Blut irgendeines Tieres.» Stattdessen seien Spuren von Eisen festgestellt worden. Die Metallbeschläge der Ikone, schrieben die Kommissionsmitglieder, seien an mehreren Stellen stark verrostet, insbesondere auf der Rückseite. Der Regen, der in den letzten Wochen verstärkt gefallen sei, habe den Rost gelöst und durch das Einschussloch auf die Vorderseite gespült, wo er in Rinnsalen über die Ikone gelaufen sei. Dies, so ihre Schlussfolgerung, «konnte den Eindruck eines Blutstroms erwecken».

Die alten Menschen aber, mit denen Vater Wasyl gesprochen hatte, konnten sich noch an die Dürre erinnern, die in jenem Sommer geherrscht hatte. Wochenlang war kein Regen gefallen, weder vor noch nach dem Wunder.

Unterdessen riss der Pilgerstrom nicht ab. Die Menschenmenge wurde größer und größer. Weihrauch vernebelte die Landstraße, den ganzen Tag und die Nacht hindurch war das ekstatische Gebet der Gläubigen zu hören, gemischt mit den orthodoxen Liturgien der Priester, die rund um die Uhr um Gottes Erbarmen baten: *Goooos-pooooo-diiiii pooooo-miiiii-luuuuuj …*

Als die Menge vor dem Kreuz im September auf mehr als fünfundzwanzigtausend Menschen anwuchs, beschlossen die Parteibosse, zu handeln. Sie schleusten Agitatoren ein, die Gerüchte in Umlauf setzten: Das Blut, erzählten sie den Gläubigen, stamme nicht von Christi, sondern von einem Kaninchen. Falsche Popen hatten es auf die Ikone geschmiert, um die werktätigen Massen in die Irre zu führen.

Die echten Popen ließ man derweil verschwinden. Priester und Geistliche, die Prozessionen zum Kreuz geführt hatten, wurden auf Parteibefehl verhaftet und verbannt, gemeinsam mit anderen «unzuverlässigen, antisowjetischen Elementen» aus der Umgebung von Kalyniwka. «In der Nacht zum 23. September», heißt es im entsprechenden Bericht, «wurde eine Vertreibungsoperation durchgeführt, gerichtet gegen jene, die provoziert und für das ‹Wunder von Kalyniwka› agitiert haben. Vierzig Personen wurden verhaftet.»

Doch die Pilger strömten weiter zum Kreuz, selbst nachdem Parteileute in der Nacht zum 1. Oktober die zerschossene Ikone verschwinden ließen. Anfang November wurde schließlich das komplette Kreuz abgerissen. Den Brunnen schüttete man zu, der Boden wurde umgepflügt, das angrenzende Getreidefeld bis an den

Rand der Landstraße ausgedehnt, um den Standort des Kreuzes unkenntlich zu machen.

Es half nichts. Kaum war das Frühjahr angebrochen, flüsterten sich die Menschen in Kalyniwka zu, dass auf dem Getreidefeld mysteriöse Ähren aufgegangen waren, Ähren, deren verschlungener Wuchs an die Form eines Kreuzes erinnere. Andere wollten gehört haben, dass Lenin, der im Janaur an den Folgen seiner Schlaganfälle gestorben war, Gottes Zorn auf sich gezogen hatte, dass er gerichtet worden war, weil er das Kreuz von Kalyniwka geschändet hatte.

«Besonders im März und April», berichtete die Partei, «wurden Anzeichen einer Wiederaufnahme der Pilgerei und der Errichtung neuer Kreuze festgestellt. Die Initiatoren wurden aufgespürt, die Kreuze vernichtet.»

Kaum aber hatte man ein Kreuz beseitigt, tauchte an der Landstraße ein neues auf. Jedes ließ die Partei umgehend abreißen. Jahre gingen so ins Land, die Kreuze tauchten auf, verschwanden, tauchten erneut auf, verschwanden wieder. Mit der Zeit verlangsamte sich der Rhythmus dieses Katz-und-Maus-Spiels, doch in den Parteiberichten, die Vater Wasyl in den Stadtarchiven gefunden hatte, waren selbst nach dem Krieg noch neue Kreuze erwähnt worden, und vereinzelt sogar bis in die achtziger Jahre hinein.

«Den Rest haben Sie gesehen», sagte Vater Wasyl. «Als die sowjetische Ära endete, fand sich hier in Kalyniwka ein alter Mann, der sich noch an das Wunder erinnern konnte. Er erzählte meinem Vater davon, und 1993 stellten wir ein neues Kreuz auf. Ein paar Jahre später kam der Brunnen dazu, noch ein bisschen später die Kapelle.»

Vater Wasyl lehnte sich zurück, seine Erzählung war abgeschlossen. Ein Moment der Stille trat ein, der abrupt endete, als Vater Wolodymyr die Tür aufriss.

«Hast du ihm von den Wundern erzählt?»

Ich spürte meine Konzentration nachlassen, während ich den länglichen Wunderaufzählungen zuhörte, und in meinem Notizbuch fand ich später nur halbherzige Aufzeichnungen über weggeworfene Krücken, herbeigebetete Schwangerschaften, wiedergefundene Kinder. Die eigentliche Wundergeschichte, so kam es mir vor, hatte ich längst gehört: die Erzählung von der plötzlichen Rückkehr des Glaubens, die sich in den neunziger Jahren nicht nur hier in Kalyniwka abgespielt hatte, sondern in der halben Sowjetunion. Längst nahmen an den Kreuzprozessionen, die inzwischen zu jedem Jahrestag des Blutwunders stattfanden, mehr als fünfundzwanzigtausend Menschen teil, erzählte mir Vater Wolodymyr – die Pilger waren wieder so zahlreich wie ganz am Anfang der Wundergeschichte.

In vorderster Reihe sah Vater Wolodymyr bei den jährlichen Prozessionen nicht selten die alten Parteikader mitmarschieren, von denen manche vielleicht noch persönlich den Abriss von Kreuzen angeordnet hatten. Vater Wolodymyr nahm es ihnen nicht übel. Er war Christ, das Übelnehmen hatte ihm nie gelegen, und neue Schäfchen waren ihm nur willkommen – auf welcher Weide sie auch vorher gegrast haben mochten.

Auf dem Rückweg von der Kirche zum Busbahnhof kam ich erneut am Rathausplatz vorbei. Ein paar Minuten blieb ich vor dem leeren Denkmalsockel stehen und versuchte, mir vorzustellen, welche der kanonisierten Lenin-Varianten hier wohl gestanden hatte. War es der grüblerische Lenin gewesen, mit gesenktem Kopf und in den Hosentaschen vergrabenen Fäusten? Der wegweisende Lenin, mit ausgestrecktem Arm, den Zeigefinger in die sozialistische Zukunft gerichtet? Der agitierende Lenin, die Hände zur Rednergeste erhoben, die Lippen halb geöffnet?

Den Kreuzzug gegen die Kreuze hatte er verloren. Lenin war es, der ihn eingeläutet hatte, auch wenn die blutigsten Schlachten erst nach seinem Tod geschlagen wurden. Hätte er gelacht oder geweint, wenn man ihm verraten hätte, dass Stalin die Kreuze eines Tages durch Lenin-Denkmäler ersetzen würde?

Mein Blick fiel auf die naive Zeichnung des erschossenen Maidan-Demonstranten, die den leeren Sockel zierte. Plötzlich fiel mir ein Detail auf, das ich vorher nicht bemerkt hatte. Genauer gesagt hätte ich schwören können, dass es noch nicht da gewesen war, als ich das Bild zum ersten Mal gesehen hatte. Über dem Kopf des Demonstranten schwebte ein kleiner, goldener Heiligenschein.

AM GRAB VON RABBI NACHMAN

Ich ließ das wundersame Kalyniwka hinter mir und nahm einen Bus in die hundert Kilometer östlich gelegene Stadt Uman. Der Bus fuhr eine umwegreiche Strecke über die Dörfer, und bald füllte er sich bis zum Bersten mit Kartoffelsäcken, Apfelkörben, Zwiebeltüten und den dazugehörigen Datschagärtnern, die dicht gedrängt im Mittelgang standen.

Neben mir saß eine ältere Frau mit einem riesigen Kürbis auf dem Schoß.

«Ich habe noch nie mit einem Ausländer gesprochen», sagte sie. «Noch nie. Das ist das erste Mal.»

Nach diesem feierlichen Bekenntnis verstummte sie. Ihr schien kein Gesprächsthema einzufallen, das dem Ernst unserer Begegnung angemessen gewesen wäre, und als ich selbst anfing, Fragen zu stellen, bekam ich nur schüchterne, einsilbige Antworten. War die Ernte gut gewesen in diesem Jahr? «Normal.» War ihr Garten groß? «Mittel.» Gediehen ihre Kürbisse immer so prächtig? «Zum Teil.»

Plötzlich beugte sich aus dem Mittelgang ein Mann zu mir herab, der unsere Gesprächsversuche mit angehört hatte. Er trug eine schwarze Schirmmütze und musste um die fünfzig sein. Ein ironisches Lächeln umspielte seine Mundwinkel.

«Eine Frage! Wann hat der Krieg angefangen?»

«Welcher?»

«Der große.»

«Äh … 1939?»

«Ha!»

Er ließ seine rechte Faust in die linke Handfläche klatschen. «Die Deutschen sind ehrlich!»

Ratlos sah ich ihn an.

Er grinste. «Sagen Sie bloß, Sie haben die sowjetischen Kriegsdenkmäler nicht gesehen? Unser ganzes Land ist voll davon! Auf allen steht: Großer Vaterländischer Krieg, 1941 bis 1945! Die Russen wollen uns erzählen, dass der Krieg erst anfing, als der böse Hitler auf den lieben Stalin losging. Aber 1939 hat der liebe Stalin mit dem bösen Hitler gemeinsame Sache gemacht, um sich die Westukraine unter den Nagel zu reißen. Das verschweigen die Russen lieber!»

Während er sich in Fahrt redete, lachte er immer wieder ein kurzes, meckerndes Ziegenlachen.

«Sich selbst belügen sie am liebsten. Sie glauben, dass sie Russen heißen, obwohl sie immer nur Moskowiter hießen. Den Quatsch mit den Russen hat sich Peter der Große ausgedacht, weil es ihm nicht passte, dass sein Reich keine Geschichte hatte. Er behauptete einfach, die Moskowiter seien Nachfahren der Kiewer Rus, obwohl das natürlich wir sind, die Ukrainer. Er hat unseren Namen und unsere Geschichte geklaut! Haben Sie das gewusst?»

Ich versuchte, vage zu nicken, aber es kam eher ein Kopfschütteln dabei heraus. «Von der Theorie habe ich schon mal …»

«Das ist keine Theorie, das ist die Wahrheit! Ich bin Traktormechaniker, und wenn sogar ich das weiß, wird es ja wohl stimmen!»

Dann fragte er mich, was einen Deutschen in die ukrainische Provinz treibe. Ich erzählte, was mich nach Kalyniwka verschlagen hatte. Der Mann kannte die Geschichte mit dem Wunderkreuz. Die Frau mit dem Kürbis hatte nie von ihr gehört.

«Natürlich haben Sie nichts davon gehört», sagte der Mann. «Solche Geschichten hat man uns in der Schule nicht erzählt. Genau so wenig wie die Geschichte mit dem Krieg. All die Jahre haben sie uns belogen! Vom Holodomor wurde auch nie gesprochen. Aushungern wollten sie die Ukrainer, vernichten!»

Die Frau mit dem Kürbis nickte. «Wir Ukrainer waren immer nur im Weg», sagte sie ernst. «Alle wollten uns loswerden.»

Der Mann beugte sich noch tiefer über unsere Sitze, verschwörerisch lächelnd.

«Sogar unsere eigene Regierung versucht, uns loszuwerden. Glauben Sie, es ist Zufall, dass alles immer teurer wird? Den Holodomor haben wir überlebt, deshalb probieren sie jetzt was Neues aus – sie lassen die Gaspreise steigen, bis wir alle erfrieren!»

Wieder lachte er sein meckerndes Lachen. Je schwärzer seine Geschichten wurden, desto mehr schienen sie ihn zu erheitern. Die Frau auf dem Nebensitz dagegen starrte immer unglücklicher auf ihren Kürbis.

«Was will man in einem Land wie der Ukraine erwarten», sagte der Mann. «Die guten Menschen wurden alle umgebracht und vertrieben. Übrig geblieben sind nur die schlechten!»

Ich hatte das dringende Bedürfnis, die Frau mit dem Kürbis aufzuheitern.

«Hören Sie nicht auf ihn», sagte ich lächelnd. «Ich kenne viele gute Menschen in der Ukraine. Sie bestimmt auch, oder?»

Unsicher erwiderte sie meinen ausländischen Blick.

«Zum Teil.»

Man schrieb den 18. Tischri des Jahres 5571, als in Uman die Kunde umging, dass Rabbi Nachman von Brazlaw im Sterben lag. Um das Totenbett des Zaddik versammelten sich untröstliche Schüler, ihre Schläfenlocken zitterten im Rhythmus ihrer Stoßseufzer. Lächelnd ließ der Rabbi den Blick durch die Runde schweifen. Gelächelt hatte er immer, auch seine Schüler ermahnte er stets zum Lächeln, und bevor er lächelnd aus der Welt schied, hinterließ er ihr ein großes Versprechen: Jeden, der zu Rosch Haschana an seinem Grab bete, werde er, Rabbi Nachman von Brazlaw, persönlich an den Schläfenlocken aus der Hölle ziehen.

Als ich in Uman ankam, waren 204 Jahre seit Nachmans Tod und 5775 Jahre seit der Erschaffung der Welt vergangen. Nach dem jüdischen Kalender stand das Neujahrsfest vor der Tür, und dreißigtausend Chassiden aus aller Welt waren dem Ruf des Rabbis gefolgt.

Ich hatte die Rosch-Haschana-Feiern auf Fotos gesehen, aber kein Bild konnte mich auf den Anblick der Puschkinstraße vorbereiten. Mitten in einer gewöhnlichen ukrainischen Provinzstadt tat sich plötzlich eine andere Welt auf. Dicht an dicht strömten die Pilger durch die Straße, fast jeder ein exaktes Spiegelbild des nächsten – die gleichen Schläfenlocken und Bärte, die gleichen schwarzen Gehröcke und weißen Hemden, die gleichen steifen Filzhüte und Pelzkappen, die gleichen golddurchwirkten Gebetsumhänge. Die Jungen waren maßstabsverkleinerte Kopien ihrer Väter, und Frauen gab es nicht in der Puschkinstraße, nicht eine einzige.

Jahr für Jahr brachte der Pilgerstrom eine Glaubenswelt in die Ukraine zurück, die im zwanzigsten Jahrhundert nahezu komplett aus ihr verschwunden war – obwohl sie von hier aus einst den halben Kontinent erobert hatte. Wie ein göttliches Lauffeuer breitete sich im frühen achtzehnten Jahrhundert der Chassidismus in den Schtetln Osteuropas aus. Sein Begründer Israel ben Elieser, genannt Baal Schem Tow, der «Meister des guten Namens», war ein Rabbi aus dem heutigen Westen der Ukraine. Er predigte Unerhörtes: Gott, lernten seine Schüler, war in jedem Ding präsent, und wer Gott liebte, musste lernen, sein Wirken im Guten wie im Schlechten zu erkennen. Im Grunde war das auch nicht schwer, eröffnete der Baal Schem Tow seinen verblüfften Schülern, denn schlecht war das Schlechte nicht in seinem göttlichen Ursprung, es wurde erst zum Schlechten, wo es sich mit dem Menschen verband. Die Schönheit einer Frau zu bewundern, ist nicht schlecht, denn sie kommt von Gott; schlecht ist es, ihre Schönheit menschlich zu begehren. Begehrt aber der Nachbar deine Frau, so grolle ihm nicht, denn auch sein Begehren kommt von Gott.

So lernten die Schüler des Baal Schem Tow, dem Schlechten in der Welt mit Fröhlichkeit zu begegnen, und fröhlich spalteten sie sich nach dem Tod ihres Meisters in immer neue, immer fröhlichere Strömungen auf, die sich um jeweils einen Zaddik scharten, den charismatischen Rabbi einer Chassidengemeinde. Die fröhlichste von allen gründete im späten achtzehnten Jahrhundert ein Urenkel des Baal Schem Tow. Rabbi Nachman von Brazlaw empfahl seinen Schülern, mit Gott zu sprechen wie mit einem Freund, befreit von inneren Überlegungen und Zweifeln, nur den eigenen Gefühlen folgend, so direkt und ungehemmt wie möglich. Zu den ekstatischen Gebetstechniken, die er entwickelte, gehörte die Methode des «inneren Schreis» – spüre, lehrte der Rabbi, wie sich in deinem Kopf ein Schrei aufbaut, höre ihn langsam anschwellen, steigere ihn weiter und weiter, bis du in Gedanken so laut schreist, dass du es selbst kaum noch aushältst.

Konservative Juden rätselten, ob sich der schreiende Wunderrabbi von Brazlaw gar für den Messias hielt, obwohl seine Anhänger das stets bestritten. Lange galt Nachman den schriftfixierteren Strömungen des Judaismus als nicht ganz koscher. Trotzdem verbreitete sich der Brazlaw-Chassidismus rasant, und als der nicht einmal vierzigjährige Rabbi Nachman 1810 an Tuberkulose starb, sprach sich schnell herum, wo die fröhlichsten Juden in Zukunft ihr Neujahrsfest feiern sollten.

Mehr als ein halbes Jahrhundert trennt den heutigen Pilgerstrom von den Chassiden, die nach Rabbi Nachmans Tod das Grab ihres Zaddik besuchten. Die Zentren der Brazlaw-Bewegung liegen heute in anderen Teilen der Welt, vor allem in New York und in Jerusalem. Erst in den letzten Jahren der Sowjetära waren die ersten vorsichtigen Pilger nach Uman zurückgekehrt. Jahr für Jahr waren es mehr geworden, und heute hatte die Stadt rund um Rosch Haschana gut ein Drittel mehr Einwohner als sonst.

Im größten Teil von Uman war wenig davon zu sehen. Der Pilgerstrom konzentrierte sich nahezu ausschließlich auf die Puschkinstraße, an deren Rändern sich die gleichen neunstöckigen Plattenbauten aneinanderreihen wie überall zwischen Kaliningrad und Kamtschatka. Als ich den Kopf hob, sah ich auf jedem der sowjetischen Betonbalkone chassidische Pilgergruppen stehen, denen die ukrainischen Anwohner während des Neujahrsfests ihre Wohnungen vermieteten.

Ich wusste nicht genau, wo das Grab lag, aber es war nicht schwer zu finden, der Pilgerstrom trieb mich in die richtige Richtung. Am unteren Ende der Puschkinstraße zweigte ein kleiner Nebenweg ab, der nach einer erneuten Biegung vor einem einstöckigen Haus endete. Schon weit vor dem Haus war die Menschenmasse so dicht, dass ich nur noch vorankam, indem ich mich hinter die energischsten Drängler klemmte. Überall standen betende Chassiden, die den Oberkörper rhythmisch vor und zurück warfen, die Blicke starr auf die geöffneten Bücher in ihren Händen gerichtet, hebräische Formeln murmelnd oder schreiend. Ihre Schläfenlocken schwangen im Takt ihrer Bewegungen, vor und zurück, vor und zurück. Ihr Gebet war ohrenbetäubend.

Erst als ich näher kam, erkannte ich, dass unmittelbar neben dem flachen Haus eine provisorische Halle aufgebaut war, in die der Pilgerstrom drängte. In ihrem Inneren multiplizierte sich der Gebetslärm ins Phantastische, niemals hatte ich etwas Vergleichbares gehört. Ein durchdringendes Heulen lag in der Luft, punktiert von Donnergeräuschen, die ich erst einordnen konnte, als ich einzelne Pilger im ekstatischen Gebet auf und ab springen sah. Andere warfen ihre Körper krachend gegen die Hallenwände, wieder und wieder. Der Raum war bis zum Bersten gefüllt, und weil der Weg durch den schmalen Eingang inzwischen nahezu blockiert war, hatten einzelne Pilger begonnen, durch die Seitenfenster ins Innere zu klettern. Sogar durch einen Spalt im Dach sah ich zwei Teenager kriechen, kopfunter, mit baumelnden Schläfenlocken. An Gerüststangen hangelten sie sich hinab in die Menschenmenge.

Alle Gesichter waren der Schmalseite des Raums zugewandt, wo die offene Hallenkonstruktion an die Außenwand des kleinen Nachbarhauses grenzte. Davor, eingelassen in die Hauswand, konnte ich Rabbi Nachmans Grabplatte erkennen. Ohne es wirklich zu wollen, war ich in den Sog der Schlange geraten, die sich vor dem Heiligtum gebildet hatte. Widerstandslos ließ ich mich vorwärtstreiben. Als ich näher kam, winkten mir aus der Menschenmasse heraus mehrere Männer zu, die lächelnd auf ihre Hinterköpfe deuteten. Ein neben mir stehender Chasside neigte den Mund an mein Ohr. «Sie bitten dich, deinen Kopf zu bedecken!», schrie er auf Englisch.

Mit einer Geste des Bedauerns hob ich die Hände – ich hatte nichts Geeignetes dabei. Als ich mich aus der Schlange herauswinden wollte, hielt mich der Mann, der mir ins Ohr geschrien hatte, am Arm zurück. Mit der linken Hand nahm er seinen schwarzen Filzhut ab. Die Kippa, die er darunter trug, gab er mir.

«Danke!», schrie ich.

«Tuvia!», schrie er.

Ich brauchte einen Moment, um zu begreifen, dass «Tuvia» sein Name war.

Zwei Polizisten in israelischen Uniformen schirmten den Gitterkorridor vor dem Grabstein ab, einzeln ließen sie die Pilger passieren. Betend, seufzend, stöhnend pressten die Chassiden ihre Wangen an die Steinplatte, bevor sie von den Sicherheitsleuten weitergeschoben wurden. Es ging alles so schnell, dass mir im Vorbeigehen nur der scharfe, männliche Schweißgeruch im Gedächtnis blieb, der Rabbi Nachmans Grab umwehte.

Auf der anderen Seite des Gitterkorridors wollte ich Tuvia seine Kippa zurückgeben, aber er schüttelte den Kopf.

«Wer weiß, wofür du sie noch brauchst.»

In einer ruhigeren Ecke unterhielten wir uns. Tuvias Alter war schwer einzuschätzen. Silbrige Strähnen durchzogen seinen Bart und seine Schläfenlocken, und die schwarze Chassidentracht gab seinen hageren Gesichtszügen eine patriarchale Strenge. Seine Augen und seine helle Stimme aber schienen zu einem deutlich jüngeren Mann zu gehören. Er wirkte wie ein alttestamentarisch maskierter Mittdreißiger.

Tuvia war in einer Chassidengemeinde in den USA aufgewachsen, aber er lebte seit langem in Jerusalem. Es sei sein fünfzehnter Besuch am Grab des Rabbis, sagte er, seit 2001 pilgere er jedes Jahr nach Uman.

«Eine lange Zeit», sagte ich anerkennend.

Er nickte. «Aber es gibt hier Leute, die schon nach Uman gereist sind, als die Stadt noch sowjetisch war.» Er deutete auf die Gebetshalle. «Nichts davon gab es damals. Am Anfang wussten die Leute nicht einmal mehr, wo das Grab überhaupt lag.»

Die ersten Pilger hatten die unmarkierte Ruhestätte im Hinterhof des einstöckigen Wohnhauses entdeckt, an das heute die Halle grenzte.

«Damals wohnte dort noch eine alte Ukrainerin», sagte Tuvia. «Sie ließ die Chassiden heimlich zum Beten in ihren Hof. In den ersten Jahren trauten sich nur ein paar Dutzend Leute nach Uman.

Dann wurden es Jahr für Jahr mehr. Als ich zum ersten Mal hier war, gab es noch nicht halb so viele Pilger. Und so viele wie in diesem Jahr sind noch nie gekommen.»

«Obwohl in der Ukraine Krieg herrscht?», fragte ich.

Er lächelte. «Wir sind hier weiter von der Front entfernt als in Jerusalem.»

Ich fragte ihn, ob seine Vorfahren in der Ukraine gelebt hatten.

Tuvia schüttelte den Kopf. «In Litauen.»

Eigentlich, erklärte er mir, stamme er aus einer alten Rabbinerdynastie, die den Brazlaw-Chassidismus abgelehnt habe, als er im achtzehnten Jahrhundert aufkam. «Meine Vorfahren waren traditionelle Schriftgelehrte, die mit Nachman nichts anfangen konnten.»

Aber das, fuhr er fort, seien uralte Streitfragen, die heute längst beigelegt seien. «Die Chassiden hier in Uman kommen von überall her. Sie unterscheiden sich in ihren Bräuchen, aber nicht in ihren Dogmen.»

Was sie eine, sei der Glaube, dass alles aus einem Grund geschehe. «Ärger mit der Freundin? Hat seinen Grund. Ein Typ rempelt dich an? Musste passieren. Deine Begegnung mit mir? Kein Zufall. Gott hat seine Finger im Spiel, egal, was passiert. Wer das verinnerlicht, geht glücklicher durchs Leben.»

«Jetzt verstehe ich auch, warum ihr alle so lächelt», sagte ich lächelnd.

Tuvia nickte. «Ich weiß nicht, welcher Religion du angehörst, und ich will dir nicht den Tag vermiesen, aber ich kann dir sagen, dass in unserem Glauben mehr Fröhlichkeit steckt als in jedem anderen.»

Oft dachte ich in den folgenden Tagen an Tuvias Worte zurück, wenn ich die strahlenden Gesichter der Chassiden sah. Es gab Zeiten, in denen sich die ekstatische Fröhlichkeit in der Gebetshalle derart ins Irreale steigerte, dass jedes Wunder denkbar schien. Ich glaube, ich hätte es in solchen Momenten ohne großes Erstaunen hingenommen, wenn Rabbi Nachman plötzlich seine Grabplatte beiseitegeschoben hätte, um die versammelten Beter an den Schläfenlocken zu packen und sie lächelnd gen Himmel zu entführen.

Erst am zweiten oder dritten Tag ließ mich das Lächeln der Chassiden plötzlich an Iwan Mamtschur denken, den OUN-Veteranen, dem ich in Lwiw begegnet war. Mir fiel ein, was er über die Schicksalsergebenheit erzählt hatte, die ihm im Krieg an den Juden im Ghetto aufgefallen war – singend und kampflos hätten sie auf ihre Ermordung gewartet, als sei sie der Wille Gottes. Obwohl ich nicht sicher war, ob Mamtschur sich seine Beobachtungen möglicherweise erst im Nachhinein zurechtgelegt hatte, um seine Entscheidungen zu rechtfertigen, bekam seine Beschreibung plötzlich einen klirrenden Nachhall. Sie klang wie die dunkle Kehrseite des chassidischen Credos, das Tuvia mir offenbart hatte.

In den vier Tagen, die ich in Uman verbrachte, begriff ich erst nach und nach, wie unterschiedlich die Pilger waren, die mir am ersten Tag noch wie eine Armee der Spiegelbilder vorgekommen waren. Ich sprach mit Londoner Immobilienmaklern und Rabbinern aus New York, mit Pariser Kioskverkäufern und – in unbeholfener Zeichensprache – ärmlichen israelischen Dorfbewohnern. Alle waren nahezu identisch gekleidet, aber ihre unterschiedliche Herkunft ließ sich an Details ablesen. Manche trugen gut geschnittene Anzüge unter ihren Gehröcken, andere abgewetzte, speckige Synthetikhosen. Damit aber, erklärte mir ein chassidischer Programmierer aus Kanada, hatte ich erst die Hälfte verstanden. «Hier laufen ein paar extrem einflussreiche Geschäftsleute rum, denen du ihren Reichtum nie ansehen würdest», sagte er. Andere Pilger seien bettelarm, sie sparten über Jahre, um die Reise nach Uman finanzieren zu können.

Auf meine Frage, warum es in Uman keine Frauen gab, bekam ich unterschiedliche Antworten. «Hier ist doch schon für die Männer kaum Platz», sagte einer. Beten, sagten andere, sei Männersache. Frauen, sagten wieder andere, lenkten die Männer vom Beten ab.

Kaum einer der Pilger hatte viel von der Ukraine gesehen. Die meisten Chassiden flogen in Chartermaschinen von Israel nach Kiew, wo man sie in Busse verfrachtete, die ohne Zwischenhalt in die Puschkinstraße fuhren. Zu zehnt, zu zwölft teilten sie sich während der Neujahrsfeiern winzige Zimmer in Plattenbauwohnungen, für die sie absurde Preise bezahlten. In meinem Hotel, das halb leer stand, kostete eine Übernachtung keine zehn Euro, aber zu Fuß war es eine halbe Stunde von der Puschkinstraße entfernt. «Viel zu weit», erklärte mir ein Geschäftsmann aus Jerusalem. «Wir müssen so nah wie möglich am Grab wohnen.»

Für die ukrainischen Anwohner war der Pilgerstrom ein Lotteriegewinn. Eine alte Frau rechnete mir ihre Mieteinnahmen vor: Zwölf Chassiden übernachteten während der Neujahrsfeier in ihrer Einzimmerwohnung, jeder zahlte ihr vierhundert Dollar. «In einer Woche verdiene ich das Fünffache meiner Jahresrente.» Sie selbst kam während der Feiertage bei Bekannten unter. Lästig, fügte sie hinzu, sei allein die Sache mit dem Müll. «Den dürfen die Juden an ihren Feiertagen nicht wegräumen. Am Ende der Woche sieht die Wohnung aus wie ein Schweinestall.»

Auch auf der Straße häufte sich ab dem zweiten Tag der Müll, den die Chassiden fallen ließen, wo sie standen, weil es Arbeit und somit Sünde wäre, ihn am Feiertag zu entsorgen. Die Müllberge beschränkten sich auf die Puschkinstraße, nur nach Süden zog sich ihre Spur etwas weiter hin, bis zu einem kleinen See, den ich erst am zweiten Tag meines Aufenthalts entdeckte. Er war etwa hundert Meter lang und halb so breit. Rund um die Ufer, die Gesichter der

Wasseroberfläche zugewandt, stand ein dichtgedrängter Ring aus betenden Chassiden. Ein tausendfaches Murmeln lag in der Luft, das in unregelmäßigen Abständen heulend anschwoll und wieder zum Murmeln verebbte. Es war ein Neujahrsritual, wie Tuvia mir erklärt hatte, eine Art symbolische Reinigung, die am Ufer eines natürlichen Gewässers stattfinden musste.

Als ich zum ersten Mal den See umrundete, nahm ich nur die entrückten Gesichter der Betenden wahr. Das Kreuz fiel mir erst am nächsten Tag auf, obwohl es schwer zu übersehen war. Auf der straßenabgewandten Seite des Sees erhob sich eine Kette niedriger Felshänge. Genau in ihrer Mitte, ein paar Meter über den Köpfen der betenden Chassiden, hing ein gekreuzigter, lebensgroßer Messias.

Weil ich mir nicht vorstellen konnte, dass dieser seltsame Kontrast zufällig entstanden war, lief ich um den See herum und stieg in die Felshänge. Als ich näher kam, begegnete ich zwei ukrainischen Polizisten, die neben dem Kreuz Wache hielten. Die Christusfigur, erklärten sie mir, sei vor zwei oder drei Jahren hier aufgetaucht. Wer sie aufgestellt hatte, wussten sie nicht.

«Wir sorgen dafür, dass sie stehenbleibt», sagte einer der beiden. Er zeigte auf die Betenden am Fuß des Felshangs. «Es gibt unter den Juden ein paar Radikale, die das Kreuz gerne in den See werfen würden. Ab und zu versuchen sie es, dann halten wir sie zurück.»

Im Grunde, fügte er hinzu, sei das Fest friedlich verlaufen in diesem Jahr. «Keine Schlägereien, das ist selten. Wundern muss man sich nicht, wenn es Ärger gibt. Die meisten von den Juden hier waren schon mal im Knast, habe ich gehört. Deshalb pilgern sie zum Grab des Rabbis. Er soll sie aus der Hölle ziehen.»

Genau in diesem Moment bemerkte ich, dass sein Kollege unruhig wurde.

«Da kommt einer», zischte er.

Über die Felshänge kam ein Chasside auf uns zugelaufen, mit energischen Schritten und wehenden, rötlichen Schläfenlocken.

«Den kenne ich», sagte der Polizist, mit dem ich gesprochen hatte. «Der ist harmlos.»

Der Chasside erreichte das Kreuz. Ohne stehen zu bleiben, spuckte er vor der Christusfigur auf den Boden, laut und demonstrativ.

Die Polizisten beobachteten den Mann schweigend, während er an uns vorbeilief, ohne den Blick zu heben. Auch ich sah ihm stumm hinterher, zu überrascht, um etwas zu sagen.

«Passiert das oft?», fragte ich, als er hinter der nächsten Wegbiegung verschwunden war.

Die Polizisten nickten düster. «Den ganzen Tag.»

Sie taten mir leid. Wer auch immer das Kreuz hier aufgestellt hatte, schien es darauf angelegt zu haben, ihnen das Leben schwerzumachen.

«Guten Abend, junger Mann!»

Vor dem Eingang meines Hotels sprach mich eine ältere Dame an, die, wie ich schnell begriff, gerne als Dame wahrgenommen wurde, aber ungern als ältere. Ihr orange gefärbtes Haar war zu einer voluminösen Steckfrisur aufgetürmt, und obwohl es bereits dämmerte, trug sie eine riesige Sonnenbrille.

«Junger Mann, Sie sind mir aufgefallen», sagte sie. «Ihre Erscheinung ist, wie darf ich es nennen ... ungewöhnlich. Im besten Sinne. Ich darf annehmen, dass Sie nicht von hier sind?»

Auf ihren manierierten Ton eingehend, hob ich überrascht die Augenbrauen. «Wie haben Sie das erraten?»

Tatsächlich war es nicht schwer zu erraten gewesen – wir standen vor dem Eingang eines Hotels.

«Nennen wir es weibliche Intuition.» Sie kicherte kokett. «Junger Mann, haben Sie unseren Park schon gesehen?»

Verneinend schüttelte ich den Kopf. Der Park lag unmittelbar neben dem Hotel, aber ich war noch nicht dazu gekommen, ihn mir anzusehen. Klar war mir nur, dass er riesig sein musste – auf dem Stadtplan füllten seine Umrisse einen guten Teil der Innenstadt.

Die Dame schlug theatralisch die Hände zusammen. «Junger Mann, Sie *müssen* ihn sehen! Erlauben Sie mir, Sie zu einem poetischen Spaziergang einzuladen. Nur wir beide, morgen früh um acht.»

«Ich bin nicht sicher, ob ich morgen ...»

«Eine bessere Führerin werden Sie nicht finden, junger Mann, niemand kennt unseren Park so gut wie ich. Sie dürfen die Einladung einer Dame nicht ausschlagen! Spüren Sie nicht, dass ich meine Reize auf die Probe stelle? Wenn Sie morgen früh auf mich warten, werde ich wissen, dass mein Charme noch wirkt ...»

Am nächsten Morgen bezahlte ich an der Parkkasse für eine Einzelführung. Meine Begleiterin hatte sich in Schale geworfen. Ein braunes, eng anliegendes Sommerkleid betonte ihre schmale Silhouette, und ihre Steckfrisur kam mir noch ein bisschen voluminöser vor als am Vortag.

Es war ein strahlender Tag. Die Morgensonne stand schräg hinter den Bäumen, ihr goldenes Licht färbte den Park. Galina griff nach meinem Arm.

«Sehen Sie sich diese Schönheit an», hauchte sie entrückt. «Sie werden unseren Spaziergang lange nicht vergessen, junger Mann.»

Damit sollte sie leider recht behalten.

Galina kam aus der Ostukraine. Sie war Russin. Nach Uman hatte es sie in ihrer sowjetischen Jugend verschlagen, offenbar wegen eines Mannes, den sie in ihren Erzählungen nur andeutungsweise erwähnte. Vor neun Jahren war er aus ihrem Leben verschwunden, auf welchem Weg auch immer. Geblieben waren ihr ein Hund, eine Katze und ein ungestilltes Bedürfnis nach männlicher Zuwendung.

Obwohl sie den größten Teil ihres Lebens in der Zentralukraine verbracht hatte, war sie im Herzen ein Kind des Donbass geblieben, der grenznahen Industrieregion, in der seit anderthalb Jahren Krieg herrschte.

«Mir bricht das Herz, wenn ich an die Menschen in meiner Heimat denke», sagte sie. «Wehrlos sind sie den ukrainischen Faschisten ausgeliefert. Selbst vor Frauen und kleinen Kindern machen diese Unmenschen nicht halt, sie ermorden jeden, der es wagt, Russisch zu sprechen. Sie haben die Ukraine in ein Konzentrationslager verwandelt!»

Ich musste lachen. Selten hatte ich die Propagandamythen des russischen Fernsehens in konzentrierterer Form gehört.

«Sie glauben das nicht? Es ist wahr! Der Präsident musste nach Russland fliehen, weil die Faschisten ihn umbringen wollten. Wenn Putin nicht eingegriffen hätte, wäre im Donbass heute niemand mehr am Leben. Es ist alles eine Verschwörung der Amerikaner ...»

Dezent versuchte ich, das Gespräch auf den Park zu lenken. Galina griff meine Fragen dankbar auf, weil sie ihr Lieblingsthema betrafen: die Liebe.

«Eine Frau ist der Grund, dem dieser Park seine Entstehung verdankt.» Ihre Stimme wurde feierlich und getragen, als rezitiere sie ein Gedicht. «Sagen Sie selbst, junger Mann, sind nicht Frauen der Grund, dem *alles* seine Entstehung verdankt? Wären die Werke der Männer denkbar ohne die Reize der Frauen?»

Die Frau, von der sie sprach, war eine legendäre Schönheit des späten achtzehnten Jahrhunderts. Sophia Potocka soll Griechin gewesen sein, aber ihre Herkunft ist so mythenumwunden wie ihr späterer Lebensweg. Es heißt, ihre verarmte Mutter habe sie mit siebzehn Jahren als Kurtisane im Botschafterviertel von Istanbul angedient, aber Galina stellte diese Version als bösartiges Gerücht dar, in die Welt gesetzt von eifersüchtigen Neiderinnen.

Nach einer ersten, erfolglosen Ehe war Sophia dem Mann begegnet, dessen Namen sie später tragen sollte: Graf Stanisław Potocki, ein polnischer Magnat, dessen begüterte Familie über die damals noch zu Polen gehörenden Teile der Zentralukraine herrschte. In Uman, wo die Potockis ausgedehnte Ländereien besaßen, machte der Graf seiner frisch angetrauten Frau ein romantisches Geschenk: Er ließ einen Park anlegen, den er nach ihr benannte.

Ich hatte nie von den Sophiengärten gehört. Entsprechend überrascht war ich, tief in der ukrainischen Provinz einen derart spektakulären Landschaftspark zu entdecken. Galina, der mein Staunen nicht verborgen blieb, führte mich stolz durch das weitläufige Gelände, vorbei an immer neuen künstlichen Wasserfällen, Schwanenteichen, Felshängen und Grotten, die einst den Potockis als Kulisse für ihr gräfliches Liebesspiel gedient hatten.

Sophias Herkunft entsprechend war der Park nach Motiven der griechischen Mythologie gestaltet. Bei allen Orpheusfelsen, Dianengrotten, Erosbüsten und Venusstatuen blieb Galina stehen, um mir mit pathoserstickter Stimme die dazugehörigen Verse aus der russischen Literatur vorzutragen: Karamsins Ode an den toten Orpheus, Marina Zwetajewas Eurydike-Monolog, und immer wieder Puschkin, Puschkin, Puschkin.

Besonders dringlich wurde ihre Stimme, wenn sie Gedichte über die Namensgeberin des Parks rezitierte. Erst nach dem zweiten Sophia-Poem verstand ich, dass Galina die Verse selbst geschrieben hatte. Es waren sentimentale, der russischen Klassik nachempfundene Zeilen, die Sophias Schönheit priesen, ihre Weiblichkeit und Anmut, ihre Liebesbegabung, ihre Wirkung auf Männer.

Als ich das dritte und das vierte Sophia-Poem zu hören bekam, wurde mir klar, dass Galina die Geschichte ihrer Heldin zu ihrer eigenen gemacht hatte. Sie war Sophia. Der Park gehörte ihr. Er war der Liebhaber, der sie bewunderte, das Publikum, das ihr applaudierte, der Spiegel, der die Schönheit ihrer Seele reflektierte.

Auch die Zumutungen der Gegenwart ließ der Park verschwinden. In Galinas Augen hatte sich hier seit dem neunzehnten Jahrhundert im Grunde nichts verändert. Damals war der Park ein Liebesnest polnischer Aristokraten gewesen, das Ukrainer nur als Gärtner und Gondelruderer betreten durften. Heute war er Galinas Liebesnest, in dem sich die europäische Antike mit der Poesie Russlands verband. Dass jenseits der Parkmauern inzwischen ein Staat namens Ukraine lag, war ein bedauerlicher historischer Unfall, mehr nicht.

Als wir auf dem Weg zum Ausgang waren, erwähnte Galina, dass die Sophiengärten zu den fünf schönsten Parks in Europa zählten.

«Was sind die anderen vier?», fragte ich.

«Versailles. Und natürlich Sanssouci ...»

Nach einer Pause sah sie mich verlegen an. «Die anderen beiden kenne ich nicht. Sie müssen entschuldigen, junger Mann, ich hatte nicht das Glück, die Welt bereisen zu können.»

Eine Weile liefen wir schweigend nebeneinander her. Dann fiel Galina etwas ein.

«Meschyhirja! Kennen Sie Meschyhirja? Den Park, den Janukowytsch gebaut hat, unser Präsident?»

Ich hatte das protzige Privatanwesen bei einer früheren Reise gesehen – es stand leer, seit der korrupte Präsident nach Russland geflohen war.

«Sie meinen Janukowytschs Palast?»

«Sie reden wie die Kiewer Faschisten! Das ist kein Palast, es ist eine ganz normale Regierungsresidenz. Und der Park ist wunderbar, ich habe ihn gesehen! Eines Tages wird Meschyhirja in einem

Atemzug mit den Sophiengärten genannt werden, da bin ich sicher. Es ist eine Schande, dass Janukowytsch fliehen musste. Aufhängen wollten die Ukrainer ihn, nur weil er die Russen im Donbass verteidigt hat ...»

Während ich innerlich zu begreifen versuchte, warum sie einen Präsidenten verteidigte, dessen ergaunerten Reichtum sie mit eigenen Augen gesehen hatte, musste ich plötzlich an Bronislaw Tutelman denken, den alten Dissidenten aus Tscherniwzi. Irgendwann im Verlauf unseres Gesprächs, nach dem dritten oder vierten Wodka, hatte er über «Damen im Balzac'schen Alter» gesprochen, die das Sonnenlicht meiden, weil es ihre Runzeln betont. «Ähnlich ist es mit der Ukraine», hatte Tutelman gesagt. «Solange Frieden herrschte, haben wir nicht gesehen, wie gespalten unsere Gesellschaft ist. Die verborgenen Trennlinien zwischen den Menschen hat erst der Krieg wirklich sichtbar gemacht.»

Der Satz fiel mir ein, weil ich mich fragte, ob mein Eindruck von Galina ein anderer gewesen wäre, wenn wir uns ein paar Jahre früher kennengelernt hätten. Vermutlich hätte ich sie für eine affektierte, aber nicht unsympathische ältere Dame gehalten. Wahrscheinlich hätten wir mehr über Puschkin gestritten als über Putin. Möglicherweise wären wir als Freunde geschieden. Je schriller aber Galinas Litanei über die Ukrainer wurde, desto schwerer fiel es mir, sie zu mögen.

«Sie glauben mir nicht?», fragte sie, als wir uns verabschiedeten. «Überzeugen Sie sich selbst! Sehen Sie sich das Denkmal an, das diese Faschisten in Uman bauen wollen! Für Salisnjak und Honta!»

Maxym Salisnjak und Iwan Honta waren in gewisser Weise der Grund, aus dem Rabbi Nachman in Uman begraben lag.

Die beiden ukrainischen Kosaken hatten im achtzehnten Jahrhundert einen Bauernaufstand gegen den polnischen Adel angeführt. In der eroberten Festung von Uman richteten sie ein Blutbad an, bei dem mindestens zweitausend Menschen umkamen. Honta war so stolz auf seine Tat, dass er sich mit mehr als dreißigtausend Opfern brüstete, als ihm in Polen der Prozess gemacht wurde. Nach seiner Hinrichtung stellte man die Einzelteile seiner zerstückelten Leiche in vierzehn ukrainischen Städten aus, als Warnung an Nachahmer. Glimpflicher kam Salisnjak davon. Er wurde den zaristischen Behörden übergeben, die ihn nach Sibirien verbannten.

Die grausamen Details des Massakers kennt in der Ukraine jedes Schulkind, weil sie in den «Haidamaken» geschildert werden, einem der berühmtesten Gedichte des Nationalpoeten Taras Schewtschenko.

Drohend schwärmten bald die Haufen
Um Uman zusammen.
Mitternacht war's. Früh am Morgen
Stand Uman in Flammen ...
Krüppel und zertret'ne Kinder
Lagen auf der Erde.
Schrei'n und Stöhnen. Auf dem Marktplatz,
Schrecklich in Gebärde,
Wie im Meer von Blute reiten
Salisnjak und Honta ...
Und in dieser Nacht noch starben alle Polen.
Auch nicht eine Seele blieb. Und Honta schreit:
«Her, ihr Menschenfresser! Alle werd' ich holen ...
Wo sind eure Leichen? Blut nur will ich schauen!
Blut der Polen trinken bis zur Trunkenheit!
Ströme heißen Blutes, flutet und gerinnt nicht!
Wie ein Meer umwühlt mich! Warum treibt der Wind nicht
Polen her wie Blätter? Oh, wie brennt mein Leid!»

Nicht nur die Ermordung der Polen beschreibt Schewtschenko ausführlich. In gleichermaßen entsetztem Ton erzählt sein Gedicht, dass die Kosaken in ihrem Blutrausch auch nicht vor Ukrainern haltmachten, die zum verhassten Katholizismus der Polen konvertiert waren – darunter angeblich auch Hontas eigene Söhne. Mit den jüdischen Opfern der Tragödie, die deutlich zahlreicher waren, schien der Dichter weniger Mitleid zu haben. In den «Haidamaken» werden sie mit keinem Wort erwähnt.

Sie aber waren es, die Rabbi Nachman kurz vor seinem Tod dazu bewegten, sich in Uman niederzulassen. Auf dem Sterbebett bat er darum, auf dem alten jüdischen Friedhof beigesetzt zu werden, unter den Toten, die ein halbes Jahrhundert zuvor in der Festung von Uman massakriert worden waren. Er wollte ihnen im Grabe seelisch beistehen.

Der Sockel des Denkmals stand ein paar hundert Meter von der Puschkinstraße entfernt. Er war leer. Wäre ich ahnungslos an ihm vorbeigelaufen, hätte ich ihn wahrscheinlich für das zurückgebliebene Fundament eines gestürzten Lenin-Denkmals gehalten.

Neben dem Sockel stand ein Polizeiwagen. Die Fenster waren heruntergekurbelt, zwei Polizisten dösten in der Spätsommerhitze.

«Wird hier ein Denkmal gebaut?», fragte ich.

Der Polizist am Steuer kratzte sein unrasiertes Kinn. «Weiß der Himmel.»

Der andere gähnte. «Mit den Denkmälern soll sich einer auskennen in diesem Land. Ständig reißen sie irgendwas ab, ständig stellen sie irgendwas auf. Keine Ahnung, was sie jetzt wieder vorhaben. Wir stehen hier nur und passen auf.»

Sein Kollege deutete auf zwei Männer mittleren Alters, die ein paar Meter entfernt am Straßenrand standen, in ein Gespräch vertieft. «Fragen Sie die beiden da, die wissen Bescheid.»

Die Männer sahen von einer Planungsskizze auf, als ich sie ansprach. O ja, versicherten sie mir, hier werde in der Tat ein Denkmal aufgestellt, Salisnjak und Honta zu Pferde, das Reiterstandbild sei schon fertig, in einem Monat werde man es auf den Sockel hieven.

«War das Ihre Idee?», fragte ich.

«Ja», sagte der eine.

«Nein», sagte zeitgleich der andere.

Verdutzt sahen sie sich an.

«Ja und nein», präzisierte der Erste. «Lange Geschichte.»

Wie sich herausstellte, hatten bereits zu Sowjetzeiten die Kommunisten beschlossen, Salisnjak und Honta ein Denkmal zu setzen – als Anführern des unterdrückten ukrainischen Bauernstandes im Klassenkampf gegen die Feudalherrschaft der Polen. Offenbar waren sich die Parteiideologen dann aber plötzlich nicht mehr sicher, ob der Massenmord von Uman wirklich als frühmarxistische Heldentat zu interpretieren war, denn der Beschluss von 1968, der zum zweihundertsten Jahrestag des Aufstands getroffen wurde, war nie in die Tat umgesetzt worden.

Meine beiden Gesprächspartner wollten das Werk nun vollenden. Der redseligere von beiden stellte sich als Hauptmann eines örtlichen Kosakenbündnisses vor, das den Denkmalbau auf eigene Faust vorantrieb, ohne städtischen Auftrag, finanziert durch private Spenden. Salisnjak und Honta, erklärte mir der Hauptmann, seien Helden der ukrainischen Kosakenbewegung, deshalb gebühre ihnen ein Standbild.

Skeptisch sah ich ihn an. «Meinen Sie nicht, dass die Juden das anders sehen?»

Er lächelte triumphierend, als habe er auf diesen Einwand gewartet.

«Wer ist Napoleon für die Franzosen?», fragte er. «Ein Nationalheld. Wer ist Napoleon für die Engländer, für die Russen? Ein Todfeind. Alles Ansichtssache! Jede Nation hat das Recht auf ihre Helden, egal, was andere Nationen von ihnen halten.»

«Und warum ausgerechnet hier?», fragte ich. Die Puschkinstraße war keinen halben Kilometer entfernt, und während wir sprachen, liefen ahnungslose Gruppen chassidischer Pilger am Denkmalsockel vorbei.

«Das war nicht unsere Idee.» Der Kosakenhauptmann grinste ein unschuldiges Grinsen. «Den Standort hat 1968 die Partei festgelegt.»

Im Übrigen, fuhr er fort, solle ich nicht alles glauben, was über Salisnjak und Honta erzählt werde. Die beiden hätten in Uman lediglich die Interessen des ukrainischen Volkes durchgesetzt, was den Polen und Juden natürlich nicht gepasst habe, aber dafür könne man schlecht die Kosaken verantwortlich machen, die außerdem nicht annähernd so viele Menschen umgebracht hätten, wie immer behauptet werde.

«Das berühmteste Werk unseres Nationaldichters handelt von Salisnjak und Honta. Da werden wir den beiden ja wohl ein Denkmal setzen dürfen!»

Ungläubig starrte ich ihn an. «Schewtschenko hat das Massaker nicht gerade als Heldentat dargestellt.»

Er zuckte gleichgültig mit den Schultern. «Na und? Das ist Schewtschenkos Sache. Für mich sind die beiden Helden.»

Während ich ihm zunehmend befremdet zuhörte, kam mir plötzlich ein düsterer Gedanke.

«Sagen Sie», fragte ich, «dieses Kreuz über dem See, wo die Chassiden beten ...»

«Ja?»

«Sie wissen nicht zufällig, wer ...?»

«Natürlich, das waren wir!»

Sein Grinsen war mit jedem Satz breiter geworden, während es mir langsam schwerfiel, meine Irritation zu verbergen.

«War das auch eine Idee der Partei?», fragte ich. «Oder wollten Sie die Juden ärgern?»

«Ach was! Das ist einfach ein gut sichtbarer Standort für ein Kreuz.»

Natürlich, erklärte er mir, habe er nichts gegen die Juden. «Jedenfalls nicht, solange sie sich benehmen. Jetzt beten sie noch friedlich, aber Sie sollten mal sehen, wie es hier aussieht, wenn das Fest vorbei ist. Dann betrinken die sich, pinkeln auf die Straße, belästigen unsere Frauen.»

Aber natürlich, wiederholte er, habe er nichts gegen die Juden. «Außer gegen die zehn, fünfzehn Banditen, die die gesamte Puschkinstraße kontrollieren – eine jüdische Mafia ist das!»

Gegen die Juden, wiederholte er, habe er im Übrigen nichts. «Aber ich sehe nicht ein, warum auf der Puschkinstraße alles auf Hebräisch beschriftet ist. Wir sind hier in der Ukraine!»

Ein Antisemit, wiederholte er, sei er deshalb aber noch lange nicht. «Meine eigene Tochter ist mit einem Juden verheiratet. Mit einem von hier, aus Uman. Der ist völlig in Ordnung. Und wissen Sie was? Sogar der hat für unser Denkmal gespendet!»

Als wir uns verabschiedeten, war unser Händedruck halbherzig. Ich brauchte eine ganze Weile, um meinen Ärger über diesen Zyniker abzuschütteln, der sich nach Belieben auf sowjetische Beschlüsse, sinnentstellte Gedichte und jüdische Verwandte berief, um sein windschiefes Weltbild zusammenzuhalten. Er war noch unsympathischer als Galina, die Führerin im Park, obwohl die beiden weltanschaulich kaum weiter auseinanderliegen konnten.

Am Tag vor meiner Abreise aus Uman ging ich noch einmal zum See. Rosch Haschana war vorbei, die Menschenmenge war ausgedünnt, nur noch vereinzelte Chassiden standen betend am Ufer. Ich setzte mich auf einen Stein, packte mein Notizbuch aus und ging meine Aufzeichnungen durch.

Plötzlich spürte ich, dass jemand mich ansah. Ich hob den Kopf. Ein kleiner, dicker Chassidenjunge stand vor mir, zehn, vielleicht zwölf Jahre alt.

Er starrte mich an und sagte etwas auf Hebräisch. Erst drehte er seine Schläfenlocken, dann die Fäden seines Gebetsumhangs zwischen den Fingern. Anschließend zeigte er fragend auf mich.

Ich deutete lächelnd auf meine nicht vorhandenen Schläfenlocken und Tallitfäden und schüttelte den Kopf.

Wieder fragte er etwas auf Hebräisch, wobei er mit dem Zeigefinger in Richtung See deutete. Ich nahm an, dass er wissen wollte, ob ich aus der Ukraine kam, und um die Antwort nicht unnötig kompliziert zu machen, nickte ich.

Er spuckte mir vor die Füße.

Bevor ich irgendetwas sagen konnte, rannte er weg. Nach fünfzig Metern drehte er sich um und starrte mich aus sicherer Entfernung an. Er schrie etwas auf Hebräisch und zeigte mir einen Vogel. Ich war zu baff, um zu reagieren.

Erst als ich das Kreuz hinter seinem Rücken sah, begriff ich, dass sein Finger nicht vage in die Gegend gedeutet hatte, sondern auf die Christusfigur über dem See. Er hatte wissen wollen, ob ich einer von den Wahnsinnigen war, die diesen blutenden Hochstapler für den Messias halten.

Am nächsten Morgen lief ich mit meinem Rucksack zum Busbahnhof. Um die verbleibende halbe Stunde bis zur Abfahrt nach Kiew zu überbrücken, kaufte ich mir einen Kaffee, stellte mich in die Sonne und steckte mir eine Zigarette an. Das war ein Fehler.

«Ausweis!»

Ein junger Polizist blätterte durch meinen Reisepass.

«Sie wissen, dass man hier nicht rauchen darf?»

«Nein», sagte ich ehrlich. Rauchende Passagiere waren an den ukrainischen Busbahnhöfen ein allgegenwärtiger Anblick.

«Mitkommen!»

Er führte mich in ein enges Dienstzimmer im Obergeschoss des Bahnhofsgebäudes.

«Setzen!»

Nachdem er selbst am anderen Ende des Tischs Platz genommen hatte, sah er mir ein paar Sekunden lang streng in die Augen.

«Sie haben ein sehr ernstes Problem», sagte er dann. «Der Bahnhof wird mit Videokameras überwacht. Ihre Straftat ist aufgezeichnet. Sie sind ein ausländischer Staatsbürger. Wenn ich Ihnen einen Strafzettel ausstelle, kann das zu Ihrer Deportation aus der Ukraine führen.»

Sein verkniffener Gesichtsausdruck spiegelte den Ernst der Lage. Ich musste mir auf die Lippen beißen, um nicht zu lachen.

Erneut blätterte er durch meinen Pass.

«Name und Vatersname ... Dschäns Pätter.»

Was er für meinen Vatersnamen hielt, war in Wirklichkeit die ukrainisch ausgesprochene Version meines zweiten Vornamens. Er legte ein weißes Blatt Papier auf den Tisch, zückte einen Stift und schrieb in krakeligen lateinischen Buchstaben meine Passdaten ab.

«Adresse!»

Ich nannte sie ihm.

«Wohnungsnummer!»

«Wohnungsnummern haben wir nicht in Deutschland, nur Hausnummern.»

Misstrauisch sah er von seinem Blatt Papier auf. «Was soll das heißen, keine Wohnungsnummern? Wie findet dann der Briefträger Ihre Wohnung?»

«Mein Name steht an der Tür.»

Stumm sah er mir in die Augen, als versuche er innerlich, sich in die Lage eines deutschen Briefträgers zu versetzen.

Dann schob er brüsk den angefangenen Strafzettel zur Seite. «Dschäns Pätter!» Seine Fingerspitzen trommelten auf der Tischplatte. «Sagen Sie mir, was ich mit Ihnen machen soll, Dschäns Pätter!»

Ich zuckte ratlos mit den Schultern. «Ich weiß es nicht. Sie sind der Polizist.»

Als er sich über die Tischplatte in meine Richtung beugte, erschien zum ersten Mal so etwas wie ein Lächeln in seinem Gesicht.

«Ich bin ein Polizist, aber ich bin auch ein Mensch», sagte er. «Mit mir kann man menschlich reden.»

Warum als Formel für Schmiergeldforderungen im postsowjetischen Raum ausgerechnet das Wort «menschlich» verwendet wird, hatte ich nie begriffen.

Bedauernd schüttelte ich den Kopf. «Ich bin Ausländer, ich kann so was nicht machen.»

«Was soll das heißen?» Das Lächeln verschwand abrupt aus seinem Gesicht, seine Stimme wurde hart. «Was meinen Sie mit ‹so was›? Was wollen Sie damit andeuten? Dass alle ukrainischen Polizisten korrupt sind?»

«Nein», sagte ich beschwichtigend. «Nicht alle», wollte ich hinzufügen, aber ich verkniff es mir rechtzeitig.

Mit gespielter Ratlosigkeit schüttelte er den Kopf.

«Was mache ich nur mit Ihnen, Dschäns Pätter? Soll ich Ihnen jetzt einen Strafzettel ausstellen oder nicht?»

«Wenn ich die Wahl habe, dann lieber nicht.»

«Bereuen Sie Ihre Tat?»

«Ich bereue sie aufrichtig.»

«Werden Sie es wieder tun?»

«Niemals.»

Eine Minute nach diesen gesichtswahrenden Schlusssätzen saß ich im Bus nach Kiew.

PHILIP UND DER DIEB

Als ich in Kiew ankam, hatte die Zeit der Kastanien begonnen. Krachend fielen sie auf Autodächer. Johlend spielten Kinder Fußball mit ihnen. Sie rollten über die abschüssigen Bürgersteige und wurden weitergekickt, bis sich ihr Lauf verselbständigte und sie in bogenförmigen Sprüngen die Kiewer Hügel hinabtanzten. In den Tälern blieben sie liegen, glatt und braun und glänzend, wie tausend traurige Augen, die dem Sommer hinterherweinten.

Es war ein seltsamer Herbst. Der September näherte sich seinem Ende, aber tagsüber stieg die Temperatur in Kiew immer noch bis knapp unter dreißig Grad. Jeden Abend, wenn sich die Luft merklich abkühlte, schien ein kollektives Seufzen durch die Stadt zu gehen, als verabschiede sich jeder ihrer Bewohner innerlich vom Sommer, der nun endgültig vorbei sein musste. Aber am nächsten Morgen kehrte er zurück. Und am nächsten wieder. Er hörte und hörte nicht auf.

Zehn Tage lang blieb ich in Kiew, und oft ging die Sonne gerade unter, während ich mit Ksjuscha und Philip spazieren ging. Ksjuscha war eine alte Freundin, bei der ich meistens wohnte, wenn ich in Kiew zu Besuch war. Philip war ihr dreijähriger Sohn. Jeden Abend vor dem Schlafengehen drehten die beiden eine Spielplatzrunde zwischen den Plattenbauten des Viertels, und wenn ich gerade zu Hause war, ging ich mit.

Philip war der fröhlichste Dreijährige, den ich kannte. Aber im Verlauf jedes Abendspaziergangs, manchmal kurz vor, manchmal kurz nach dem Sonnenuntergang, mal auf dem Weg zum Spielplatz, mal auf dem Weg zurück, sagte er plötzlich denselben beunruhigten Satz.

«Mama, lass uns zurück nach Kiew gehen.»

«Aber Philipuschka, wir sind doch in Kiew.»

«Lass uns nach Kiew gehen, Mama. Ich will nach Kiew.»

Weder ich noch Ksjuscha bekamen aus Philip heraus, was ihm so plötzlich das Gefühl gab, nicht mehr in Kiew zu sein. War es die einbrechende Dunkelheit? Der Anblick unbekannter Menschen? Ein Hundebellen, das Rauschen der Bäume, ein merkwürdiger Schatten, die Flugbahn einer Taube? Irgendeine atmosphärische Verschiebung schien allabendlich zwischen den Plattenbauten stattzufinden, die Erwachsene nicht wahrnehmen konnten.

Ksjuscha war Russin. Wir kannten uns aus Moskau, wo sie aufgewachsen war. Nach Kiew war sie vor ein paar Jahren gezogen, nachdem sie Roman kennengelernt hatte, einen ukrainischen Piloten. Wenig später war Philip auf die Welt gekommen.

Roman arbeitete für eine ukrainische Fluggesellschaft. Morgens verließ er in seiner Kapitänsuniform das Haus, und wenn er abends zurückkam, erzählte er uns, wie die Landebedingungen in Jerewan, Paris oder Minsk gewesen waren. Er konnte stundenlang über Flugzeuge reden. Regelmäßig hatte er im vergangenen Jahr das ostukrainische Kriegsgebiet überflogen, bis zu jenem Julitag, an dem im Donbass eine Linienmaschine mit dreihundert Passagieren an Bord abgeschossen wurde. Seitdem war der Luftraum über der Ostukraine gesperrt.

Davon abgesehen hatte der Krieg Roman eher die Vorteile seines Berufs verdeutlicht. Einigen seiner Kiewer Bekannten waren in den vergangenen Monaten Mobilisierungsbescheide zugestellt worden, und ihnen graute davor, an die Front geschickt zu werden. Zivilpiloten dagegen standen auf den Einberufungslisten der Armee an letzter Stelle.

Ksjuscha, Roman und Philip sprachen zu Hause Russisch, was in Kiewer Familien nicht ungewöhnlich ist. Leider, sagte Ksjuscha, wollten viele ihrer Bekannten in Russland das nicht glauben.

«Sie sind überzeugt, dass man hier umgebracht wird, wenn man Russisch spricht. Ich kann es ihnen tausendmal erklären, aber sie glauben trotzdem lieber, was ihnen im Fernsehen erzählt wird.»

Roman war fließend zweisprachig, wie fast alle Kiewer. Das Russische lag ihm näher, weil er es öfter sprach, aber sein Ukrainisch war genauso gut. Anders als andere Ukrainer hörte ich ihn im Gespräch allerdings nie beiläufig zwischen beiden Sprachen hin und her springen. Roman hielt immer erst einen Moment konzentriert inne, wenn er die Sprache wechseln wollte, als müsse er sich den Umschwung bewusstmachen, bevor er weiterredete. Als ich ihn darauf ansprach, lachte er.

«Ich muss meinen Kopf umstellen. Damit sich die Sprachen nicht vermischen.»

Philip verstand Ukrainisch, sprach aber bisher nur das Russisch eines Dreijährigen. Er sprach noch nicht lange, dafür aber sehr viel.

«Komm mit, Onkel Jens, wir gehen in mein Zimmer und steigen in die U-Bahn und fliegen in den Kosmos, aber mit Mützen, weil man sonst erfriert, und das ist mein Piratenpuzzle, und das ist mein Zoopuzzle, und das ist mein Flugzeugpuzzle, aber Papa fliegt größere Flugzeuge, und das ist mein Zug, der fährt bis nach Moskau, Mama kommt aus Moskau und Papa aus Kiew und ich aus Kiew und du aus Kiew und Onkel Sascha aus Kiew ...»

Nach all den russisch-ukrainischen Zerwürfnissen, die meine Reise geprägt hatten, tat es gut, in Kiew den Alltag einer gemischten Familie zu teilen. Die Konflikte, die hier ausgetragen wurden, drehten sich nicht um Sprachen oder historische Schuld, sondern allein um die Frage, wann ein Dreijähriger ins Bett gehört.

Der Maidan war ein Schrein. Anderthalb Jahre lag das Blutbad auf dem Unabhängigkeitsplatz inzwischen zurück. Seine Opfer hatten sich im ukrainischen Bewusstsein in nationale Märtyrer verwandelt, man nannte sie die «Himmlische Hundertschaft». Rund um den Unabhängigkeitsplatz säumten Porträtfotos der Ermordeten die Straßenzüge, in denen im Februar 2014 die Gewalt eskaliert war. Es war schon dunkel, als ich an einem meiner ersten Kiewer Abende an den Gedenktafeln, Grablichtern und Blumenbergen vorbeilief.

Eine quäkende Stimme hallte über den Platz. Unter dem Unabhängigkeitsmonument sah ich einen weißbärtigen Mann in ein Megaphon sprechen. Viele Zuhörer hatte er nicht, keine zehn Menschen umringten ihn. Neugierig lief ich in ihre Richtung.

Was aus der Ferne wie eine politische Ansprache geklungen hatte, stellte sich beim näheren Hinhören als etwas vollkommen anderes heraus. Der Tonfall des Mannes kam mir sofort vertraut vor. Es war der pathetische Singsang, in den Ukrainer und Russen automatisch verfallen, wenn sie Gedichte rezitieren. Erst dachte ich, der Mann würze seine Rede vielleicht mit einem Literaturzitat – warum sonst sollte jemand Verse durch ein Megaphon sprechen? Aber nach fünf Minuten war das quäkende Ukrainisch immer noch gereimt und rhythmisiert. Hier schien tatsächlich so etwas wie eine Lyriklesung stattzufinden.

Der Mann trug seine Verse frei vor. Ab und zu geriet seine Megaphonstimme ins Stocken, und ich sah, wie ihm aus dem Zuhörerkreis ein zweiter Mann soufflierte. Sofort setzte das Quäken wieder ein, so pathetisch wie vorher.

Als ich mein Notizbuch aus der Tasche zog, um die wenigen Gedichtzeilen aufzuschreiben, die ich trotz des verzerrten Klangs verstanden hatte, trat jemand aus dem Zuhörerkreis auf mich zu. Es war der Souffleur.

«Guten Abend», sagte er. «Sie interessieren sich für unsere Lesung?»

Er war um die fünfzig und trug einen beigen Leinenpullover, der am Kragen mit ukrainischen Folkloremustern eingefasst war.

«Olexandr», stellte er sich vor. «Wir machen das jeden Abend.»

Ich nickte anerkennend. «Und was tragen Sie hier vor?»

Sein Lächeln wich einem Ausdruck der Entgeisterung. «Aber ... Das ist doch ... Erkennen Sie es denn nicht? Taras Schewtschenko natürlich!»

Seit genau vierhundertdreiundzwanzig Tagen, erklärte mir Olexandr, kamen er und seine Mitstreiter jeden Abend um sechs auf dem Maidan zusammen, um Gedichte des ukrainischen Nationalpoeten zu rezitieren.

«Schewtschenko ist das Einzige, was die Ukrainer vereint», sagte er. «Kirchen haben wir viele, Schewtschenko nur einen.»

Ein paar andere Zuhörer schalteten sich in unser Gespräch ein.

«Schewtschenko ist der Vater der Nation», sagte eine jüngere Frau.

«Der *Prophet* der Nation», präzisierte ein Mann mit einem Kosakenschnauzbart.

«Der *Geist* der Nation», ergänzte Olexandr.

Sie waren Veteranen der Maidan-Proteste. Im kalten Revolutionswinter hatten sie wochenlang auf dem Platz kampiert, um ihre korrupte Regierung loszuwerden.

Ein älterer Mann kramte eine Gummipatrone aus der Hosentasche.

«Hier. Hat mir das Schlüsselbein gebrochen.»

Er hielt mir das Polizeigeschoss dicht vor die Augen. Sein Grinsen entblößte einen einsamen Schneidezahn, ansonsten war sein Mund leer.

Ihre Lesung, erklärte Olexandr, sei die Fortführung der Revolution.

«Wir protestieren gegen die Vernichtung der Ukraine. Ein Völkermord ist im Gange, wir sollen ausgelöscht werden! Die Lebensmittel werden immer teurer, niemand hat Arbeit, wir wissen nicht, wie wir unsere Gasrechnungen bezahlen sollen. Die neue Regierung ist noch schlimmer als die alte. Sie haben die Revolution verraten, deshalb stehen wir hier. Die Politiker haben Angst vor neuen Protesten, sie wollen uns vom Maidan verjagen. Aber Schewtschenko ist auf unserer Seite!»

Unterdessen hatte der Weißbärtige das Megaphon an eine ältere Frau in einem geblümten Kleid weitergereicht.

«Berge über Berge, von Gewölk umflossen», rezitierte sie. Ihre Megaphonstimme klang genauso monoton und blechern wie die ihres Vorredners. *«Grambesäte Berge, Berge blutbegossen ...»*

Olexandr sah mich an. «Der Kaukasus!»

Ich nickte. Es war eins der wenigen Schewtschenko-Gedichte, die ich kannte.

Während die Frau rezitierte, schwankte ein Betrunkener auf unsere Gruppe zu. Brabbelnd suchte er nach Gesprächspartnern. Als keiner mit ihm reden wollte, baute er sich vor der Frau mit dem Megaphon auf. Sie versuchte, ihn zu verscheuchen, ohne ihren Vortrag zu unterbrechen. Ein bizarres Duell entwickelte sich – Quäken gegen Lallen.

«Nicht für die Ukraine, nein, für ihre Henker ward hier so viel Blut ...»

«Hört schuuu ...! Hört mir doch mal schuuu ...!»

«... ohne Schuld vergossen. Du bist besoffen, verschwinde! Mit der Zarenbrut musst von Zarentellern Zarengift du essen, liebster Freund ...»

«Nun hört mir doch mal ...»

«... du bleibst uns unvergessen! Hau ab, du störst! Für die Ukraine ...»

«Schuuuuuuuuhören!»

«... lass dein Herz fühlen! Schluss jetzt, ich ruf die Polizei! Flieg mit den Kosaken über Wies und Acker ...»

Am Ende schafften es zwei Lyrikfreunde, den Betrunkenen zum Gehen zu überreden. Ich kämpfte noch gegen einen inneren Lachanfall, als Olexandr das Gespräch fortsetzte.

«Das hier ist unser Hyde Park, unser Volksparlament, unsere Kirche des nationalen Gedankens! Wir rufen Schewtschenko an, nur sein Geist kann das Land retten. Die Menschen sind uns dankbar dafür. Viele bleiben stehen, hören zu, bitten uns, die Revolution am Leben zu halten.»

Als ich den Blick über die kleine Runde der Zuhörer schweifen ließ, erriet Olexandr meine Gedanken.

«Ein Priester betet, egal, ob Menschen in der Kirche sind oder nicht», sagte er. «Wir beten zu Schewtschenko, egal, wie viele Zuhörer wir haben.»

Dann kam ihm plötzlich eine Idee. «Vielleicht rezitieren Sie ein bisschen Goethe für uns?», fragte er.

Bedauernd schüttelte ich den Kopf. «Ich fürchte, aus dem Kopf würde ich nicht sehr weit kommen.»

Olexandrs Entgeisterung war grenzenlos. «Ist das Ihr Ernst? Sie kennen kein einziges Goethe-Gedicht auswendig? Das ist doch nicht möglich! Ich kann sieben Stunden Schewtschenko rezitieren – am Stück!»

Noch Minuten später schüttelte er fassungslos den Kopf. «Wer von uns beiden ist hier der Europäer, Sie oder ich?»

Eine gute Stunde lang hörte ich mir den Schewtschenko-Gottesdienst an. Ich war, auch wenn ich das hier lieber für mich behielt, nie ein großer Freund des Nationaldichters gewesen. Ich wusste, dass Schewtschenko praktisch im Alleingang die ukrainische Literatursprache erfunden hatte, dass er wie kaum ein anderer das Nationalbewusstsein seiner Landsleute geprägt hatte, dass er für seine Überzeugungen große Opfer gebracht hatte. Warm geworden war ich trotzdem nur mit wenigen seiner Gedichte. Schewtschenkos Nationalismus war so sentimental wie aggressiv, und beides war nicht mein Fall.

Seine Biographie aber war einzigartig. Geboren 1814 als Leibeigener eines deutschstämmigen Landbesitzers namens Wasilij Engelhardt, hatte Schewtschenko seine Kindheit als Hirtenjunge in einem Dorf südwestlich von Kiew verbracht. Früh fiel er als ungewöhnlicher Junge auf, der Gartenzäune mit Kreidezeichnungen verzierte, Bilder in Bäumen aufhängte und sich in der Steppe verlief, um «die Eisensäulen zu suchen, die den Himmel tragen», wie er erklärte, als man ihn wiederfand.

Leutnant Engelhardt blieben die Begabungen seines jungen Leibeigenen nicht verborgen, und als sein Regiment 1830 nach Sankt Petersburg verlegt wurde, nahm er den inzwischen sechzehnjährigen Taras mit in die Hauptstadt des Zarenreichs. Schewtschenkos vielfältige Talente fielen auch dort bald auf. Er kam in Kontakt mit namhaften russischen Künstlern wie Karl Brjullow, die seine Malbegabung förderten. Leutnant Engelhardt sah es mit Stolz. Weniger begeistert war er, als Schewtschenkos Förderer ihm vorschlugen, dem jungen Ukrainer die Freiheit zu schenken. Am Ende verfiel Brjullow auf eine unorthodoxe Lösung: Er veräußerte eins seiner wertvolleren Gemälde, um Schewtschenko für zweieinhalbtausend Rubel aus der Leibeigenschaft freizukaufen.

Etwa zu dieser Zeit, mit Mitte zwanzig, begann Schewtschenko neben der Malerei zu schreiben – auf Ukrainisch, was im neunzehnten Jahrhundert keine naheliegende Idee war. Seine Verse hätten kaum gegensätzlichere Reaktionen auslösen können. Die Ukrainer und der liberalere Teil der russischen Intelligenz feierten sie. Die Mehrheit der Rezensenten dagegen rätselte, warum ein offenkundig so begabter Schriftsteller es vorzog, sich in einem «Bauerndialekt» auszudrücken, in einer «toten», einer «künstlichen», einer «Witzsprache», anstatt auf Russisch «die allumfassende slawische Literatur zu bereichern».

Schewtschenkos frühe Verse beschworen das bäuerliche Idyll einer Ukraine, in der blinde Bänkelsänger durch die blühende Steppe ziehen, um zum Klang ihrer Bandura die Heldentaten der Kosaken zu rühmen, jener ukrainischen Kriegerkaste, die in fernen Jahrhunderten frei über ihre schwarze Erde geherrscht hatte, vereint im orthodoxen Glauben, bis die Zaren den Kosakenstaat zerschlagen hatten. Die überhebliche Kritik an seinem Frühwerk dürfte Schewtschenko in seiner zunehmenden Verachtung gegenüber allen tatsächlichen und vermeintlichen Unterdrückern des ukrainischen Volkes bestärkt haben. Geschichtsbedingt brach sich der Hass in seinen späteren Versen vor allem gegen Russen und Polen Bahn, allerdings auch, weniger nachvollziehbar, gegen ukrainische Katholiken und Juden.

Als Mitglied eines Kiewer Geheimbunds national gesinnter Intellektueller wurde er 1847 verhaftet. Die zaristische Polizei stufte Schewtschenko als gefährlichen Unruhestifter ein. Seine Verse, heißt es im Verbannungsurteil, verklärten «die angeblich glückliche Kosakenzeit» und könnten seine Landsleute auf dumme Ideen bringen, nicht zuletzt auf den Gedanken, «dass die Ukraine als eigenständiger Staat existieren könnte». Zar Nikolai I. ergänzte das Verdikt um einen persönlichen Vermerk: «Strengste Bewachung, Schreib- und Malverbot».

Zehn Jahre lang sollte Schewtschenko in der südlichen Uralregion festsitzen. Dank seines Charmes gelang es ihm, die Verbote des Zaren teilweise zu umgehen. In der russischen Provinz freundete er sich mit gelangweilten Gutsbesitzern und Truppenkommandeuren an, die seine Post in die Hauptstadt schmuggelten und Notizbücher für ihn versteckten. Schewtschenko hielt Kontakt zu seinen alten Künstlerfreunden, und als sein Verbannungsurteil nach Nikolajs Tod aufgehoben wurde, war seine Rückkehr nach Sankt Petersburg triumphal.

Weiterhin aber wurde er überwacht, zensiert und am Reisen gehindert. Nur einmal noch, während eines kurzen, heimlichen Besuchs, sollte er seine ukrainische Heimat wiedersehen, bevor er 1861 in Sankt Petersburg an einem Herzinfarkt starb, im Alter von nur siebenundvierzig Jahren. Zwei Monate später wurden seine Überreste feierlich in die Ukraine überführt und südlich von Kiew beigesetzt, in einem kleinen Ort am Dnjepr-Ufer.

Das Quäken verstummte erst um kurz vor neun Uhr. Die einzigen unbeteiligten Zuhörer, die bis zum Ende ausgeharrt hatten, waren ich und ein asiatischer Tourist, der mit freundlich interessiertem Blick dem Vortrag lauschte, vermutlich ohne viel zu verstehen.

Zum Abschluss übernahm Olexandr das Megaphon. Er rezitierte das Gedicht, mit dem seit vierhundertdreiundzwanzig Tagen jede der Maidan-Lesungen geendet hatte: Schewtschenkos «Vermächtnis».

Wenn ich sterbe, sollt zum Grab ihr
Den Kurgan mir bereiten
In der lieben Ukraine,
Auf der Steppe, der breiten,
Wo man weite Felder sieht,
Den Dnjepr und seine Hänge,
Wo man hören kann sein Tosen,
Seine wilden Sänge.

Wenn aus unsrer Ukraine
Zum Meer dann, zum blauen,
Treibt der Feinde Blut, verlass ich
Die Berge und die Augen,
Alles lass ich dann und fliege
Empor selbst zum Herrgott,
Und ich bete … Doch bis dahin
Kenn' ich keinen Herrgott!
So begrabt mich und erhebt euch!
Die Ketten zerfetzet!
Mit dem Blut der bösen Feinde
Die Freiheit benetzet! …

Das Plattenbauviertel, in dem Ksjuscha und Roman wohnten, lag auf der östlichen Seite des Dnjeprs. Auf dem Weg ins westlich gelegene Stadtzentrum überquerte ich jeden Morgen mit der U-Bahn den Fluss. Die Fahrt ist lang, denn der Dnjepr ist breit – fast zwei Kilometer liegen in Kiew zwischen seinen Ufern. Morgen für Morgen sah ich die silbergrauen Wassermassen träge in Richtung Süden strömen, dem Schwarzen Meer entgegen.

Auch bei meinem ersten längeren Aufenthalt in Kiew, fünf Jahre vor meiner jetzigen Reise, hatte ich am östlichen Dnjepr-Ufer gewohnt, auch damals hatte ich den Fluss unzählige Male überquert. Aber plötzlich sah ich ihn mit anderen Augen. Früher hatte ich ihn für den wichtigsten Fluss der russischen Geschichte gehalten. Jetzt war ich mir nicht mehr sicher, welche Landesgeschichte sich wirklich an seinen Ufern abgespielt hatte.

Auf der Zentrumsseite, in den bewaldeten Hügeln am Flussufer, überragt ein Denkmal die Kastanien. Fürst Wladimir von Kiew blickt auf den Dnjepr, in der Hand ein erhobenes Bronzekreuz. Etwas mehr als tausend Jahre war es her, dass der echte, der lebendige Wladimir an dieser Stelle gestanden hatte, den fürstlichen Blick auf den Fluss gerichtet, die Hand um ein Kreuz geschlossen, das sich ungewohnt anfühlte.

Vertrauter waren Wladimir die Holzstatuen der alten Slawengötter, denen er seit frühester Kindheit Speiseopfer dargebracht hatte, an der Seite seines Vaters Swjatoslaw. Die christlichen Missionare, die im heidnischen Reich der Rus aufgetaucht waren, hatte der alte Fürst persönlich aus Kiew verjagt, und sein Sohn ließ, als er im Jahr 971 das Zepter übernahm, noch ein paar Holzgötter mehr im Reich verteilen. Auch sonst hielt sich Wladimir an den heidnischen Lebenswandel seiner Vorväter. Das jungfräuliche Blut von sieben Ehefrauen und hundertmal so vielen Kurtisanen soll seine fürstlichen Laken getränkt haben.

Wie Wladimir zu Gott fand, ist umstritten. Der Legende nach sandte er etwa fünfzehn Jahre nach seinem Amtsantritt Kundschafter aus, die in Erfahrung bringen sollten, wie es die umliegenden Reiche mit dem Glauben hielten. Als sie zurückkehrten, erstatteten sie nacheinander Bericht. Der Bote, der die muslimischen Wolgabulgaren besucht hatte, kam nur bis zum Wort «abstinent», bevor der Fürst ihm das Wort abschnitt: «Das Trinken ist die Freude der Rus», erklärte Wladimir. «Ohne das können wir nicht sein!»

Der nächste Bericht galt den jüdischen Chasaren. Schon beim Wort «Beschneidung» verfinsterte sich das Gesicht des Fürsten, aber die Geschichte mit der Vertreibung aus Jerusalem gab ihm den Rest. Was bitte war von einem Gott zu halten, der sein auserwähltes Volk zu Nomaden machte?

Die Boten, die vom Katholizismus berichten sollten, warfen von selbst das Handtuch. Die Kirchen der Deutschen seien nicht der Rede wert, erklärten sie, es sei ihnen dort «keinerlei Schönheit» begegnet.

Blieb das orthodoxe Byzanz. Befriedigt nahm Wladimir zur Kenntnis, dass die Griechen tranken und keinen Unsinn mit ihren Vorhäuten anstellten. Auch hatte ihr Gott sie nicht in die Wüste geschickt, sondern ihnen Konstantinopel geschenkt, eine Hauptstadt, die Wladimirs Kundschafter als Paradies beschrieben: «Wir wissen nicht, ob wir auf Erden waren oder im Himmel, denn auf Erden gibt es solchen Anblick und solche Schönheit nicht. Nur das wissen wir, dass dort Gott unter den Menschen weilt, und ihr Gottesdienst ist besser als bei allen anderen Völkern.»

Lasst uns also orthodox werden, sprach der Fürst.

Die Legende von der Religionswahl dürfte sich ein Mönch ausgedacht haben, der Wladimirs Heiligenvita schrieb, als die Kiewer Orthodoxie ihren Gründungsvater später kanonisierte. Ausschlaggebend für Wladimirs Entscheidung war in Wirklichkeit wohl eine Frau: Anna Porphyrogenneta, die Tochter des byzantinischen Kaisers. Der Herrscher von Konstantinopel hatte gegen ein dynastisches Bündnis mit den Kiewern nichts einzuwenden, aber er konnte seine Tochter schlecht mit einem Heiden verheiraten. Wladimir musste sich taufen lassen, und zwar orthodox.

So kam es, dass der Fürst im Jahr 988 nach Christi Geburt ein Kreuz mit doppeltem Querbalken in der Hand hielt, als er vom Dnjepr-Ufer aus die Taufe seines Reichs überwachte. Wladimir selbst hatte das Ritual kurz zuvor auf der Krim hinter sich gebracht, nun waren seine Untertanen dran. Angereiste Priester aus Byzanz murmelten griechische Taufgebete, die kein Mensch verstand, während das Volk der Rus die Kleider von sich warf und jubelnd in den Fluss sprang – so jedenfalls wurde die Massentaufe später auf Ikonen dargestellt. Im Hintergrund trieben die alten slawischen Holzgötter vorbei, die Wladimir kurzerhand in den Dnjepr werfen lassen hatte. Der Fluss spülte sie nach Süden, und vermutlich erschreckte sich der eine oder andere Grieche, als die grinsenden

Götzenstatuen später an den Küsten des Schwarzen Meers angeschwemmt wurden.

Zu all den Vagheiten und Legenden, die Wladimirs Lebensgeschichte umranken, gesellte sich überraschend spät eine Kernfrage: War der Fürst Russe, Ukrainer, beides zugleich oder keins von beiden? Welches Volk durfte ihn einen Blutsverwandten nennen, welches Land sich als Nachfolger seines Reichs verstehen, welche Kirche ihn als ihren Gründer betrachten?

Die Kiewer Rus umfasste sowohl den zentralen Teil der heutigen Ukraine als auch den Westen des heutigen Russlands. Zu Wladimirs Zeiten gehörte sie zu den mächtigsten Reichen Europas, doch ihre kurze Blüte endete keine zweieinhalb Jahrhunderte später mit dem Einfall der Mongolen. Als die Goldene Horde wieder abzog, war Kiew nahezu bedeutungslos geworden. Zum neuen Machtzentrum des östlichen Europas stieg Moskau auf.

Weil die Geschichtsbücher künftig im Kreml geschrieben wurden, ist der russische Blick auf die Kiewer Rus heute der dominante. Unter Wladimir, so die moskowitische Lesart, war das Volk der Ostslawen vereint. Erst das Mongolenjoch spaltete das alte Reich. Seine Bewohner waren zwar nach wie vor ein Volk, aber sie zerfielen nun in drei Dialektgruppen: die großrussischen, die weißrussischen und die «kleinrussischen» Ostslawen – Letzteres war die moskowitische Bezeichnung für die Ukrainer. Moskau war somit das neue Kiew, Wladimir der Gründer der russisch-orthodoxen Kirche, der Kreml der Sitz des Patriarchen, der Zar der Herrscher aller Ostslawen.

Die ukrainischen Untertanen des Zaren sahen lange keinen Grund, an dieser Interpretation zu zweifeln. Jahrhundertelang wurde sie ihnen von russischen Historikern vermittelt. Russische Lehrer bläuten sie ihnen ein, auf Russisch, in russischen Schulen, mit russischen Lehrbüchern. Russische Maler hatten die Geschichte der Kiewer Rus bebildert, russische Musiker sie vertont, russische Bildhauer ihr Denkmäler gesetzt. Die Wladimir-Statue am Dnjepr-Ufer etwa ließ Zar Nikolai I. aufstellen, kurz nachdem er Taras Schewtschenko in die Verbannung geschickt hatte, den ukrainischen Nationaldichter.

Etwa zeitgleich mit Schewtschenko begann eine erste Generation ukrainischer Historiker, die russische Version ihrer Nationalgeschichte in Frage zu stellen. Sie argumentierten, dass schon zu Wladimirs Zeiten die Rus kein einheitlicher Raum gewesen sei, dass ihr zentraler, ukrainischer Teil nur sehr lose mit den nördlichen, später russischen Randgebieten verbunden war. Auch die sprachlichen Unterschiede zwischen beiden Regionen seien nicht erst während der mongolischen Besatzung entstanden, und das Altslawische, das zu Wladimirs Zeiten in Gebrauch war, sei dem modernen Ukrainisch deutlich ähnlicher als dem Russischen. Ferner sei der Name Rus immer eine Selbstbezeichnung der Ukrainer gewesen, lange bevor die Moskowiter ihn übernahmen und ihre Nachbarn zu «Kleinrussen» herabwürdigten. Auch die Grundlagen der russisch-orthodoxen Theologie waren nachweislich in Kiew gelegt worden, bevor man die Kirche nach Moskau exportiert hatte.

Die radikaleren unter den Historikern wollten schließlich kaum noch einen Zusammenhang zwischen russischer und ukrainischer Geschichte sehen. Die Moskowiter, argumentierten sie, hatten die Kiewer Rus gekidnappt. Um ihrem jungen Reich eine rühmliche Vergangenheit anzudichten, hatten sie der Ukraine den Namen und die Geschichte gestohlen. Natürlich fühlten sich die ukrainischen Historiker in ihrer Interpretation nur bestärkt, als das Zarenregime auf ihre Umdeutungsversuche mit Zensur und Publikationsverboten reagierte.

Bis heute ist der Streit unentschieden, und er wird es wohl auch bleiben. Immer mal wieder flammt er auf. Während meiner Reise hörte ich etwa von einem Hinterbänkler des ukrainischen

Parlaments, der sich mit einem bizarren Gesetzesvorschlag in die Schlagzeilen brachte: Er wollte den Russen untersagen, sich Russen zu nennen, weil der Name den Ukrainern gehöre.

In der Sowjetära wurde der Konflikt um den Ursprungsmythos der Ostslawen auf Eis gelegt. Fragen nationaler Herkunft sollten keine Rolle mehr spielen in Lenins Staat, die Völker der Sowjetunion blickten zuversichtlich in die Zukunft, nicht grübelnd in die Vergangenheit. Nationale Trennlinien waren ein überkommenes Hirngespinst der alten Welt, sie waren zu überwinden wie die Klassengrenzen. Die Zaren hatten das ukrainische und das russische Volk gleichermaßen unterdrückt, und in der langen Reihe der Despoten war Wladimir lediglich einer der ersten. Welche Rolle spielte es, wem die Kiewer Rus gehörte, wenn die Bolschewiken ihren ukrainischen Klassenverbündeten brüderlich die Hand reichten?

«Hand in Hand mit dem großen russischen Volk und den anderen Völkern der Sowjetunion schreitet das freiheitsliebende und begabte ukrainische Volk an der Spitze der fortschrittlichen Völker der Welt», las ich im Vorwort meiner sowjetischen Taras-Schewtschenko-Ausgabe, die 1951 in Moskau erschienen war. «Über die weite Ukraine hin erklingen die frohen Lieder, in denen das Volk die schöpferische Arbeit, die errungene Freiheit seiner Kultur und die Genien der sozialistischen Revolution, Lenin und Stalin, besingt.» Könnte der Dichter sein derart sinnentstelltes Buch lesen, er würde aus dem Grab steigen, um es in Fetzen zu reißen.

Auch die Christianisierung der Rus, die Massentaufe im Dnjepr, die Fürst Wladimir einst vom Ufer aus überwacht hatte, galt den Bolschewiken im Rückblick nur als Anfang eines jahrhundertelangen Irrwegs. Triumphierend rissen sie nach Lenins Revolution die alten Götterbilder aus den Kirchen und warfen sie in den Dnjepr, wie es Wladimir knapp tausend Jahre vor ihnen mit den Slawengötzen getan hatte. Entweihte Ikonen trieben den Fluss entlang, vorbei am Denkmal des Fürsten, der die byzantinischen Heiligenbilder einst nach Kiew geholt hatte.

Die nächste Kiewer Götterdämmerung hatte ich selbst miterlebt. Anderthalb Jahre vor meiner jetzigen Reise, im Dezember 2013, war ich als Reporter in die Ukraine geflogen, um über die Maidan-Proteste zu berichten. Eines Nachts, ich saß schon in meinem Hotelzimmer und schrieb an meiner Reportage, schwoll draußen vor dem Fenster plötzlich der Demonstrationslärm an. Die ständige Befürchtung, in der Hektik der Revolutionsereignisse irgendetwas Wichtiges zu verpassen, trieb mich sofort auf die Straße. Das Geschrei schien vom Bessarabischen Markt her zu kommen, aus der Richtung des Lenin-Denkmals. Als ich es erreichte, war der Sockel leer.

Die Menschenmenge war so dicht, dass ich kaum durchkam. Als ich mich ins Zentrum vorgekämpft hatte, sah ich Lenin auf den Steinplatten neben dem Sockel liegen. Zwei Männer mit Vorschlaghämmern standen auf seinen Knien und der Brust, wieder und wieder hieben sie auf die riesige Granitfigur ein, angefeuert von den ohrenbetäubenden Schreien der Menge. Wie gelähmt sah ich zu. Ich weiß nicht mehr, wie lange es dauerte, bis der stetig nachdrängende Menschenstrom mich aus dem inneren Kreis der Zuschauer herausschob.

Am nächsten Morgen fiel der erste Schnee. Auf dem Weg zum Flughafen ging ich noch einmal am Denkmal vorbei. Lenins verstümmelter Körper war von einer dünnen, weißen Puderschicht überzogen. Über Nacht war sein Kopf verschwunden.

Zwei alte Frauen standen neben dem Denkmal, unschlüssig, auf welche Seite des enthaupteten Granitleibs sie ihre Grablichter stellen sollten. Am Ende stellten sie sie weinend vor den Sockel.

Anderthalb Jahre nach jener Dezembernacht stand der sieben Meter hohe Sockel immer noch da, wo er seit 1946 gestanden hatte. Auch das ukrainische Lenin-Zitat auf dem Fundament war noch erkennbar: «Bei geeintem Handeln der ukrainischen und russischen Werktätigen ist eine freie Ukraine möglich; ohne eine solche Einheit kann von ihr keine Rede sein.»

Bloß Lenin fehlte. Der übriggebliebene Sockel sah aus wie ein Denkmal für ein verschwundenes Denkmal. Die Kiewer schienen sich an den Anblick gewöhnt zu haben. Passanten liefen vorbei, ohne stehen zu bleiben oder auch nur den Kopf zu wenden.

Dass ich den Sturz des Denkmals miterlebt hatte, war ein Zufall gewesen. Aber es hatte sich nicht wie einer angefühlt, denn mich verband eine lange Vorgeschichte mit dieser Statue.

Ein paar Jahre vor dem Beginn der Maidan-Proteste hatte ich in einem Verhandlungssaal des Kiewer Schewtschenskyj-Bezirksgerichts gesessen, um einen bizarren Prozess mitzuverfolgen: den Prozess um Lenins Nase. Schon damals war ein erster Anschlag auf das Denkmal verübt worden. In einer Juninacht des Jahres 2009 hatten fünf Männer eine lange Leiter an Lenins Brust gelehnt. Einer von ihnen war die Sprossen emporgeklettert, um dem Revolutionär mit einem Hammer die Nase abzuschlagen. Auch Lenins Kinn und seine linke Hand hatte er beschädigt, bevor zwei Polizisten ihn von der Leiter holten.

Während dem Mann der Prozess gemacht wurde, ließen die Kiewer Kommunisten das Denkmal mit Parteigeldern restaurieren. Nach der feierlichen Wiedereröffnung stellten sie ein Zelt neben dem Sockel auf, in dem rund um die Uhr ehrenamtliche Wachmannschaften kampierten. Fast zwei Jahre lang hatten die Kommunisten dort ausgeharrt, um ihren Lenin vor weiteren Anschlägen zu schützen. Von der Maidan-Revolution ahnten sie noch nichts.

Zwei Menschen hatte ich damals kennengelernt, deren ganzes

Denken um Lenin kreiste, wenn auch aus gegensätzlichen Gründen. Der eine hieß Mykola Kochaniwskyj und war der Mann, der Lenin die Nase abgeschlagen hatte. Die andere hieß Vera Jefimowna und gehörte zu den alten Kommunisten, die neben dem Denkmal Wache gehalten hatten.

Schon in jener Dezembernacht, als ich wie gelähmt zugesehen hatte, wie die Statue zertrümmert wurde, hatte ich mich gefragt, wie meine beiden Bekannten wohl auf die Nachricht von Lenins endgültigem Sturz reagieren würden. Damals, in der Hektik der Revolutionstage, hatte ich sie nicht kontaktieren können. Nun kam ich endlich dazu.

Die Kommunistin erreichte ich zuerst. Wir trafen uns im Foyer eines alten Sowjethotels am östlichen Dnjepr-Ufer. Kaum hatten wir uns in eine Sofaecke gesetzt, schlug Vera Jefimowna dreimal nacheinander mit ihrer Handkante auf die Tischplatte.

«Feudalismus – Kapitalismus – Sozialismus.»

Sie sah mir in die Augen. «So ist die Reihenfolge. Marx hat es vorausgesagt.»

Vera Jefimowna ging auf die achtzig zu, und sie war sichtbar gealtert in den fünf Jahren, die seit unserer letzten Begegnung vergangen waren. Ihr damals noch pechschwarzes Haar war ergraut, und um die Ränder ihrer Pupillen hatten sich milchige Ringe gelegt. Trotzdem war ihr Blick noch genauso kämpferisch, wie ich ihn in Erinnerung hatte.

Wieder schlug ihre Handkante auf die Tischplatte.

«Und sobald der Sozialismus entwickelt ist: Kom-mu-nismus!»

Instinktiv hatte ich erwartet, sie niedergeschlagen anzutreffen. Lenins Sturz, die Maidan-Revolte, der neue Westkurs der Ukraine, all das konnte nicht in ihrem Sinne sein. Aber Vera Jefimowna wirkte alles andere als resigniert, und nachdem ich ihr eine Weile zugehört hatte, begriff ich auch, woran das lag. Der große Einschnitt in ihrem Leben war der Zusammenbruch der Sowjetunion gewesen. Alles, was seitdem passierte, bestätigte ihr nur, dass die Welt aus den Fugen geraten war.

«Die Nato und das EU-Parlament haben beschlossen, in der Ukraine den Faschismus wiederauferstehen zu lassen, um die Rüstungsindustrie anzukurbeln. Die Bourgeoisie braucht Kriege!»

Keine dieser Verirrungen aber, das wusste Vera Jefimowna, war von bleibender Natur. Ein letztes Mal bäumte sich die Bourgeoisie auf, in ihren Todeszuckungen hatte sie den Marx'schen Geschichtsfortschritt ins Stocken gebracht, vorübergehend war der Kapitalismus zurückgekehrt. Am Ende aber würde er scheitern, und siegen würde Lenin. Seine Denkmäler konnte die Bourgeoisie zerstören, aber nicht seinen Geist.

«Alle Körperteile haben die Faschisten ihm abgeschlagen!»

Auch Vera Jefimowna hatte in jenem Dezember die gestürzte Statue gesehen, ein paar Tage nach mir.

«Nur der Rumpf war übrig. Die Polizei war da, sie ließen niemanden mehr an das Denkmal heran, alles war abgesperrt. Wir werden Lenin wieder aufstellen, das ist sicher!»

Ich war mir da nicht so sicher. Aber das behielt ich lieber für mich.

«Siehst du die Ringe?»

Vera Jefimowna deutete auf ihre verschleierten Pupillen.

Ich nickte.

«Das werde ich mit Willenskraft bekämpfen. Genau wie meine Geschwüre.»

Näher ging sie auf ihre Krankheiten nicht ein. Sie war überzeugt, sie durch Selbstheilung loswerden zu können. Ich vermutete, dass sie sich die Operationen nicht leisten konnte.

«Ich bin robust. Wie alle, die in Tschernobyl gearbeitet haben.»

Zu Sowjetzeiten war Vera Jefimowna Kamerafrau gewesen. Schon bei unserer letzten Begegnung hatte sie mir von dem Dokumentarfilm erzählt, den sie in der verlassenen Reaktorsperrzone gedreht hatte, über die Heldentaten der sowjetischen Aufräumarbeiter.

«Die Filme, die heute gedreht werden, interessieren mich nicht. Es gibt im Kapitalismus keine Themen. Wer schläft mit wem – das ist alles, worüber die Bourgeoisie nachdenkt.»

Sie deutete auf mein Notizbuch. «Schreib das auf, das ist wichtig! Alle großen Regisseure hatten soziale Themen. Wer war der Erste, der den kleinen Mann auf die Leinwand brachte?»

«Charlie Chaplin», sagte ich.

Vera Jefimowna hob erstaunt die Augenbrauen. «Richtig. Und welchem Land verdanken wir die ersten Filme über das Proletariat?»

«Der Sowjetunion.»

«Welchen Regisseuren?»

«Eisenstein, Pudowkin, Dowschenko.»

Sie war sichtlich beeindruckt. Offenbar hatte sie vergessen, dass sie mir dieselben Sätze schon vor fünf Jahren in den Notizblock diktiert hatte. Alle meine Kenntnisse der sozialrevolutionären Filmgeschichte verdankte ich Vera Jefimowna.

Sie erzählte mir von ihrem ehemaligen Arbeitsplatz, dem Kiewer Dowschenko-Filmstudio, benannt nach einem der sowjetischen Kinopioniere, dem Ukrainer Olexandr Dowschenko. Als ich sie fragte, ob dort immer noch Filme gedreht wurden, verzog Vera Jefimowna angewidert das Gesicht.

«Nur schlechte. Dowschenko würde sich im Grabe umdrehen. Willst du das Studio sehen?»

Ich nickte. «Komme ich denn da einfach so rein?»

Vera Jefimowna lachte. «Mit mir schon!»

Wir verabredeten einen gemeinsamen Ausflug. Bevor wir uns verabschiedeten, bat ich Vera Jefimowna, mir zur Vorbereitung einen Film von Dowschenko zu empfehlen.

Sie überlegte einen Moment.

«Erde», sagte sie dann. «Der beste Film, der je in Kiew gedreht wurde.»

Mykola Kochaniwskyj, der Mann, der Lenin die Nase abgeschlagen hatte, antwortete auf meine Kontaktversuche mit einer Textnachricht.

«Treffen nur morgen möglich – bin auf dem Weg an die Front.»

Früh am nächsten Morgen fuhr ich bis zur Endstation der südlichen U-Bahn-Linie und betrat das Einkaufszentrum, in das mich Kochaniwskyj dirigiert hatte. Schon von weitem sah ich ihn in einem Café sitzen. Er trug einen grün gefleckten Tarnanzug.

«Ruhm der Ukraine!»

«Guten Morgen, Mykola.»

Er sah genau so aus, wie ich ihn in Erinnerung hatte – ein gedrungener, kahlköpfiger Mittvierziger mit einem teigigen, komplett ausdruckslosen Gesicht. Schon bei unserer ersten Begegnung hatte ich mich im Gespräch ständig bei dem Gedanken ertappt, dass sein formloser Schädel auf eine merkwürdige Art unfertig aussah, als habe Gott in Eile die Arbeit daran abgebrochen. Auch diesmal spürte ich beim Hinsehen förmlich den Wunsch, die Hände auszustrecken und Kochaniwskyjs Züge in Form zu kneten.

Das Gerichtsverfahren um Lenins Nase, in dessen Verlauf wir uns begegnet waren, hatte mit einer dreijährigen Bewährungsstrafe für Kochaniwskyj geendet. Sie war inzwischen abgelaufen, und im Licht der Maidan-Revolution wirkte sie absurd. Im ganzen Land waren in den vergangenen anderthalb Jahren Lenin-Denkmäler gestürzt worden, ohne dass irgendjemand dafür verurteilt oder auch nur angeklagt worden wäre. Der Kampf gegen «Symbole des Kommunismus» war inzwischen Regierungspolitik. Auch die zahllosen ukrainischen Straßen, Plätze und Städte, die den Namen Lenins oder anderer Sowjethelden trugen, sollten umbenannt werden.

«Lenins Nase war der Anfang», sagte Kochaniwskyj. «Ich war der Erste, der den Denkmälern den Krieg erklärt hat. Was daraus geworden ist, siehst du selbst. Die Revolution hat gesiegt.»

Kochaniwskyjs Kampf aber war damit nicht zu Ende. Genau wie Vera Jefimowna wusste er, dass Lenins Nase einfacher zu zerstören war als Lenins Ideen. Für ihn waren die Denkmäler Symbole einer russischen Unterdrückungspolitik, die mit Lenin weder begonnen noch mit seinem Sturz geendet hatte. Russland wollte die Ukraine nicht loslassen. Mit militärischen Mitteln hatte Moskau die Krim annektiert und den Donbass unterwandert, und Kochaniwskyj kämpfte nun gegen Feinde, die nicht aus Granit waren, sondern aus Fleisch und Blut. Er hatte ein Freiwilligenbataillon um sich geschart und war in den Krieg gezogen.

Die erste Hundertschaft, erzählte er mir, habe sich während der Barrikadenschlachten auf dem Maidan formiert. Mit Holzbalken, Brechstangen und Molotow-Cocktails hatten Kochaniwskyjs Männer gegen die Polizeitruppen gekämpft. «Auch die ersten Schusswaffen haben wir uns damals besorgt», sagte er. «Aber auf dem Maidan haben wir sie noch nicht eingesetzt.»

Ich war mir unsicher, ob der letzte Teil stimmte. In der Endphase der Straßenschlachten hatten einzelne Demonstranten das Feuer auf die Polizei eröffnet. Kochaniwskyj war mir nach unserer ersten Begegnung nicht als Pazifist im Gedächtnis geblieben, und die Ereignisse der letzten Jahre hatten sicher keinen aus ihm gemacht.

Den Kampfnamen «Orkan», den er auf den Barrikaden angenommen hatte, legte Kochaniwskyj auch nach der Revolution nicht ab. Er rekrutierte weiter Freiwillige für sein Bataillon, gleichzeitig baute er das Waffenarsenal aus. Alte Pistolen und Gewehre aus sowjetischen Armeebeständen sammelten sich in den Händen seiner Kämpfer, die schließlich in zusammengeklaubten Uniformteilen an die Ostfront zogen, um Krieg gegen die Separatisten zu führen. Etwa dreihundert Freiwillige standen inzwischen unter Kochaniwskyjs Kommando, die Hälfte davon war dauerhaft in Pisky stationiert, einem kleinen Ort bei Donezk.

Seinem Bataillon hatte Kochaniwskyj den Namen «OUN» gegeben – die Abkürzung der alten ukrainischen Nationalistenbewegung.

«Wir sind Banderas Nachfolger», sagte er. «Wir setzen den Unabhängigkeitskampf des zwanzigsten Jahrhunderts fort, wir vollenden die nationale Revolution der Ukraine.»

Sofort musste ich an Iwan Mamtschur denken, den alten OUN-Veteranen, dem ich in Lwiw begegnet war. Ob er wusste, dass an der Ostfront ein Freiwilligenbataillon im Namen der Nationalistenbewegung kämpfte?

«Die Ukraine hat drei Feinde», fuhr Kochaniwskyj fort. «An erster Stelle Russland. An zweiter Stelle die inneren Okkupanten ...»

«Die was?»

«Die Oligarchen. Die Macht ist in den Händen von Dieben, die nicht die ukrainische Nation vertreten, weder ideologisch noch vom Blut her, und diesen Leuten muss klargemacht werden ...»

«Was meinen Sie mit Blut?», unterbrach ich ihn.

Er sah mich forschend an, als versuche er zu begreifen, ob ich wirklich nicht verstand, wovon er redete.

«Die zweihundert mächtigsten Menschen in der Ukraine sind

Juden», sagte er dann. «Der Präsident – Jude. Der Premierminister – Jude ...»

Unter Zuhilfenahme seiner Finger zählte er weiter – das halbe Ministerkabinett, die Parteiführer, alle Wirtschaftskapitäne. Nur wenige der Namen, die er nannte, klangen auch nur ansatzweise jüdisch.

«Hören Sie», unterbrach ich ihn. «Ich verstehe, dass Ihnen der Einfluss der Oligarchen stinkt. Aber welche Rolle spielt es, ob sie Juden sind oder nicht?»

Wieder sah er mich an, als zweifele er an der Aufrichtigkeit meiner Frage.

«Ach so», sagte er. «Sie halten das für einen Zufall?»

Ich musste lachen. «Nein – für ein Gerücht.»

Kochaniwskyj schüttelte entschieden den Kopf. «Ich bin kein Antisemit, aber ich bin auch nicht blind. Unser Land wird ausgeraubt. Diesen Leuten muss klargemacht werden, dass sie genau zwei Möglichkeiten haben: Sie können die Ukraine lebendig verlassen – oder in einem Sarg.»

Er ließ seine Worte ein paar Sekunden lang wirken, bevor er fortfuhr.

«Die Ukraine braucht eine Diktatur. Natürlich weiß ich, dass das für einen Europäer unannehmbar klingt. Aber es geht nicht anders. Wir müssen grausam sein, sonst werden unsere Feinde siegen. Erst danach können wir den Weg gehen, den die westlichen Demokratien gegangen sind – nicht vorher.»

Ich brauchte einen Augenblick, um seine Sätze zu verdauen. Kochaniwskyj, das wusste ich, war eine Randfigur – sein Bataillon war winzig, sein politischer Einfluss gleich null, seine Meinung nicht mehrheitsfähig. Aber seine Kriegslogik schien ihm zu sagen, dass das Land in seiner Schuld stand. Er hatte Blut vergossen, für die Ukraine. Er hatte getötet, und er hatte seine Kameraden sterben sehen. Kochaniwskyj hatte die Macht des Blutvergießens gespürt, und leichten Herzens würde er sich kaum von ihr trennen, wenn der Krieg erst einmal vorbei war.

«Der Krieg», sagte er, «ist erst vorbei, wenn wir den Donbass und die Krim zurückerobert haben und unsere Feinde besiegt sind.»

Ich fragte ihn, wer der dritte Feind sei, von dem er gesprochen hatte.

Kochaniwskyj seufzte. «Die Europäer. Sie nehmen Russlands Angriff hin und spucken auf die Rechte der ukrainischen Nation.»

Ich seufzte ebenfalls. Im Westen, im Osten, in der eigenen Regierung, überall waren nur Feinde.

«Wer sind dann die Freunde, Mykola?»

Er bekreuzigte sich.

«Wir haben nur Gott. Auf dem Maidan hat uns niemand geholfen. Trotzdem haben wir gesiegt. Weil Gott auf unserer Seite war.»

Wieder entstand eine Gesprächspause. Konzentriert sah ich Kochaniwskyj in die Augen. Sein ausdrucksloses Gesicht war schwer zu lesen, aber ich hatte keinen Zweifel daran, dass er es ernst meinte.

Erst kurz bevor wir uns verabschiedeten, wurde mir bewusst, dass sich etwas an ihm verändert hatte. Immer noch war die gleiche Wut in ihm wie vor fünf Jahren, aber damals, als ich Kochaniwskyj im Prozesssaal des Schewtschenskyj-Gerichts beobachtet hatte, war mir sein Zorn stumpf und depressiv vorgekommen, wie eine mühsam heruntergewürgte Kinderwut, die kein rechtes Ventil findet. Jetzt hatte sein Hass ein Ziel, und Kochaniwskyj strahlte einen Enthusiasmus aus, der ihm vor fünf Jahren vollkommen gefehlt hatte.

«Sie sehen glücklich aus, Mykola.»

Der Ansatz eines Lächelns spreizte seine teigigen Wangen.

«Wie sollte ich nicht glücklich sein?», sagte er. «Vielleicht erwischt mich morgen eine Kugel, aber das spielt keine Rolle. Gott lässt mich einen großartigen Moment erleben – das Schicksal der Ukraine erfüllt sich! Krieger und Revolutionäre werden jetzt gebraucht, nicht Händler und Anwälte. Ich bin der richtige Mann am richtigen Ort. Wie sollte ich nicht glücklich sein?»

An einem Samstag machte ich mit meiner Gastfamilie einen Ausflug. Romans Eltern, die in einem Dorf in der Nähe von Kiew wohnten, hatten uns zum Schaschlyk-Grillen eingeladen.

Während der Autofahrt erzählte mir Ksjuscha von einer alten Frau aus der Nachbarschaft.

«Alle im Dorf nennen sie Baba Dunja. Keine Ahnung, wie sie wirklich heißt. Sie ist uralt, aber klar im Kopf, sie kann viel erzählen. Vielleicht willst du mit ihr sprechen?»

Romans Eltern wohnten seit ein paar Jahren im Dorf Semypolky. Das kleine Haus, das sie als Alterswohnsitz gekauft hatten, war neu renoviert, es roch noch nach frischer Farbe. Auf der Terrasse schob Romans Vater marinierte Hühnchenteile auf lange Spieße. Er war Pilot, wie sein Sohn, und die beiden tauchten bald in ein Fachgespräch über Windbedingungen ab. Philip spielte im Garten mit einem kleinen Mädchen aus der Nachbarschaft, kichernd sprangen die beiden durch den Sprühnebel eines Rasensprengers.

Ksjuscha fragte ihre Schwiegermutter, wie es Baba Dunja ging.

«Sie wird alt», war die Antwort.

«Sie ist schon ziemlich lange alt», sagte Ksjuscha lachend.

«In letzter Zeit wirkt sie müde. Als hätte sie genug vom Leben. Ich glaube, es sind all diese Nachrichten aus dem Donbass. Sie will nicht noch einen Krieg erleben.»

Als Ksjuscha und ich nach dem Essen Baba Dunja besuchten, fanden wir sie auf einer Gartenbank hinter ihrem kleinen Haus. In einem geblümten, ärmellosen Kleid saß sie in der Sonne, die grauen Haare zu einem losen Bauernzopf gebunden, das Gesicht ernst, fast kämpferisch. Sie war nicht in guter Stimmung.

«Baba Dunja!», rief Ksjuscha entsetzt. «Was ist mit Ihren Armen passiert?»

Tiefe, kaum verheilte Wunden entstellten ihre braun gebrannte Haut.

Baba Dunja seufzte. «Die Kuh.»

Die Kuh hatte sich beim Melken losgerissen, und Baba Dunja, die nicht schnell genug zur Seite springen konnte, war unter ihren Hufen gelandet.

«Hier», sagte die alte Frau, erst auf ihre Arme, dann auf ihren Bauch deutend. «Und hier.»

Ihr voller Name war Jewdokija Fjodorowna, aber so hatte sie seit Jahrzehnten niemand mehr genannt. Für das kleine Dorf, in dem sie ihr ganzes Leben lang gewohnt hatte, war sie Mütterchen Dunja. Sie war siebenundachtzig geworden in diesem Jahr.

Zur Welt gekommen war sie, als die Bolschewiken gerade die Dorfbewohner von den Vorzügen der Kolchosenwirtschaft überzeugten. Die Bolschewiken hatten gute Argumente, schlagkräftige Argumente, Argumente, denen man sich besser nicht widersetzte. Wer trotzdem seinen Privathof nicht aufgeben wollte, musste ein Kulak sein, ein Großbauer. Die Bolschewiken rechneten mit solchem Widerstand, sie freuten sich förmlich, wenn sich der Klassenfeind so leicht zu erkennen gab. In Dörfern, in denen sich die Kulaken besser versteckten, lochten die Bolschewiken einfach die nächstbesten Bauern ein, die ein bisschen reicher aussahen als der Rest.

Ihre Eltern, erzählte Baba Dunja, hatten ein paar Kühe besessen, als sie zur Welt gekommen war. In den Augen der Bolschewiken reichte das, um die Eltern zu Kulaken zu machen – man konnte sehr schnell zum Kulaken werden in den Kollektivierungsjahren.

Was genau mit den Eltern geschehen war, erzählte Baba Dunja nicht. Die Erinnerung schien sie zu deprimieren.

Wir unterhielten uns eine halbe Stunde mit ihr, aber sie seufzte mehr, als dass sie sprach. Dem Terror war der Hunger gefolgt, dem Hunger der Krieg, und jetzt war wieder Krieg, und sie war müde, und ihre Wunden wollten nicht heilen.

Ksjuscha sagte später, dass sie Baba Dunja nie so niedergeschlagen erlebt hatte. Im Gedächtnis blieb sie mir als eine Frau, die ihr Leben lang kein Glück mit Kühen gehabt hatte.

Ich musste an Baba Dunja denken, als ich mir ein paar Tage später den Film von Olexandr Dowschenko ansah, den Vera Jefimowna mir zur Vorbereitung auf unseren Studiobesuch ans Herz gelegt hatte.

«Erde» wurde 1930 gedreht, als die von Stalin ausgerufene «Vernichtung der Kulaken als Klasse» in vollem Gange war. Der Stummfilm spielt in einem ukrainischen Dorf, dessen Bewohner gespalten auf die Kolchosenkampagne der Bolschewiken reagieren. Wer die Guten sind und wer die Bösen, lässt sich leicht erraten. Ein strahlender, glattrasierter, zukunftsfroher Jungkommunist wirbt im Dorf für die Kollektivwirtschaft. Seine Gegenspieler sind die Kulaken: verbohrte Altbauern mit Vollbärten und finsteren Brauen, die nicht einsehen wollen, warum sie ihre Äcker an die Dorfgemeinschaft abgeben sollen. Genauso wenig verstehen sie, warum sie ihre Erde plötzlich nicht mehr so pflügen sollen, wie es ihre Väter und Vätersväter getan haben: mit Eisenpflügen, die von Ochsen gezogen werden. Die Ochsen und die Kulaken sehen sich in Dowschenkos Film auffallend ähnlich.

Der sowjetische Held hat für die ochsensturen Altbauern nur ein müdes Lächeln übrig. Er weiß, dass längst eine Zukunft angebrochen ist, in der für Kulaken kein Platz mehr sein wird – und für Ochsen auch nicht. In einer langen, spektakulär geschnittenen Szene richtet der Held seinen Blick auf den Horizont. Etwas nähert sich dem Dorf, man weiß nicht, was. Bald renken sich auch die anderen Dorfbewohner die Hälse aus, alle Blicke folgen erwartungsvoll dem des Helden, spähend legen die Menschen die Hände an die Augen, selbst die Tiere werden unruhig, erst wenden die Pferde, zuletzt auch die Ochsen ihre Köpfe nervös in die Ferne, bis der Held plötzlich jubelnd den Mund aufreißt. Ein eingeblendeter Schriftzug übersetzt den stummen Schrei, in den das halbe Dorf einstimmt.

«Er kommt! Er kommt!»

Schließlich taucht er auf – der Pflug der Zukunft, der Ochse des Sozialismus! Während sich die Orchestermusik zum triumphierenden Crescendo steigert, erscheint am Horizont ... Crescendo, Crescendo, Crescendo ... ein Traktor.

Ich musste lachen.

Der Traktor wird vorübergehend zur Hauptfigur des Films. Er pflügt und pflügt und pflügt. Blitzend fährt der Stahl in die schwarze Erde, unermüdlich bricht er die Scholle, Furche um Furche ordnen sich die Felder. Die Ochsen dösen beschäftigungslos in den Ställen, die Kulaken fluchen, die Zukunft hat begonnen.

Im pflügenden Überschwang wälzt der Held mit dem Traktor schließlich die Grenzmarkierungen um, die das Kolchosenland vom Kulakenland trennen. Kurz darauf schießt ein rachsüchtiger Klassenfeind ihn nieder. Der Held stirbt, aber seine Beerdigung wird zum Triumphzug des Sozialismus. Das Volk verjagt den Dorfpopen vom Friedhof, an seiner Stelle erklärt ein feuriger kommunistischer Grabredner die Moral des Films.

«Der Feind liegt im Todeskampf, und in seinem Hass auf die Verarmten hat er Wasyl von uns genommen! Mit dem bolschewistischen Stahlpferd hat Wasyl die tausendjährigen Grenzfurchen umgewälzt, mit seinem heißen Blut hat er das Todesurteil des

Klassenfeinds unterzeichnet! Der Ruhm unseres Wasyls wird um die Welt fliegen wie ...» – der Redner hebt eine Hand über die Köpfe der versammelten Menge – «... wie jenes bolschewistische Flugzeug dort oben am Himmel!»

Der Film mag heute naiv und propagandistisch wirken, aber ich konnte mir vorstellen, dass es 1930 schwer gewesen sein musste, sich der mitreißenden Kraft seiner Bilder zu entziehen. Vielleicht wäre ich mir beim Zusehen am Ende selbst nicht mehr sicher gewesen, ob die Bolschewiken mit ihrem Gerechtigkeitspathos nicht doch irgendwie auf der richtigen Seite der Geschichte standen – wenn ich nicht gewusst hätte, dass kaum etwas an Dowschenkos Film der Wirklichkeit entsprach.

Stalins Kollektivierungskampagne hatte wahrscheinlich mehr Menschen das Leben gekostet, als im Ersten Weltkrieg auf allen Seiten der Front umgekommen waren.

Dass sich viele Bauern nicht den Kolchosen anschließen wollten, war kaum verwunderlich. Konkret bedeutete der Schritt, alles eigene Land, Vieh und Werkzeug abzugeben und als sowjetischer Leibeigener für einen parteigeführten Großbetrieb zu arbeiten. Als Stalin spürte, dass die Bauern seinen Aufrufen nicht freiwillig nachkamen, verlegte er sich auf Repressionen. Parteileute zogen durch die Dörfer, auf der Suche nach Klassenfeinden. Fanden sie keine, erfanden sie welche. Es reichte, eine Kuh zu haben, einen Vorratsspeicher, ein Haus mit Keller oder mit Metalldach, es reichte, lesen und schreiben zu können, um als Kulak ausgesondert zu werden. Familie für Familie wurden die Bauern aus ihren Heimatdörfern deportiert. Von vielen hörte man nie wieder.

Gleichzeitig begann die zwangsweise Umwandlung von Privat- in Kolchoseneigentum. Bauernhütten wurden durchsucht, um Saboteuren auf die Spur zu kommen, die Getreidevorräte vor der Partei versteckten oder ihr Vieh schlachteten, um es selbst zu essen, bevor es der Kolchose in die Hände fiel. Soldaten durchwühlten Misthaufen, demontierten Öfen, stachen mit Bajonetten in Hauswände, auf der Suche nach Lebensmittelverstecken. Was sie fanden, nahmen sie mit. Äcker und Gemüsegärten wurden unter Wache gestellt – wer sich am Volkseigentum vergriff, war ein Volksfeind, auch wenn er das Volkseigentum selbst gepflanzt hatte. Reihenweise wurden Menschen zu Lagerstrafen verurteilt oder hingerichtet, weil sie eine Handvoll Zwiebeln aus ihren enteigneten Gärten gegraben oder ein paar Kornähren von ihren Feldern geschnitten hatten.

Am Ende versteckte niemand mehr Lebensmittel. Es gab keine mehr. Das geerntete Getreide war requiriert und in die Städte transportiert worden, die Landbevölkerung verhungerte. Ab 1932 aßen die Bauern, was sie finden konnten – Gras, Blätter, Baumrinde, Ameisen, Schnecken, Würmer. Manche aßen ihre Hunde, andere ihre Schuhe, nicht wenige ihre verhungerten Nachbarn. Ganze Dörfer starben aus, eine Familie nach der anderen. Stille senkte sich über die ländliche Ukraine.

Wie viele Menschen dem Wahnsinn zum Opfer fielen, ist ungeklärt. In der sowjetischen Presse war kein Wort über die Katastrophe zu lesen, stattdessen jagte eine Erfolgsmeldung die nächste: Dorf X zu hundert Prozent kollektiviert, Dorf Y von Kulaken befreit, Dorf Z von Saboteuren bereinigt. Niemand habe die Toten gezählt, erklärte später Stalins Nachfolger Nikita Chruschtschow. Stalin selbst erklärte lediglich, man könne kein Omelett braten, ohne ein paar Eier zu zerschlagen. Ansonsten verbat es sich der Diktator, mit verleumderischen Gerüchten über eine angebliche sowjetische Hungersnot belästigt zu werden, die westliche Agenten in die Welt gesetzt hatten. Als bei der ersten unionsweiten Volkszählung nach der Katastrophe ein furchterregender Einbruch der sowjetischen Bevölkerungszahl festgestellt wurde, ließ Stalin kurzerhand die

Statistiker erschießen. Ihre Nachfolger beeilten sich, genehmere Zahlen zu liefern.

Der britische Historiker Robert Conquest geht in seinem Standardwerk über die Zwangskollektivierung von sechseinhalb Millionen Toten aus, die der Kulakenverfolgung zum Opfer fielen, und weiteren sieben Millionen, die durch die Hungersnot starben, fünf davon in der Ukraine, der Rest in der übrigen Sowjetunion. Manche halten selbst diese Zahlen für zu niedrig angesetzt. Sollten sie stimmen, kam in den frühen dreißiger Jahren ein Fünftel der ukrainischen Landbevölkerung um.

Die Schwarzerde der Ukraine zählt zu den fruchtbarsten Ackerböden des Planeten.

Der Holodomor war eine der widersinnigsten Katastrophen der Geschichte.

Dowschenkos «Erde» dürfte der blauäugigste Film der Welt sein.

Vera Jefimownas Monolog über die Vorzüge der kommunistischen Weltordnung setzte ein, wo sie ihn ein paar Tage zuvor unterbrochen hatte. Wir saßen nebeneinander in der U-Bahn und fuhren in Richtung Filmstudio. Der Waggon wurde voller und voller. Ungehemmt pries Vera Jefimowna Lenin und Stalin. Sie schien die irritierten Blicke gar nicht wahrzunehmen, die uns die umstehenden Passagiere zuwarfen. Ich dagegen fühlte mich unwohl. Vor fünf Jahren hatte ich bei meinen öffentlichen Gesprächen mit ihr noch das Gefühl gehabt, dass Zufallszuhörer uns keine große Beachtung schenkten. Jetzt klangen ihre Ausführungen entschieden schrill. Vera Jefimowna war dieselbe geblieben, aber die Stadt, in der sie lebte, hatte sich verändert.

Im zentralen Aufnahmesaal der Dowschenko-Filmstudios stand eine nahezu lebensgroße Nachbildung des Moskauer Lenin-Mausoleums. Sie sah aus wie das Original, mit dem einzigen Unterschied, dass über dem Eingangsportal nicht einer, sondern zwei Namen prangten: «Lenin» und «Stalin».

Ein Film über die Chruschtschow-Ära war gerade abgedreht worden, erklärte uns ein Bühnenarbeiter. Vera Jefimowna blieb lange vor dem Pappmausoleum stehen. Genau so hatte es ausgesehen, als sie 1953 nach Moskau gefahren war, um den frisch aufgebahrten Leib des großen Stalins zu beweinen.

Das riesige Filmgelände wurde nur noch teilweise zum Drehen verwendet, viele Gebäude waren inzwischen an andere Firmen untervermietet. Vera Jefimowna, die selbst seit ein paar Jahren nicht mehr hier gewesen war, riss unverzagt eine Tür nach der anderen auf. Wer sich ihr in den Weg stellte, wurde brüsk beiseitegeschoben, sie wollte wissen, was der Kapitalismus aus ihrem Studio gemacht hatte. Ich hielt mich diskret im Hintergrund, während sie sich mit Büroangestellten und Hausmeistern stritt. «Bourgeoisie», murmelte sie nach jeder Tür, die sie bei ihrer Inspektionsrunde wütend wieder ins Schloss fallen ließ. «Bourgeoisie ...»

Wir durchstreiften den alten Kostümfundus mit seinen endlosen Reihen aus Weltkriegsuniformen, Bojarenmänteln, Kosmonautenanzügen und Ballerinakleidern. Quer durch die Kulissenwerkstätten liefen wir weiter, bis wir die Kameragänge erreichten, Vera Jefimownas ehemaligen Arbeitsplatz. Im angrenzenden Scheinwerferlager liefen wir einem alten Beleuchter über den Weg, den Vera Jefimowna noch von früher kannte. Die beiden begrüßten sich stürmisch, wie zwei lange getrennte Freunde.

«Was macht das Leben?», fragte der Beleuchter.

«Was soll es machen?», antwortete Vera Jefimowna. «Die Bourgeoisie ist an der Macht. Mich hält hier nichts mehr. Wahrscheinlich wandere ich aus.»

Der Beleuchter nickte nachdenklich. «Nach Israel?»

«Quatsch, was habe ich denn mit Israel zu tun? Nach Moskau natürlich!»

«Nach Moskau?» Erstaunt sah der Beleuchter sie an. «Was willst du denn bei Putin?»

«Hast du was gegen Putin?»

«Ob ich was gegen Putin habe? Er hat uns die Krim geklaut!»

«Geklaut? Das war eine demokratische Abstimmung.»

Der Beleuchter erwiderte nichts. Er schüttelte nur befremdet den Kopf.

«Vera», sagte er dann. «Ich dachte immer, mir dir kann man vernünftig reden.»

Donnernd ließ er die Stahltür des Scheinwerferlagers hinter sich ins Schloss fallen. Als der Ton verhallt war, wurde es gespenstisch still im Kameragang.

Vera Jefimowna schnaubte verächtlich. «Komm», sagte sie. «Lass uns gehen.»

So schnell, dachte ich bei mir, enden in Kriegszeiten Freundschaften.

Das Sonnenlicht blendete uns, als wir aus der Dunkelheit des Studiogebäudes ins Freie traten.

«Vera Jefimowna», sagte ich. «Habe ich das richtig verstanden, Sie mögen Putin? Der ist doch gar kein Kommunist.»

Sie überhörte den Einwand. Etwas anderes lenkte sie ab.

«War hier nicht der Teich?», hörte ich sie murmeln.

Mit der flachen Hand beschattete sie ihre Augen und suchte das Gelände ab. Als sie nicht fand, wonach sie suchte, zuckte sie gleichgültig mit den Schultern.

«Na gut», sagte sie. «Die Bourgeoisie braucht keinen Teich.»

Auf dem Weg zum Ausgang liefen wir durch den Obstgarten, den Olexandr Dowschenko selbst gepflanzt hatte, als das Studio in den zwanziger Jahren eröffnet worden war.

«Vergib uns, Dowschenko», murmelte Vera Jefimowna, während sie einzelne Äpfel aus dem Gras klaubte und sie mir wortlos in die Hand drückte. Unauffällig ließ ich sie wieder fallen. Nicht so sehr, weil sie halb vergammelt waren, sondern aus einer plötzlichen abergläubischen Scheu heraus. Ich hatte Angst, vom Baum der kommunistischen Erkenntnis zu essen.

Als wir uns dem Ausgang näherten, fiel mir eine Frage wieder ein, die mich seit Tagen beschäftigte.

«Vera Jefimowna», sagte ich. «Das Lenin-Denkmal ...»

«Ja?»

«Was ist eigentlich aus den Überresten geworden? Wo sind sie?»

Sie überlegte einen Moment.

«Ich weiß es nicht», sagte sie dann. «Aber im Rajkom wissen sie es bestimmt.»

Das Rajons-Komitee der Kommunistischen Partei lag ein paar Bushaltestellen entfernt. Im Foyer schwenkte Vera Jefimowna ihren Mitgliedsausweis und schob mich energisch durch ein Metalldrehkreuz. Hinter uns hörte ich einen Wachmann protestieren, aber bevor er uns aufhalten konnte, waren wir schon im Treppenhaus verschwunden.

Im zweiten Stock steuerte Vera Jefimowna auf eine Sperrholztür zu. Ein junger Funktionär versperrte ihr den Weg.

«Ich muss zu Anton Pawlowitsch!»

«Anton Pawlowitsch ist in einer Sitzung.»

«Dann lass mich zu San Sanytsch!»

«San Sanytsch ist auch in einer Sitzung.»

Eine Weile sah ich den beiden beim Streiten zu. Der Funktionär sah genervt aus. Vera Jefimowna schien hier keine Unbekannte zu sein.

Als sich der Streit hochschaukelte, mischte ich mich ein. Ich stellte mich vor und erklärte beschwichtigend, was uns hergeführt hatte. Misstrauisch sah der Funktionär mich an.

«DDR-Deutschland oder BRD-Deutschland?»

«Berlin», sagte ich.

«DDR-Berlin oder BRD-Berlin?»

«Der Arme ist im Westen aufgewachsen», sagte Vera Jefimowna. «Aber er interessiert sich für Lenin.»

«Na und?», raunzte der Funktionär. «Selbst wenn ich wüsste, wo Lenins Überreste sind, würde ich es niemandem verraten. Am nächsten Tag würden die Nationalisten ihn kurz und klein hauen.»

Es dauerte eine Weile, bis ich sein Vertrauen gewonnen hatte. Ich erzählte von meiner Reise durch die Ukraine, vom Prozess um Lenins Nase, von meiner Bekanntschaft mit Vera Jefimowna. Der Funktionär wiederum erzählte mir, dass er während seines Studiums in Warschau einmal eine deutsche Gesinnungsgenossin kennengelernt hatte, mit der er, obwohl sie im Westen aufgewachsen war, offenbar sehr warme Erinnerungen verband. Langsam hellte sich sein Gesicht auf.

Am Ende ließ er durchblicken, dass sich Lenins Überreste in kommunistischer Obhut befanden. Die Partei verwahrte das geschändete Denkmal an einem sicheren Ort, um es restaurieren zu lassen, sobald sich die Lage beruhigt hatte.

«Irgendwann», sagte der Funktionär, «werden die Menschen begreifen, dass nicht Lenin schuld an ihren Problemen ist – sondern der Kapitalismus.»

Als Vera Jefimowna und ich das Rajkom-Gebäude verließen, trennten sich unsere Wege. Sie nahm den Bus, ich die U-Bahn. Mit einem verschwörerischen Lächeln schüttelten wir uns die Hände. Vieles mochte uns trennen, aber gemeinsam hatten wir herausgefunden, dass in irgendeinem Keller dieser großen Stadt ein steinerner Lenin auf seine Auferstehung wartete.

Am einem meiner letzten Tage in Kiew, einem Sonntag, lud mich meine Gastfamilie zu einem Ausflug nach Meschyhirja ein. Wir bepackten das Auto mit Spielsachen und Proviant, setzten Philip auf die Rückbank und fuhren in nördlicher Richtung am Dnjepr-Ufer entlang, bis wir den Palast des entthronten Präsidenten erreichten.

Zum ersten Mal hatte ich das verlassene Privatanwesen kurz nach Viktor Janukowytschs Flucht aus der Ukraine gesehen, aber seitdem schien sich einiges geändert zu haben in Meschyhirja. Aus dem Traumschloss war eine Touristenattraktion geworden. Wir waren nicht die einzigen Gäste. In endlosen Reihen parkten Ausflugsbusse und Privatautos vor der Einfahrt des Geländes. Aus der ganzen Ukraine reisten die Menschen an, um sich anzusehen, was ihr Präsident mit dem ergaunerten Reichtum angestellt hatte, der ihm am Ende zum Verhängnis geworden war. Der Park war voller Ausflügler, in deren Gesichtern hundertfaches, tausendfaches Staunen stand.

Meschyhirja wirkte wie das Kinderzimmer eines unersättlichen kleinen Jungen. Während wir durch den Park wanderten, musste ich daran denken, wie Philip mir am ersten Tag meines Besuchs seine komplette Spielzeugsammlung präsentiert hatte, ein Teil nach dem anderen, erfüllt von glühendem kindlichem Besitzerstolz, obwohl er, wie mir Ksjuscha lächelnd verriet, mit den allermeisten Sachen schon lange nicht mehr spielte. Einen ähnlichen Eindruck machte Meschyhirja. Unmöglich hatte Janukowytsch auch nur einen Bruchteil des sinnlosen Krempels nutzen können, mit dem er sein Kinder-Versailles vollgestopft hatte.

Das 137 Hektar umfassende Gelände senkte sich in sanften Wellen hinab bis ans Dnjepr-Ufer. Es umfasste einen Achtzehn-Loch-Golfplatz, einen Jachthafen, die Nachbildung einer spanischen Galeere, einen unterirdischen Fitnesskomplex mit integriertem

Boxring, ein Saunabad inklusive Salzgrotte, eine Vogelvoliere mit Straußen, Kranichen und Fasanen, einen Pferdestall, eine Hundemenagerie, einen Hubschrauberlandeplatz, einen Fuhrpark mit siebzig sowjetischen Oldtimermodellen, Gewächshäuser, Fischteiche, Wasserfälle, Springbrunnen, künstliche Bäche und Felsformationen sowie einen Wald mit eigenem Jagdrevier.

Mittendrin stand Janukowytschs Residenz, ein jagdschlossartiger Holzbau aus levantinischer Kiefer. Eine Ecke des Hauses war, warum auch immer, mit der künstlichen Ruine eines antiken Säulenportals verziert. Brüchige Amphoren und der Kopf einer Pferdestatue lagen in pittoresker Unordnung zwischen den Säulen verstreut. Ksjuscha blieb lange vor dem bizarren Ensemble stehen, ungläubig den Kopf schüttelnd.

Drinnen war der Hausherr über intarsienverzierte Holzböden geschritten, hatte sich die müden Schultern von vibrierenden Kinosesseln massieren lassen, war zum Klang historischer Spieluhren eingeschlafen, hatte seine Exkremente durch vergoldete Abwasserrohre gespült. Ausgestopfte Löwen, blankpolierte Ritterrüstungen und tonnenschwere Kronleuchter zierten die Flure, es gab einen inhäusigen Tennisplatz, eine Bibliothek mit antiquarischen Originalausgaben, einen Kosmetiksalon nebst Sauerstoffliegen, Kältekammer und Solarium, einen weißen, von John Lennon signierten Flügel. Jeder Quadratmeter des Hauses war zugestellt mit teurem, beliebigem, nutzlosem Kram.

Ich fragte mich, ob Janukowytsch in schwachen Momenten das Gefühl beschlichen hatte, dass seine innere Leere mit all dem Besitz nicht zu füllen war, egal, wie viel er davon anhäufte. Vielleicht zog es ihn in solchen Momenten vor die goldbeschlagene Ikonenwand der orthodoxen Privatkapelle, die er sich im dritten Stock hatte einrichten lassen, in der Nähe seines Schlafzimmers.

Mehrere hundert Millionen Dollar waren in das Anwesen geflossen. Als am Morgen nach Janukowytschs Flucht die ersten Journalisten über die Zäune kletterten, fanden sie Spuren eines überstürzten Aufbruchs: zerwühlte Schränke, aufgerissene Schubladen, leere Tresore. Im Jachthafen trieben Aktenordner und lose Blätter – in letzter Minute hatte das Wachpersonal versucht, belastendes Material loszuwerden. Die Journalisten fischten die Dokumente aus dem Wasser. Es war viel Kurioses darunter, etwa eine Notiz, in der Janukowytsch seinen Gärtner anweist, doch bitte die Rehe aus dem Jagdrevier vom Golfplatz fernzuhalten. In der Mehrzahl aber dokumentierten die Akten korrupte Deals des Präsidentenclans.

Seiner Strafe war Janukowytsch entgangen – und nicht entgangen. Er hatte sich nach Russland abgesetzt, anklagen ließ er sich nicht. Zurückgeblieben aber war ein Palast, der ihn anklagte. Das ganze Land konnte die traurige, kindische Innenwelt des Präsidenten besichtigen. Vom mächtigsten Mann der Ukraine hatte er sich in den lächerlichsten verwandelt.

Wir picknickten auf dem Golfplatz und sahen den Spaziergängern zu. Besonders beliebt war der Park bei Brautpaaren. Überall sah man sie vor Springbrunnen, Blumenrabatten und Ententeichen posieren. Es gab keinen besseren Ort in Kiew, um romantische Hochzeitsfotos aufzunehmen.

Ksjuscha, Roman und ich tauschten unsere Eindrücke aus. Philip wurde irgendwann ungeduldig, weil er unsere Korruptionsgespräche nicht verstand – er wollte mitreden.

«Mama», sagte er. «Was ist das für ein Park?»

Ratlos sahen wir uns an. Es war schwer zu erklären.

«Pass auf, Philip, es ist so», begann ich. «Hier hat ein Dieb gewohnt.»

Ksjuscha lachte. «Genau. Und der Dieb war gleichzeitig der Präsident. So komisch das auch klingt.»

Philip sah sich misstrauisch um. «Ist der Dieb noch hier?»

«Nein, Philipuschka», sagte Roman. «Der Dieb ist weggelaufen. Der Dieb ist jetzt in Russland.»

«Warum?»

«In Russland dürfen Diebe frei herumlaufen», sagte Ksjuscha, noch immer lachend.

Fragend sah Philip seine Mutter an. Seine Augen waren so groß, dass ich förmlich sehen konnte, wie hinter ihnen die Synapsen arbeiteten. Ksjuschas Heimatland schien in seinem Kopf eine plötzliche Verwandlung durchzumachen, und es war erkennbar keine Verwandlung zum Guten. Seine Verwirrung brach mir das Herz. Aber was hätten wir ihm erzählen sollen?

«Mama», sagte Philip. «Lass uns zurück nach Kiew gehen. Ich will nach Kiew, Mama.»

EIN DEUTSCHER NAMENS MICHEL

An einem Vormittag im frühen Oktober bestieg ich in Kiew einen Expresszug, der schnurstracks nach Süden fuhr. Ich sah die Sonne steigen und bald wieder sinken, bevor ein fast voller Mond sie ablöste. Der Himmel war wolkenlos, und das ungebrochene Mondlicht spiegelte sich in tausend silbrigen Teichen. Die Sümpfe der Zentralukraine zogen an den Fenstern vorbei, dunkel und traurig und menschenleer. Gespenstisch klar beleuchtete der Mond Details: schwarze Tümpel, wehendes Schilf, die keilförmige Wasserspur einer einsamen Ente.

Weiter südlich verschwanden die Sümpfe, die Bäume, die Hügel, alles verschwand, nur flaches, schwarzes Ackerland blieb übrig, das einst, bevor die Pflüge kamen und die Traktoren, von Gras bedeckt gewesen war, Gras und wieder Gras und sonst nichts. Ich hatte die ersten Ausläufer der eurasischen Steppe erreicht, jenes alten Vegetationsgürtels, der einst fast lückenlos von der Mongolei bis an die nördliche Schwarzmeerkuste gefuhrt hatte.

Es war nach Mitternacht, als ich in Odessa ankam. Ein Taxifahrer brachte mich in seinem altersschwachen Lada zu einem kleinen Hotel am Strand. Weit draußen sah ich Containerschiffe ankern. Hoch über dem Schwarzen Meer stand der Mond, eine glitzernde Silberspur teilte die Wellen. Noch lange hörte ich das Rauschen der Brandung, während ich in einen traumlosen Schlaf dämmerte.

Es gibt zwei Versionen zur Gründungsgeschichte von Odessa.

Die eine erzählen sich die Russen. Katharina die Große, sagen sie, rang den Türken im späten achtzehnten Jahrhundert die nördliche Schwarzmeerküste ab. Um ihre neu eroberten Gebiete zu verteidigen, ließ die Zarin Kriegsschiffe an der Küste stationieren und eine Hafenstadt aus dem Steppenboden stampfen. Damit es schneller ging, heuerte sie Städteplaner und Baumeister aus Westeuropa an, denen Odessa seine charakteristische Architektur verdankt, eine Phantasiemischung aus mediterranem und russisch imperialem Flair. Viele dieser ausländischen Experten ließen sich nach getaner Arbeit in Katharinas neuer Metropole nieder, die sich gleichzeitig mit angeworbenen Siedlern und gestrandeten Seeleuten aus aller Herren Länder füllte: Moldawier, Griechen, Albaner, Deutsche, Armenier, Bulgaren, Italiener, Aserbaidschaner, Türken, Krimtataren, Polen, Russen und Juden. Kein Jahrhundert nach ihrer Gründung war die Stadt zur viertgrößten des Zarenreichs herangewachsen, nach Moskau, Sankt Petersburg und Warschau, und jeder schreibende Odessa-Besucher, von Puschkin bis Mark Twain, bejubelte die einzigartige internationale Atmosphäre der Schwarzmeermetropole. Ihre größten Straßen und Plätze sind bis heute nach französischen Gouverneuren, italienischen Architekten und spanischen Admirälen benannt, und obwohl der größte Teil der einst so bunten Stadtbevölkerung die Katastrophen des zwanzigsten Jahrhunderts nicht überstanden hat, gilt Odessa vielen ehemaligen Sowjetbürgern noch immer als kosmopolitischster Ort der russischsprachigen Welt.

Die zweite Version erzählte mir Tariel.

«Hadschi Bej», sagte er. «So hieß die Stadt, bevor die Russen kamen. Lange Geschichte.»

Er schnippte mit seinen goldberingten Fingern. Wie aus dem Nichts tauchte seine Frau auf und stellte zwei dampfende Suppenteller auf den Restauranttisch, an dem wir saßen. Tariel, ein kahlköpfiger, breit gebauter Mittfünfziger, war der Inhaber des georgischen Lokals. Wie alle Georgier hatte er ein Faible für lange Geschichten.

«Die Russen sagen, Odessa sei zweihundert Jahre alt. Unsinn! Hadschi Bej wird dieses Jahr sechshundert!»

Lange bevor Katharina die Schwarzmeerküste erobert hatte, habe hier eine türkische Festung gestanden, fuhr er fort, gebaut von moldawischen Baumeistern, die sich nach getaner Arbeit in Hadschi Bej niederließen. Aus ihrer kleinen Siedlung sei später das Moldawanka-Viertel geworden, in dem jetzt Tariels Restaurant lag.

«Die Russen haben Odessa nicht gegründet», sagte er. «Sie haben nur Hadschi Bej ausgebaut.»

Wie die meisten Georgier hatte Tariel kein Faible für Russland.

In sein Restaurant hatte mich ein Zufall verschlagen. Ein deutscher Freund hatte mich kurz vor meiner Abreise aus Berlin gebeten, in Odessa das ehemalige Wohnhaus seines Großvaters zu fotografieren. Der Großvater war ein deutschstämmiger Konservenfabrikant gewesen, der vor dem Ersten Weltkrieg ein Büchsenwerk am Schwarzen Meer geleitet hatte. Sein Haus lag im Moldawanka-Viertel. Es war ein typisches odessitisches Wohngebäude, dessen zweistöckige Flügel einen langen, schmalen Innenhof umschlossen, mit weinumrankten Galerien und alten Holzfenstern, auf deren Kreuzbalken Katzen in der Sonne dösten.

Zur Straßenseite hin, im Erdgeschoss, lag Tariels Restaurant. Ich war gerade dabei, das Eingangsschild mit der russischen Aufschrift «Café zum alten Leierkasten» zu fotografieren, als der Inhaber aus der Tür trat. Kaum hatte ich ihm erklärt, was mich herführte, bat Tariel mich mit überschwänglicher Geste herein. Wie alle Georgier legte er großen Wert auf Gastfreundschaft.

Die Rindfleischsuppe, die er mir servieren ließ, durfte ich natürlich nicht bezahlen. Sie war köstlich. Als ich es Tariel sagte, verfiel er in einen langen Monolog über den kulturellen Reichtum Georgiens.

«Hast du Mzcheta gesehen, die alte Königsstadt?»

Ich nickte.

«Die Schlösser! Die Klöster! Die Kirchen! So schön, dass man den Architekten die Hände abhackte, damit sie nichts Vergleichbares mehr bauen konnten!»

Der Monolog endete mit ein paar georgischen Versen des Nationaldichters Schota Rustaweli.

«Das hat Rustaweli vor fast tausend Jahren geschrieben! Da konnten die Russen noch nicht mal lesen, geschweige denn schreiben!»

Wie alle Georgier war Tariel sehr stolz auf die lange Geschichte seines Landes.

Stolz war er auch darauf, dass Odessa inzwischen von einem Landsmann regiert wurde. Micheil Saakaschwili, der ehemalige georgische Präsident, war nach der Maidan-Revolution zum neuen Gouverneur der Region ernannt worden.

«Die Ukraine und Georgien!» Feierlich verschränkte Tariel beide Hände, um die Völkerfreundschaft zwischen seiner Wahlheimat und seinem Geburtsland zu bekräftigen. «Vereint gegen Russland!»

Tariels allergrößter Stolz aber war der alte Leierkasten, nach dem sein Restaurant benannt war. Das Instrument stand auf der Theke. Es stammte aus einer odessitischen Leierkastenmanufaktur und war kurz vor dem Ersten Weltkrieg gebaut worden, in der Zeit also, als der Großvater meines deutschen Freundes im Moldawanka-Viertel gelebt hatte. Auf der Vorderseite des intarsienverzierten Holzkastens war in kyrillischen Buchstaben der Name des Herstellers aufgemalt, umschlungen von blumigen Jugendstilmustern, in denen sich die Silhouetten zweier barbusiger Tänzerinnen abzeichneten. Zu Füßen der linken Mädchenfigur hatte Tariel eine kleine orthodoxe Gottesmutter-Ikone in den Holzrahmen geklemmt, vielleicht als Gegengewicht zu den frivolen Malereien. Der Kasten war ein Schmuckstück.

Gefunden hatte Tariel ihn in einem Antiquitätenladen in Tbilissi, der Hauptstadt seines Heimatlandes, wo das Instrument gelandet war, nachdem es in einem georgischen Film der Sowjetzeit als Requisit mitgespielt hatte. Eine nachträglich hinzugefügte Aufschrift in den geschwungenen Buchstaben des georgischen Alphabets zeugte von diesem Filmauftritt – die zwei Wörter bedeuteten, wie Tariel mir erklärte, so etwas wie «Gute Gesundheit».

Er hatte den Kasten bei einem Heimatbesuch entdeckt, kurz nachdem er nach Odessa ausgewandert war, um sein Glück als Gastronom auf der anderen Seite des Schwarzen Meers zu suchen. Der Leierkasten hatte das Meer zweimal überquert – auf dem Hinweg ohne, auf dem Rückweg mit Tariel.

Unter den acht Melodien, die der Kasten spielen konnte, war ein georgisches Tanzlied. Tariel spielte es mir vor. Beim Kurbeln hielt er das Tempo nicht ganz exakt – der Leierkasten leierte. Auch die Pfeifen waren ein bisschen verstimmt. Trotzdem trieben mir die ungewohnten kaukasischen Tonfolgen fast die Tränen in die Augen. Es klang wie eine schräge Hymne an die Ein- und Auswandererstadt Odessa.

Als im späten achtzehnten Jahrhundert die ersten europäischen Baumeister an der Schwarzmeerküste eintrafen, stießen sie auf ein Problem. Katharina die Große hatte ihnen den Auftrag gegeben, eine Stadt in der Steppe zu bauen. Nicht erwähnt hatte die Zarin, dass es in der baumlosen, lehmlosen Graslandschaft praktisch kein Baumaterial gab.

Am Ende verlegten sich die Europäer darauf, das Baumaterial

auszugraben. Unter der schwarzen Steppenerde stießen sie auf ausgedehnte Kalksteinschichten, die sie abtragen und an die Oberfläche befördern ließen. Während oben die Häuser wuchsen, wuchsen unten die Tunnel. Insgesamt zweieinhalbtausend Kilometer lang sind die verzweigten Gänge des Katakombensystems, das bis heute die gesamte Stadt unterkellert.

Mit einer ukrainischen Reisegruppe stieg ich hinab in die Finsternis. Während wir mit Bauhelmen und Taschenlampen durch die gelblichen Kalksteintunnel liefen, erzählten unsere beiden odessitischen Führer Schauergeschichten. Nach dem Abzug der Baumeister waren die Banditen gekommen. Schmuggler und Räuber hatten sich in den Katakomben epische Schlachten mit der Polizei geliefert. Auch anderen Bevölkerungsgruppen, die das Tageslicht scheuten, boten die Tunnel bald Zuflucht, die Unterwelt wurde zur Parallelwelt. Verfolgte Glaubensgemeinschaften feierten hier unterirdische Messen, Liebespaare entkamen der Aufsicht ihrer Eltern, politische Gruppierungen schmiedeten Umsturzpläne. Als der Zweite Weltkrieg begann, versteckten sich sowjetische Partisanen in den Katakomben und bekämpften von hier aus Deutsche und Rumänen. Noch später, im Kalten Krieg, baute man die Tunnel zu Bombenkellern aus, in denen im Fall eines Atomkriegs die komplette Stadtbevölkerung Platz gefunden hätte.

Mit einem der beiden Führer kam ich unterwegs ins Gespräch. Jaroslaw war eigentlich Schauspieler. Mit den Führungen finanzierte er sein erstes Regieprojekt: Er drehte einen Fernsehfilm über den Partisanenkrieg.

«Die nächste Szene wird in den Katakomben spielen», erzählte er mir. «Wir machen hier eine richtig geile Schießerei, mit echten alten Kriegswaffen. Am Ende knallen die Partisanen die Rumänen ab. Ein Nazi-Offizier ist auch dabei, der stirbt natürlich am blutigsten.»

Plötzlich fiel ihm etwas ein.

«Sag mal, hast du übernächsten Sonntag was vor? Mir ist der Schauspieler abgesprungen, der den Nazi spielen sollte.»

Der andere Führer mischte sich in unser Gespräch ein.

«Du meinst Andrej? Der war sowieso eine Fehlbesetzung. Sieht überhaupt nicht wie ein Nazi aus.»

«Du dagegen ...» Jaroslaw ließ seinen Blick über meinen Körper wandern, vom deutschen Scheitel bis zur deutschen Sohle. «Perfekt!»

Wir tauschten unsere Nummern aus. Ich verließ Odessa ein paar Tage später, aber im weiteren Verlauf meiner Reise telefonierte ich mehrmals mit Jaroslaw, um ihm zu versichern, dass ich immer noch in der Ukraine war und zum Drehtermin an die Schwarzmeerküste zurückkehren könnte. Ich brannte förmlich darauf, meinen inneren Nazi in den Katakomben von Odessa sterben zu lassen. Leider verschob sich der Drehtermin immer weiter nach hinten. Der Kameramann war in Moskau; der Hauptdarsteller in Kiew; der Beleuchter krank; der Geldgeber abgesprungen. Als sich kurz vor meiner Rückfahrt nach Berlin abzeichnete, dass aus meiner odessitischen Filmkarriere vorerst nichts werden würde, war ich schwer enttäuscht.

Am nächsten Morgen nahm ich vom Zentralmarkt aus einen Bus, der in südwestlicher Richtung die odessitischen Außenbezirke durchquerte und überraschend schnell die offene Steppe erreichte. Ich war auf der Suche nach der alten deutschen Siedlung Alexanderhilf, dem Geburtsort des reisenden Völkerforschers Dr. Karl Stumpp.

In einem Atlas aus der Vorkriegszeit, den ich vor Jahren auf einem Berliner Flohmarkt gekauft hatte, war ich auf eine Karte der deutschen Schwarzmeerdörfer gestoßen. Etwa fünfzehn Kilometer südwestlich von Odessa hatte einst ein knappes Dutzend solcher Kolonistensiedlungen die Ufer eines kleinen Flusses namens Barabaj gesäumt. Ihre Namen klangen märchenhaft: Kleinliebental, Großliebental, Neuburg, Mariental, Josefstal, Peterstal, Freudental, Georgiental, Manheim und Franzfeld.

Inzwischen trugen sie ukrainische Namen, von denen nur manche die alten deutschen Wortwurzeln erkennen ließen: Malodolynske, Welykodolynske, Nowohradkiwka, Marjaniwka, Jossypiwka, Petrodolynske, Myrne, Sekretariwka, Kamjanka und Nadlymanske.

Aus Alexanderhilf war Dobroalexandriwka geworden. Der Bus setzte mich an einer Biegung in der Landstraße ab. Von der Haltestelle aus sah ich den schmalen Fluss, der einst die deutschen Siedlungen miteinander verbunden hatte. Eine Betonbrücke führte ins Dorfinnere.

Dobroalexandriwka bestand aus niedrigen Holz- und Steinhäusern, umgeben von Gemüsegärten. Im Zentrum des Anderthalbtausend-Einwohner-Dorfs stand eine alte Kirche, die erkennbar nicht als orthodoxes Gotteshaus gebaut worden war, obwohl auf ihrem deutschen Spitzgiebel ein orthodoxes Kreuz stand. Die Tür war verschlossen.

Ein älterer Mann, den ich vor der Kirche ansprach, schickte mich zum Kindergarten, als ich nach deutschstämmigen Einwohnern fragte.

Die Kindergärtnerin hieß Vera. Sie war Ende fünfzig und sprach sehr leise.

«Die Mäuschen sind gerade eingeschlafen», flüsterte sie. Wir standen im Hof des Kindergartengebäudes. «Ich habe nicht viel Zeit. Wenn sie aufwachen, muss ich wieder rein.»

Vera war in Tadschikistan aufgewachsen, als Kind eines deutschstämmigen Vaters, der im Krieg aus der Wolgaregion nach Zentralasien deportiert worden war und dort seine russische Frau kennengelernt hatte. Anfang der neunziger Jahre, als in Duschanbe Krieg ausbrach, war Vera mit ihrem tadschikischen Mann in die Ukraine geflohen.

Von den deutschen Familien, die ursprünglich in Dobroalexandriwka gelebt hatten, sei niemand übrig geblieben, flüsterte Vera. Die lutheranische Kirche sei in der Sowjetzeit als Clubhaus genutzt worden, jetzt gehöre sie den Orthodoxen. Es gebe noch ein paar andere Deutschstämmige im Ort, aber sie seien alle in den neunziger Jahren aus Zentralasien in die Ukraine gekommen, wie sie selbst. Gemeinsam hatten sie einen deutschen Kulturverein gegründet. Vera war die Leiterin.

«Was macht der Kulturverein so?», fragte ich.

Sie sah mich unsicher an. «Wir singen deutsche Lieder.»

«Was für welche?»

Vera wechselte in ein monotones Deutsch. «Alle Vöglein sind schon da oh Tannenbaum liebe Schwester tanz mit mir beide Hände reich ich dir ...»

Nervös rasselte sie die Liedtitel herunter. Sie schien sich unwohl dabei zu fühlen, ihr ungeübtes Deutsch in Gegenwart eines Deutschen vorzuführen. Ich fühlte mich wie ein Lehrer, der einen Schüler in eine Ecke gedrängt hat, ohne es zu wollen. Schnell wechselte ich das Thema.

«Sagt Ihnen der Name Karl Stumpp etwas?»

Sie hatte nie von ihm gehört. Der Völkerforscher war in seinem Geburtsort so gründlich vergessen, dass nicht einmal die Leiterin des deutschen Kulturvereins etwas von ihm wusste. Auf eine sicher ungerechte Art kam mir das gerecht vor.

Von drinnen war das Quengeln eines Kinds zu hören.

«Entschuldigen Sie», sagte Vera, immer noch flüsternd. «Ich muss rein.»

Bevor sie im Inneren des Gebäudes verschwand, drehte sie sich noch einmal um.

«Auf Wiedersehen», sagte sie, auf Deutsch.

Vergeblich suchte ich auf dem Dorffriedhof nach deutschen Gräbern. Alle Steine, an denen ich vorbeilief, waren aus der sowjetischen Ära. Ich hatte etwa die Hälfte des unkrautüberwucherten Gräberfelds abgesucht, als mich eine alte Frau ansprach.

«Suchen Sie was?»

«Alte Gräber», sagte ich. «Aus der deutschen Zeit.»

Sie deutete auf eine verwilderte Brachfläche auf der anderen Seite des Friedhofs.

«Die waren da drüben. Aber das ist lange her.»

Ich lief durch das hüfthohe Gestrüpp. An ein paar Stellen stolperte ich über alte Grabsteine, aber sie waren zerbrochen und verwittert, der Regen hatte ihre Inschriften unkenntlich gemacht.

Die alte Frau war am Rand der Brachfläche stehen geblieben und beobachtete mich.

«Sie werden hier nichts finden!», rief sie mir plötzlich zu. «Im ganzen Dorf werden Sie nichts Gutes finden! Es geht alles den Bach runter! Verschwinden Sie besser!»

Dann drehte sie sich um und ging ihrer Wege.

Ich folgte ihrem Rat und wanderte in nördlicher Richtung am schilfbewachsenen Flussufer entlang, bis ich nach ein paar Kilometern das nächste Dorf erreichte, Nowohradkiwka, das ehemalige Neuburg.

Die Kirche von Nowohradkiwka war mindestens doppelt so groß wie die von Dobroalexandriwka. Auch sie stammte erkennbar aus der deutschen Ära, auch sie schien in der Sowjetzeit als Clubhaus genutzt worden zu sein: «Dom Kultury» stand in großen Lettern auf dem Giebel, Haus der Kultur. Aber während die Kirche des Nachbardorfs inzwischen wieder als Gotteshaus genutzt wurde, war die

Kirche von Nowohradkiwka eine Ruine. Das Dach war eingestürzt, Risse zogen sich durch die Seitenwände, der bröckelnde Putz entblößte wacklige Backsteine. Wie ein hässliches Schiffswrack ragte der alte Bau aus dem Grasmeer der Steppe.

Von allen Dörfern, die ich bisher in der Ukraine gesehen hatte, war Nowohradkiwka das trostloseste. Ein grauer Schleier schien über dem Ort zu liegen, obwohl der Himmel wolkenlos war und die Sonne strahlte. Morsche Holzhäuser und schiefe Steinhäuser säumten die Hauptstraße, in den Gemüsegärten lag Metallschrott. Die Bushaltestelle am Ortseingang, ein kleines Betonhäuschen, stank nach Urin. Unter der Wartebank lag ein Betrunkener, der mit verrenkten Gliedern und offenem Mund seinen Rausch ausschlief. Seine rechte Hand blutete. Niemand beachtete ihn.

Im Lebensmittelladen kaufte ich ein paar eingeschweißte Rosinenbrötchen und einen Apfel.

«Deutsche?» Die Verkäuferin schüttelte den Kopf. «Hier gibt's keine Deutschen mehr.»

Sie musste um die sechzig sein. Noch einmal schüttelte sie den Kopf. «Schon lange nicht mehr. In meiner Schulklasse gab es noch ein paar, aber das ist ewig her. Wir haben sie ‹Faschisten› genannt.»

Sie lachte.

«Fanden sie nicht lustig. Wir sind keine Deutschen, haben sie immer gesagt, wir sind von hier! Aber kaum konnten sie auswandern, waren sie ganz schnell wieder Deutsche. Sind alle abgehauen, in den Neunzigern, nach Deutschland.»

«Gibt es einen deutschen Friedhof?», fragte ich.

Wieder schüttelte sie den Kopf. «Es gab mal einen. Als Kind bin ich da rumgeklettert. Aber die alten Grabsteine sind weg. Da liegen jetzt andere begraben.»

Ich nickte stumm. Als ich gerade gehen wollte, fiel der Verkäuferin etwas ein.

«Oder suchen Sie die deutsche Siedlung?»

«Die was?»

«Die neuen Häuser am Dorfrand. Aber Deutsche werden sie da keine finden. Da gibt's nur Kasachen, Usbeken, Tadschiken, Russen. Sind hier in den Neunzigern angekommen. Angeblich haben die deutsche Vorfahren, aber das kann ja jeder sagen. Wenn das Deutsche sind, bin ich Französin.»

Die deutsche Siedlung bestand aus ein paar Dutzend Häusern aus weißen, unverputzten Klinkersteinen. Der einzige Mensch, der mir auf den staubigen Fußwegen begegnete, war ein alter Mann mit einer Schubkarre voller Walnüsse.

«Gutes Business», sagte er, als ich ihn auf die Walnüsse ansprach. «Bringt ordentlich Geld. Aber bald ist die Ernte alle, dann muss ich mir was anderes einfallen lassen.»

Er lachte. An seiner linken Hand fehlte der Zeigefinger.

Ich fragte ihn, ob er Deutscher sei.

Er schüttelte den Kopf. «Ich nicht. Meine Frau.»

Die Siedlung, erzählte er, sei in den neunziger Jahren gebaut worden, für deutschstämmige Umsiedler aus Sibirien und Zentralasien. Die ukrainische Regierung hatte das Land zur Verfügung gestellt, die deutsche das Geld.

«Damit die Umsiedler nicht alle nach Deutschland ausreisen», sagte er lachend. «Die sprechen ja alle nur noch Russisch, was soll Deutschland mit denen anfangen?»

«Es gibt hier niemanden mehr, der Deutsch spricht?», fragte ich.

Er überlegte einen Moment. Dann stellte er seine Schubkarre ab. «Doch. Komm mit, ich bringe dich hin.»

Wir steuerten auf eins der weiß verklinkerten Häuser zu. Der alte Mann klopfte laut an die Eingangstür. Es dauerte eine Weile, bis von innen ein zweiter alter Mann die Tür öffnete. Er sah verschlafen aus.

«Sascha!», rief der Walnussmann. «Sieh mal, ich habe dir einen Deutschen mitgebracht! Sag was auf Deutsch!»

Der Mann sah erst mich, dann seinen Nachbarn, dann wieder mich an. Er wirkte überfordert. Wieder fühlte ich mich wie ein Lehrer, der einen Schüler in eine unangenehme Lage bringt. Ich wollte gerade zu einem klärenden Wort ansetzen, als sich der Mann räusperte.

«Es freit mich sehr, einen Landsmann kennenzulernen», sagte er. «Mein Name ist Michel. Alexander Michel.»

Sein Deutsch war klar und melodiös, und der Akzent klang nicht nach regionaler Färbung, sondern nach der Art von Hochdeutsch, die in sehr alten Filmen gesprochen wird.

«Gut», sagte der Walnussmann. «Dann lasse ich euch beide mal alleine.»

Auf Deutsch stellte ich mich vor und erklärte Alexander, was mich hergeführt hatte. Lächelnd hörte er mir zu. Sein Gesicht war furchig und müde, aber in seinen Augen war eine jungenhafte Neugier.

Von drinnen hörte ich plötzlich eine russische Frauenstimme.

«Was steht ihr auf der Türschwelle rum? Kommt rein!»

Alexanders Frau hieß Swetlana. Sie verstand nur wenig Deutsch, weshalb wir ins Russische wechselten, als wir zu dritt am Küchentisch Platz genommen hatten. Immer mal wieder aber streute Alexander deutsche Wörter und Sätze in seine Erzählungen, deren altertümlicher Akzent mir mit jeder Wiederholung mehr ans Herz wuchs.

Obwohl die Michels seit fast zwanzig Jahren in Nowohradkiwka lebten, wirkte ihr Haus, als seien sie gerade erst eingezogen. Das Mobiliar war spärlich, die Wände kahl. Nachdem ich den beiden eine Weile zugehört hatte, begriff ich, dass sie sich nur übergangsweise hier eingerichtet hatten. Sie wollten nach Deutschland. Ihr

Antrag lag bei den Behörden, Alexander Michel hoffte, im Land seiner Vorfahren aufgenommen zu werden.

Zur Welt gekommen war er 1949 in einem nordkasachischen Steppendorf namens Makejewka. Michels Eltern und Großeltern stammten nicht aus der Ukraine, sondern aus den deutschen Siedlungsgebieten an der Wolga, die ähnlich wie die Schwarzmeerkolonien unter Katharina der Großen entstanden waren. Nach Lenins Revolution hatte dort dasselbe Drama seinen Lauf genommen wie in der Ukraine. Anfangs förderten die Bolschewiken die nationale Eigenständigkeit der Deutschstämmigen, ihre Siedlungsgebiete wurden in den zwanziger Jahren zur «Autonomen Sozialistischen Sowjetrepublik der Wolgadeutschen» aufgewertet. Als Hitler und Stalin ihren Freundschaftsvertrag von 1939 unterschrieben, wurde gar ein Besuch des Führers in den Wolgagebieten geplant, für den die örtlichen Sowjetbehörden Hakenkreuzfähnchen in den deutschen Dörfern verteilen ließen. Bevor es dazu kam, platzte die faschistisch-sowjetische Freundschaft, und Stalin ließ seinen Zorn an den Russlanddeutschen aus. Der Deportationsbefehl vom 28. August 1941 liest sich wie der innere Monolog eines Paranoikers.

> *Nach glaubwürdigen Angaben, in deren Besitz die Militärbehörden gelangt sind, befinden sich unter der deutschen Bevölkerung der Wolga-Rajons Tausende und Zehntausende von Diversanten und Spionen, die nach einem Signal aus Deutschland Sprengstoffanschläge in den wolgadeutschen Rajons durchführen sollen. Über die Anwesenheit einer so großen Zahl von Diversanten und Spionen hat keiner der in den Wolga-Rajons lebenden Deutschen den sowjetischen Behörden Meldung erstattet. Folglich verbirgt die deutsche Bevölkerung in ihrer Mitte Feinde des sowjetischen Volkes und der Sowjetmacht.*

Dass die Deutschstämmigen mit den Nazis unter einer Decke stecken mussten, zeigte sich spätestens bei der Deportation, als die Vertreibungskommandos in den Häusern einzelner Siedler auf Hakenkreuzfähnchen stießen. Obwohl ihre Besitzer beteuerten, die Flaggen wenige Monate zuvor von den Sowjetbehörden erhalten zu haben, erschoss man sie umstandslos. Der Rest, fast eine halbe Million Menschen, wurde von der Wolga vertrieben, die Autonome Sowjetrepublik löste man auf. Noch einmal annähernd so viele Deutschstämmige wurden im folgenden Kriegsjahr aus allen übrigen Teilen der Sowjetunion deportiert. Die Russlanddeutschen landeten in Sibirien, in der Uralregion und in den Steppen Zentralasiens.

Acht Jahre später war Alexander Michel zur Welt gekommen. Als Kind hatte er noch die lagerähnlichen Bedingungen erlebt, unter denen seine Eltern und Großeltern in Kasachstan gelebt hatten. Die Deutschstämmigen wurden vom Rest der Bevölkerung abgesondert, man setzte sie wie Strafgefangene als Zwangsarbeiter ein, sie hatten sich regelmäßig bei den Militärbehörden zu melden, um sicherzustellen, dass sie ihren Verbannungsort nicht verließen. Das Kommandantur-Regime wurde erst 1956 aufgehoben, ein paar Jahre nach Stalins Tod. Weiterhin aber durften die Vertriebenen nicht an ihre alten Wohnorte zurückkehren, nicht einmal nach ihrer offiziellen Rehabilitierung im Jahr 1964, als die Deportation für ungerechtfertigt erklärt wurde.

Drei Generationen deutscher Michels hatten im Haus der Familie in Makejewka gelebt.

«Mein Großvater hieß Christian, sein Vatersname war Christianowitsch», sagte Michel. «Mein Vater hieß Alexander Christianowitsch. Ich bin Alexander Alexandrowitsch.»

Der Name seiner Großmutter fiel Michel nicht auf Anhieb ein. Er hatte sie immer nur Oma genannt.

«Pärwel ... oder Wärwel ...»

«Bärbel?»

«Ja!»

Christian Christianowitsch Michel war Pastor. Der Großvater hatte vor der Deportation eine lutheranische Kirchgemeinde an der Wolga geleitet. Ein paar christliche Bücher hatte er bei der Vertreibung mit nach Kasachstan geschmuggelt, daraus las er abends seinem Enkel vor, auf Deutsch, damit Alexander die Sprache lernte.

«Er hat immer zu mir gesagt: Draußen kannst du Kasachisch reden oder Russisch oder Chinesisch, aber zu Hause wird Deutsch gesprochen.»

Die Großmutter sprach kein Wort Russisch. Bis an ihr Lebensende drückte sie sich im Dialekt ihrer bayerischen Vorfahren aus. «Hochdeitsch war das nicht», sagte Michel. «Hochdeitsch sprach nur der Großvater.»

Alexander Christianowitsch Michel war Schachtarbeiter. Der Vater hatte sich den Beruf nicht ausgesucht, man hatte ihn nach der Ankunft in Kasachstan in ein Bergwerk geschickt. In der Kantine verliebte er sich in eine Kellnerin, Michels Mutter, die ebenfalls von der Wolga stammte. Auch sie war nicht freiwillig Kellnerin geworden.

Manchmal, sagte Michel, hätten die Eltern mit ihren fünf Kindern deutsche Lieder gesungen. Einen Moment lang schwieg er, als durchsuche er seine Erinnerungen.

«Da das neie Jahr gekommen ...»

Seine Singstimme war vorsichtig und ungeübt.

«... hab' ich mir es vorgenommen ...»

Nach den ersten zwei Zeilen stockte er.

«Es ist lange her. Ich war noch ein Bub.»

An den Namen des Lieds konnte er sich nicht erinnern. Als ich später nach den beiden Zeilen suchte, fand ich ein ähnlich klingendes Goethe-Gedicht, aber kein dazu passendes Lied.

Alexander hatte in Kasachstan gelebt, bis er 1968 zum Armeedienst eingezogen wurde. Etwa zeitgleich siedelten seine Eltern nach Dagestan um, auf ärztliches Anraten. Der Vater hatte sich in den kasachischen Bergwerken die Lungen ruiniert, das milde kaukasische Klima sollte ihm den Ruhestand verlängern. Trotzdem starb er noch vor den Großeltern, die ihre letzten Jahre in Kasachstan verbrachten, ohne die Wolga je wiedergesehen zu haben.

Fünfzehn Jahre lang blieb Alexander in der Armee. «Fähnrich war ich», sagte er, auf Deutsch. «Bei der Luftwaffe.»

Eine Zeitlang diente er in der Nähe von Leningrad, später im usbekischen Taschkent, wo er Swetlana kennenlernte, deren russische Eltern aus der Uralregion stammten. Nach der Hochzeit wurde Alexander in die DDR abkommandiert. Sechs Jahre lang hatten er und Swetlana auf einer sowjetischen Militärbasis in Rangsdorf gelebt, fünfzehn Kilometer südlich von Berlin. Das bisschen Deutsch, das Swetlana sprach, hatte sie sich in den brandenburgischen Jahren angeeignet, obwohl die Michels als sowjetische Militärangehörige kaum Kontakt zur ostdeutschen Bevölkerung hatten, sie lebten weitgehend isoliert in ihrer Kaserne. Nur gelegentlich konnten sie die Familie eines Rangsdorfers besuchen, mit dem sich Alexander in jenen Tagen anfreundete.

«Ulrich Höppner hieß er. Leider haben wir uns aus den Augen verloren. Wer weiß, vielleicht liest er dein Buch und erinnert sich an mich.»

Nach Alexanders Demobilisierung waren die Michels zurück nach Taschkent gegangen, zu Swetlanas Eltern. Alexander fand Arbeit als KFZ-Mechaniker, oder «Autoschlosser», wie er es auf Deutsch nannte. Als die Sowjetunion in ihre Einzelteile zerfiel, wurde es brenzlig in Usbekistan. Die Angst vor einem Bürgerkrieg ging um, und die Michels, die inzwischen zwei Kinder hatten, suchten nach Fluchtwegen. In einem Kulturverein der russlanddeutschen Minderheit hörte Alexander in jenen Tagen, dass in der Ukraine neue Siedlungen für Deutschstämmige gebaut wurden. Offiziell hieß es, die ukrainische und die deutsche Regierung hätten sich darauf verständigt, gemeinsam das Unrecht wiedergutzumachen, das den Russlanddeutschen im Krieg zugefügt worden war. Inoffiziell versuchte Deutschland, sich wenigstens einen Teil der fast zwei Millionen Spätaussiedler vom Leib zu halten, die im Lauf der neunziger Jahre in die Bundesrepublik strömen sollten. Die junge Ukraine wiederum freute sich über das deutsche Geld, das in die neuen Siedlungen floss.

Die Michels verließen Usbekistan 1992. Drei Jahre lang lebten sie in einem Übergangslager, bevor sie sich in Nowohradkiwka niederließen, zusammen mit ein paar Dutzend anderen deutschstämmigen Familien, deren Vorfahren überwiegend aus der Wolgaregion stammten. Ähnliches geschah zeitgleich auch in den Nachbarsiedlungen. Es war eine seltsame Art von Rückkehr. Die alten Dörfer am Fluss Barabaj füllten sich wieder mit Deutschen, wenn auch nicht mit den Nachkommen der Schwarzmeerdeutschen, die im Krieg aus ihnen verschwunden waren.

«Die Ukraine ist ein gutes Land», sagte Alexander. «Bloß kommt sie nicht aus ihrer Grube heraus. Als wir hier ankamen, hatten wir noch Hoffnung. Aber von Jahr zu Jahr ist es schwieriger geworden.»

Die Michels lebten von ihren schmalen Renten. Schon im letzten Winter hatten sie sich mit dem Heizen sehr zurückgehalten. In diesem Jahr waren die Gaspreise um ein Vielfaches gestiegen. Bangend sah das Paar dem zweiten ukrainischen Kriegswinter entgegen.

Vor ein paar Jahren hatte Alexander zusammen mit seinem Sohn beantragt, in Deutschland aufgenommen zu werden, in der Hoffnung, irgendwann Swetlana nachholen zu können, die keine deutschen Wurzeln hatte. Der Ausgang des Verfahrens war offen, und die Fernsehbilder der letzten Monate hatten den Michels wenig Mut gemacht.

«All diese Kriegsflüchtlinge in Deutschland», seufzte Swetlana. «Jetzt werden sie uns erst recht nicht mehr ins Land lassen.»

Ich versicherte ihnen, dass das eine nichts mit dem anderen zu tun hatte, aber sie wollten mir nicht glauben. Ein Krieg hatte Alexanders Vorfahren von der Wolga vertrieben. Aus Kriegsangst waren die Michels aus Usbekistan geflohen. Jetzt herrschte auch in der Ukraine Krieg, und den Fluchtweg nach Deutschland schien ihnen wieder ein Krieg zu verbauen, der syrische.

«Was wir auch tun, wir entkommen dem Krieg nicht», sagte Swetlana.

Kurz bevor wir uns verabschiedeten, erzählte mir Alexander, dass es in der Siedlung noch einen zweiten Mann gebe, der Deutsch spreche.

«Der Schäfer. Aber der spricht Schwäbisch, kein Hochdeitsch.»

Wenn sich die beiden im Dorf begegneten, unterhielten sie sich immer ein paar Minuten miteinander, der schwäbische Schäfer und der hochdeutsche Michel, die Einzigen in Nowohradkiwka, die noch die Sprache ihrer Vorfahren beherrschten.

Um sie nicht zu vergessen, hielt Alexander jede Nacht, wenn er sich schon ins Bett gelegt hatte, vor dem Einschlafen für ein paar Minuten die Augen offen. Er starrte dann konzentriert in die Dunkelheit und dachte nach, auf Deutsch. Nacht für Nacht lauschte er dem Klang seiner eigenen Gedanken, bis ihm irgendwann die Augen zufielen und er einschlief, und manchmal, nicht oft, aber immer wieder, hallten die deutschen Wörter in seinen Träumen nach.

DIE RACHE DER SKYTHEN

Zwei Wege führten von Odessa aus auf die Krim. Der eine war simpel, aber strafbar. Der andere war korrekt, aber ein bürokratischer Albtraum.

Einfach wäre es gewesen, über Moskau nach Simferopol zu fliegen, mit einem russischen Touristenvisum. Für die ukrainischen Behörden aber war die Krim nach wie vor ukrainisches Staatsgebiet, auch wenn sie, wie die offizielle Formulierung lautete, «zeitweise besetzt» war. Wer die Halbinsel von Russland aus anflog, betrat die Ukraine folglich illegal, da Krimreisende auf diesem Weg die ukrainischen Grenzkontrollen umgingen. Der einzige legale Weg führte über die Festlandverbindung.

Obwohl die Ukrainer in der Praxis gar keine Möglichkeit hatten, Grenzübertritte auf dem Luftweg überhaupt zu registrieren, hatte ich beschlossen, mich an die Spielregeln zu halten – teils aus Verständnis für die Kiewer Position, aber hauptsächlich aus Neugier. Ich wollte wissen, wie der Übergang zwischen Festland und Halbinsel inzwischen aussah, den Russland seit dem Krim-Anschluss als Staatsgrenze betrachtete, während er für die Ukrainer zur Frontlinie geworden war.

Es hatte Wochen gedauert, die notwendigen Dokumente zu beantragen. Als Ausländer brauchte ich eine Sondergenehmigung der ukrainischen Migrationsbehörde; als Journalist ein Beglaubigungsschreiben des Kiewer Informationsministeriums. Zusätzlich hatte ich mir ein russisches Pressevisum und eine Akkreditierungskarte des Moskauer Außenministeriums besorgen müssen, weil ein Touristenvisum an der umstrittenen Landgrenze zu viele Fragen aufgeworfen hätte.

Mit einem Bündel Papieren im Gepäck bestieg ich einen Überlandbus, der Odessa in östlicher Richtung verließ und an der Küste entlangfuhr, während die Sonne im Schwarzen Meer versank.

Weit nach Mitternacht erreichten wir die Grenze. Mitten in der Steppe entlud der Bus seine Passagiere und fuhr zurück nach Odessa. Die Nacht war sternklar. Links und rechts der Landstraße waren Schützengräben ausgehoben, dahinter strich der Küstenwind durch kniehohes Gras, so weit das Auge in der Dunkelheit reichte. Ein paar ukrainische Soldaten mit geschulterten Sturmgewehren bewachten einen einsamen Betonbunker.

Der ukrainische Grenzkontrollpunkt bestand aus ein paar provisorischen Plastikcontainern. Der Reihe nach schleppten die Buspassagiere ihr Gepäck an müden Grenzern vorbei. Ich war überrascht, als mir einer der Beamten einen Ausreisestempel in den Pass drückte.

«Verlasse ich denn die Ukraine?», fragte ich.

«Nein», antwortete er routiniert. «Sie betreten das zeitweise besetzte Territorium der Autonomen Republik Krim.»

Hinter den Containern begann das Niemandsland. Mit Rollkoffern, Rucksäcken und Reisetaschen liefen die Passagiere durch die Nacht. Die Scheinwerferbeleuchtung der ukrainischen Grenzbauten blieb bald hinter der Fußgängerkolonne zurück, es wurde stockfinster. Niemand sprach ein Wort, nur das Rauschen des windbewegten Steppengrases war in der Nacht zu hören, und das Rumpeln der Rollkoffer.

Nach etwa einem Kilometer Fußweg erreichten wir die russische

Grenze, die genauso provisorisch aussah wie die ukrainische. Ich betrat einen Containerbau, in dem zwei russische Beamte hinter erhöhten Schaltertischen saßen. Der rechte Mann sah jung und unerfahren aus. Der linke wirkte älter und wacher. Ich stellte mich in die rechte Schlange.

«Mit welchem Ziel reisen Sie auf die Krim?», fragte mich der junge Grenzer, als ich an der Reihe war.

«Ich bin Journalist.»

«Worüber wollen Sie berichten?»

«Ich interessiere mich für das historische Erbe der Krim.»

Der Beamte nickte abwesend. Etwas lenkte ihn ab. Er sah hinüber zu seinem älteren Kollegen, vor dessen Schalter sich gerade ein Drama entfaltete.

«Hatten Sie mit diesem Dokument schon mal Schwierigkeiten?», fragte der ältere Zollbeamte den Mann, der vor ihm stand. Er wedelte mit einem blauen, ukrainischen Pass.

Der Ukrainer schüttelte stumm den Kopf.

«Jetzt haben Sie welche», sagte der Zollbeamte kühl.

Eine Pause entstand. Überrascht sah der Ukrainer den Grenzer an. Alle Köpfe im Raum drehten sich in die Richtung des linken Schalters, in den Warteschlangen verstummte jedes Gespräch.

«Laut diesem Dokument», fuhr der Zollbeamte fort, «haben Sie im vergangenen April Ihren fünfundzwanzigsten Geburtstag gefeiert.»

Der Ukrainer war erkennbar nicht fünfundzwanzig. Er sah eher aus wie fünfundvierzig. Ängstlich sah er den russischen Beamten an.

«Standen Sie schon mal unter Terrorismusverdacht?», fragte der Grenzer weiter.

«Nein!», antwortete der Mann entsetzt.

«Planen Sie Provokationen auf dem Territorium der Russischen

Föderation? Gehören Sie einer terroristischen Vereinigung an? Schmuggeln Sie Waffen?»

Der Ukrainer wurde immer blasser. Während die Fragen auf ihn einprasselten, starrte der junge Zollbeamte, vor dem ich immer noch stand, wie gebannt seinen älteren Kollegen an. Ohne mich noch einmal anzusehen, drückte er mir einen russischen Einreisestempel in den Pass und gab mir das Dokument zurück. Bevor er es sich anders überlegen konnte, verließ ich den Container, weshalb ich leider nicht mitbekam, wie das Drama am anderen Schalter ausging.

Auf der anderen Seite der Grenze wartete ein zweiter Bus auf die Passagiere. In den frühen Morgenstunden kam er in Simferopol an, der Hauptstadt der Krim.

In einem alten sowjetischen Betonhotel schlief ich mich gründlich aus, bevor ich ins Stadtzentrum ging. Brandneue Schilder wiesen mir den Weg – die ukrainischen Straßennamen waren gegen russische ausgetauscht worden. Meist war der Unterschied minimal. Aus der Wulyzja Lenina war die Uliza Lenina geworden, aus der Wulyzja Bilschowyzka die Uliza Bolschewistskaja. Es war paradox: Während in der Festlandukraine alles Sowjetische aus dem Straßenbild verbannt werden sollte, hängte man hier neue Schilder mit altbekannten Namen auf. Alle sowjetischen Helden waren noch an ihrem Platz – ich sah Kirow-Straßen, Kalinin-Straßen, Schukow-, Lunatscharskij- und Majakowskij-Straßen. Allein Marx hatte die Russifizierung nicht überstanden. Die Wulyzja Karla Marxa war zu ihrem vorrevolutionären Namen zurückgekehrt, sie hieß jetzt wieder Uliza Jekaterininskaja, nach der Zarin, der Russland die Krim verdankte. Im April 1783, nach ihrem Krieg gegen die Türken, hatte Katharina die Halbinsel zu russischem Eigentum erklärt, «von jetzt an und für alle Zeiten».

Wie ein Echo dieses Zarinnenschwurs klang die Losung, die unter den allgegenwärtigen Putin-Plakaten stand. In Überlebensgröße lächelte Russlands Herrscher seine neuen Untertanen an. Außer seinem Gesicht zierten nur drei Wörter die Plakate: «Krim. Russland. Ewig.»

Die dritte russische Herrscherfigur sah ich, als ich einen der Fußgängertunnel verließ, die die breiten sowjetischen Prospekte der Innenstadt unterkellerten. Stufe um Stufe stieg ich einem blauen Stück Himmel entgegen, vor dem plötzlich der Kopf einer Statue auftauchte, gefolgt von den Schultern, der Brust, einem erhobenen Arm – ich blieb auf der Treppe stehen. Der Tunnelausgang rahmte den Oberkörper eines Mannes, der mir auf meiner bisherigen Reise nur als Phantomdenkmal begegnet war: Lenin.

Obwohl mir der Anblick von meinen vergangenen Reisen in die Ukraine und nach Russland bestens vertraut war, starrte ich das Denkmal an, als sähe ich Lenin zum ersten Mal. Ich verließ den Tunnel, überquerte den Platz und blieb zu Füßen der Statue stehen, die inklusive Sockel gut zehn Meter hoch sein musste. Lenins linke Hand ruhte auf einem Stehpult, in der rechten hielt er ein Redemanuskript, das er nicht ansah. Seine Augen waren in die Ferne gerichtet, er trug seine Revolutionspoesie frei vor.

Dass niemand auf dem Platz ihm Aufmerksamkeit schenkte, war nicht überraschend. Seit Jahren fiel mir auf, dass Russen und Ukrainer die allgegenwärtigen Lenin-Denkmäler im Grunde wie Bäume oder Laternenpfähle behandelten – man versuchte, nicht gegen sie zu rennen, ansonsten nahm man sie nicht weiter wahr. Lenins Anwesenheit war eine Selbstverständlichkeit gewesen. Erst jetzt, wo sie es jenseits der Krim nicht mehr war, schien das Denkmal vor mir plötzlich wieder eine Botschaft auszustrahlen – es wirkte erneuert, verjüngt, selbstbewusst anachronistisch. Lenin, der stumme Redner, hatte seine Sprache wiedergefunden.

Neben der Kasse des Taurischen Museums stand eine kleine, durchsichtige Spendenbox. Sie war halb voll mit druckfrischen Rubelscheinen. Gesammelt wurde für die Wiedererrichtung des alten Katharina-Denkmals von Simferopol, das die Bolschewiken nach der Revolution gesprengt hatten. Ein kleines Modell der Statue stand ebenfalls an der Kasse. Die Proportionen wirkten ein bisschen missglückt, die Zarin sah sehr füllig aus. Die Museumsbesucher schien das nicht zu stören. Schein um Schein füllte sich die Spendenbox. Der Rubel war auf die Krim zurückgekehrt, nun sollte auch Katharina zurückkehren.

Im ersten Stock des historischen Museums lief eine eilig angesetzte Sonderausstellung: «Die Krim in der Geschichte Russlands». Katharina war hier überall, die Ukraine nirgends. Es war, als hätten die vergangenen zweieinhalb Jahrzehnte gar nicht stattgefunden, als sei die ukrainische Periode nur ein schlechter Traum gewesen, aus dem die Krim nun endlich erwacht war. Flüchtig erwähnt wurde Nikita Chruschtschows folgenreicher Beschluss von 1954, mit dem die Halbinsel aus dem Verwaltungsbereich der Russischen Sowjetrepublik in die Ukrainische Sowjetrepublik überführt worden war. Die Auswirkungen dieses Wechsels hatten die überwiegend russischen Krimbewohner erst 1991 zu spüren bekommen: Plötzlich gehörte ihre Halbinsel zur nunmehr unabhängigen Ukraine.

Nun aber, wo dieser Irrweg beendet war, konnten die Museumsbesucher in älteren, glücklicheren Erinnerungen schwelgen. An den ewig russischen Küsten der Krim hatten die Moskauer Parteioberen Urlaub gemacht, und lange vor ihnen die Imperatoren aus Sankt Petersburg. Eine Fotoserie dokumentierte die gesammelten Schwarzmeerreisen der letzten Romanow-Familie, aufgenommen wenige Jahre vor ihrer Ermordung durch die Bolschewiken. Zar Nikolaj II. beim Tennisspielen. Der Zar auf dem Gipfel des

Aj-Petri, gemeinsam mit Gattin Alexandra. Der Zar im gestreiften Schwimmanzug, in seinen Armen Alexej, der kindliche Thronfolger. Prinzessin Tatjana am Strand von Jewpatorija, in lasziver Seitenlage, aber züchtig bekleidet.

Eine Museumsmitarbeiterin lachte, als ich sie fragte, ob der ukrainisch-russische Verwaltungswechsel nicht große Umstellungen im Museumsbetrieb mit sich gebracht habe.

«Mit Kiew hatten wir auch vorher kaum Kontakt», sagte sie. «Wir haben schon immer enger mit den Museen in Russland zusammengearbeitet. Die Geschichte der Krim hat einfach nichts mit der ukrainischen zu tun.»

Überrascht sah ich sie an. Keine fünf Minuten zuvor hatte sie über die Migrationswege der alten nomadischen Reitervölker gesprochen, die nicht nur die Krim, sondern auch die Steppengebiete im Südosten der Ukraine bevölkert hatten. Als ich den Widerspruch aufzudröseln versuchte, lächelte sie nur spöttisch. Ihr Blick sagte deutlich, dass sie die gesamte Südostukraine für russisches Territorium hielt.

Die Realität war komplizierter. Tatsächlich hatte das «Wilde Feld», wie die Steppengebiete einst geheißen hatten, in den Jahrhunderten und Jahrtausenden vor Katharinas Eroberungen auch mit Russland wenig zu tun gehabt. Das Taurische Museum war der beste Ort, um sich davon zu überzeugen. Die Dauerausstellung war mit Hinterlassenschaften der alten Reitervölker gefüllt, die lange vor dem Auftauchen der Slawen die Steppe beherrscht hatten: sarmatische Pferdegeschirre, Speere und Helme der Polowzer, Hunnen, Goten und Tataren, skythische Haschischpfeifen.

Ein paar Lücken klafften in den Vitrinen des Antikensaals. Ihretwegen war ich gekommen. Es fehlten ein schafsförmiges Trinkgefäß, die Bronzefigur eines Flügelgreifs, ein Pferdemundstück und etwa fünfzehn weitere Stücke aus der skythischen Ära. Kleine Papierzettel lagen an ihrer Stelle in den Vitrinen, bedruckt mit einer knappen Erklärung: «Exponat befindet sich in Amsterdam.»

Im Herzen Amsterdams, am Ufer der Rokin-Gracht, liegt das Allard-Pierson-Museum. Das kleine, traditionsreiche Ausstellungshaus ist eigentlich auf die römische, griechische und ägyptische Antike spezialisiert. Die Krim war Neuland für die Museumsmitarbeiter, als sie im Februar 2014 eine Ausstellung mit Kunstschätzen vom Schwarzen Meer eröffneten. Gezeigt wurden knapp sechshundert Leihgaben aus fünf ukrainischen Museen.

Einen Monat nach der Ausstellungseröffnung annektierte Russland die Krim. Kurzfristig bescherte die Nachricht dem Allard-Pierson-Museum einen unerwarteten Besucherandrang – viele Amsterdamer wollten plötzlich das Skythengold vom Schwarzen Meer sehen, weil sie es mit den Fernsehbildern von der Krim verbanden.

Die Ausstellungsmacher freuten sich. Bis ihnen klarwurde, dass ein verzwicktes Problem auf sie zukam. Die Ausstellung lief bis Mai, danach sollten die Leihgaben zurückgegeben werden, so war es vereinbart. Bloß: Wem sollte man sie zurückgeben? Vier der fünf beteiligten Museen befanden sich auf der Krim. Zum Zeitpunkt der Ausleihe waren ihre Sammlungen ukrainisches Staatseigentum gewesen. Jetzt lagen die Museen de facto auf russischem Territorium.

Bald trafen Rückgabeforderungen von beiden Seiten ein. Die Krim-Museen wollten ihre Exponate wiederhaben. Das Kiewer Kulturministerium dagegen argumentierte, die Leihgaben seien nach wie vor ukrainisches Eigentum, sie gehörten nach Kiew. In Amsterdam wurde man nervös. Es ging um einen Ausstellungswert von fast anderthalb Millionen Euro. Man konnte nicht riskieren, die Kunstschätze der einen Seite zurückzugeben und von der anderen auf Schadenersatz verklagt zu werden. Am Ende wandte sich die

Amsterdamer Museumsleitung an ein niederländisches Gericht, mit der Bitte, die Rückgabeforderungen juristisch zu beurteilen.

Der Ausgang des Verfahrens war offen, als ich ein paar Monate vor meiner ukrainischen Reise das Allard-Pierson-Museum in Amsterdam besuchte. Eine verängstigte Pressesprecherin bemühte sich, keine meiner Fragen zu beantworten. Welche Haltung nahm das Museum in der Streitfrage ein? «Kein Kommentar.» Gab es außergerichtliche Einigungsversuche mit den Krim-Museen und dem Kulturministerium? «Auch das kann ich nicht kommentieren.» Wo befanden sich die Kunstschätze derzeit? «An einem sicheren Ort.» Waren sie noch im Museum? «Dazu kann ich nichts sagen.» Könnte ich kurz die Toilette benutzen? «Auch dazu kann ich ... ja, natürlich.»

Angefangen, sagte Valentina Mordwinzewa, habe alles mit vier chinesischen Schatullen.

Wir saßen im Arbeitszimmer des kleinen Hauses in Simferopol, das Valentina mit ihrer alten Mutter und einem zotteligen Kater teilte. Überquellende Bücherregale säumten die Wände. Im Gespräch zog Valentina einen Bildband nach dem anderen heraus, um mir Details der komplizierten Geschichte zu veranschaulichen, die mit vier chinesischen Schatullen begonnen und mit einem internationalen Rechtsstreit geendet hatte.

Sie war eine wunderbare Frau. Schon in den E-Mails, mit denen wir unser Treffen verabredet hatten, war mir ihre Intelligenz aufgefallen, ihre Wärme, ihre Offenheit, ihr Humor. Jetzt, wo sie mir gegenübersaß, eine charismatische, etwa fünfzigjährige Frau in einem blau gestreiften Matrosenunterhemd, hing ich an ihren Lippen. Selbst die komplexesten Zusammenhänge ihres Forschungsbereichs waren fesselnd, greifbar, unmittelbar einleuchtend, wenn Valentina sie erklärte.

Sie war Archäologin. Ihr Fachgebiet waren die Skythen. Valentina hatte die Krim-Ausstellung kuratiert, die nun in Amsterdam gestrandet war.

Sie rauchte selbstgedrehte Zigaretten, die sie in ein langes Mundstück steckte. Während sie sprach, deutete sie mit dem qualmenden Ende der Zigarettenspitze auf eine Weltkarte.

«Hier kamen die Schatullen her. Und hier ...» – das Mundstück fuhr quer über die Karte – «... wurden sie ausgegraben.»

Eine Rauchspur zog sich von China bis auf die Krim.

Valentina lächelte. «Nicht schlecht, oder?»

Die schwarz-rot lackierten Schatullen waren in einem Skythengrab an der Westküste der Halbinsel gefunden worden. Sie mussten vor mehr als zweitausend Jahren auf die Krim gelangt sein, auf welchem Weg auch immer. Den japanischen Spezialisten, denen Valentina die Fundstücke zum Restaurieren übergeben hatte, waren fast die Augen aus dem Kopf gefallen. Nie hatten sie so etwas gesehen, in ganz Asien nicht, es war eine Art von Schatullen, von der allein die vier Exemplare auf der Krim überdauert hatten.

«Die Japaner hatten Tränen in den Augen, als ich die Schatullen wieder abholte», sagte Valentina. «Sie flehten mich an, dafür zu sorgen, dass sie in einer klimatisierten Vitrine verwahrt werden.»

Im Museum von Bachtschyssaraj, wo die Schatullen nach der Restaurierung landeten, gab es keine klimatisierten Vitrinen. Man stellte die Fundstücke in den nächstbesten Lagerschrank. Valentina blutete das Herz.

«So kam ich auf die Idee mit der Ausstellung», sagte sie.

Valentina fasste einen Plan. In den maroden Krim-Museen lagerten einzigartige Schätze, von denen die Welt wenig wusste. Nicht nur chinesische Lackschatullen waren in der Antike auf der Halbinsel gelandet, sondern Hinterlassenschaften aus sehr unterschiedlichen Teilen der Welt. Von Osten her hatte der eurasische

Steppengürtel auf die Krim geführt, von Westen her die Wasserverbindung zum Mittelmeer. Asiatische Reitervölker waren an den Schwarzmeerküsten Händlern und Kolonisten aus Byzanz, Rom, Venedig und Genua begegnet, und ihr Zusammentreffen war bestens dokumentiert – die Schätze der Krim-Museen erzählten eine Geschichte, die jenseits der Halbinsel, das wusste Valentina, wenig bekannt war.

Sie beschloss, zwei Fliegen mit einer Klappe zu schlagen. Eine hochkarätige Ausstellung musste her, mit internationaler Beteiligung, um den Wert der archäologischen Krim-Schätze nicht nur der Welt zu demonstrieren, sondern ihn auch auf der Halbinsel selbst stärker ins Bewusstsein der Menschen zu rücken. Die chinesischen Schatullen mussten in den klimatisierten Vitrinen westlicher Ausstellungshäuser gezeigt werden – danach, hoffte Valentina, würde sich kein ukrainischer Museumsdirektor mehr trauen, sie im nächstbesten Schrank zu verstauen.

Valentina, die in der archäologischen Welt Westeuropas gut vernetzt war, brauchte nicht lange, um zwei Museen für ihren Plan zu begeistern, ein deutsches und ein niederländisches. Schwieriger war die konkrete Umsetzung der Idee. Als Archäologin hatte sich Valentina nie mit Ausstellungen befasst. Sie ahnte nicht, was auf sie zukam.

Das Projekt war kaum angelaufen, als Valentina einen Anruf von einem Kiewer Kulturfunktionär bekam. Der Mann fragte, ob sie die Ausstellung allen Ernstes ohne Beteiligung aus der Hauptstadt organisieren wolle. Valentina war überhaupt nicht darauf gekommen, ihre Kiewer Kollegen einzuschalten, sie plante schließlich eine Krim-Ausstellung. Um böses Blut zu vermeiden, bot sie an, ein hauptstädtisches Museum mit ins Boot zu holen, das in den vergangenen Jahrzehnten einzelne Krim-Fundstücke in seine Sammlung aufgenommen hatte.

Der mutmaßliche Hintergrund des Anrufs offenbarte sich erst, als der Transport der Ausstellung organisiert werden sollte. Eine ukrainische Kunstspedition bot an, die Krim-Schätze für vierhunderttausend Euro nach Europa zu befördern. Eine niederländische Firma verlangte nur die Hälfte. Die Kulturfunktionäre in Kiew drängten darauf, das ukrainische Unternehmen zu beauftragen. Valentina begriff sofort, warum. Der schamlos überhöhte Preis war abgesprochen. Nur ein Teil sollte an die Transportfirma gehen, den Rest würden die Funktionäre unter sich aufteilen. Es war das übliche ukrainische Korruptionsschema.

Valentina weihte ihre Museumspartner aus Bonn und Amsterdam ein. Gemeinsam schafften sie es am Ende, sich gegen Kiew durchzusetzen. Der Auftrag ging an die niederländische Firma. Im Juli des Jahres 2013 trafen die Krim-Schätze wohlbehalten im Bonner Landesmuseum ein.

«Sie glauben nicht, wie wir uns nach der Eröffnung besoffen haben», sagte Valentina. «Die Korruptionäre hatten verloren, das Gute hatte gesiegt, mein Krim-Plan lief.»

Im Januar des Folgejahres, während sich auf dem Kiewer Maidan die Proteste zuspitzten, wurde die Ausstellung plangemäß weiter nach Amsterdam transportiert. Danach ging plötzlich alles sehr schnell.

Ende Februar tauchten auf der Krim bewaffnete Soldaten auf, in unmarkierten Uniformen. Das Regionalparlament der Halbinsel wurde besetzt, die Regierung gegen ein Moskauer Marionettenregime ausgetauscht. Rund um die Uhr bombardierte das russische Fernsehen die Krimbevölkerung mit Horrormeldungen über den Umsturz in Kiew – ich erinnerte mich gut daran, wie ich in jenen Tagen fassungslos in einem Hotelzimmer in Simferopol gesessen und die haarsträubende Propaganda verfolgt hatte. Auch die Soldaten vermeintlich unklarer Herkunft hatte ich gesehen, als ich im Umland von Simferopol eine Kaserne der ukrainischen Armee besuchte. Mit maskierten Gesichtern und Sturmgewehren im Arm blockierten sie das Tor. Sie schwiegen hartnäckig, als ich sie ansprach. Dass es russische Truppen waren, verriet mir ein ukrainischer Offizier, der in der Kaserne festsaß. Später räumte auch Putin ein, obwohl er zuvor wiederholt geleugnet hatte, dass Russland für den militärischen Übergriff auf die Krim verantwortlich war.

Keine drei Wochen nach dem Auftauchen der Soldaten wurde ein Referendum abgehalten, das erwartbare Ergebnisse lieferte: Knapp siebenundneunzig Prozent der Teilnehmer stimmten laut Wahlergebnis für den Anschluss an Russland. Nur zwei Tage später, am 18. März 2014, trat im Kreml Wladimir Putin vor die beiden Kammern des russischen Parlaments. Russland und die Krim, erklärte der Präsident, seien wiedervereinigt.

Kurz darauf bekam Valentina einen Anruf aus Kiew.

Valetschka, sagte eine vertraute Funktionärsstimme – dir ist klar, dass ihr die Skythenschätze nicht wiederseht? Sie gehören der Ukraine, und wir werden sie uns holen.

Ähnlich, verriet mir Valentina, hätten anfangs auch die Museumsleitungen in Bonn und Amsterdam argumentiert – die Krim war annektiert worden, die Exponate durften nicht Russland in die Hände fallen. Es habe eine Weile gedauert, den Kollegen klarzumachen, dass die Lage komplizierter war.

Am kompliziertesten war sie für Valentina selbst, die weder von der Krim noch aus der Ukraine stammte. Sie war Russin. Auf die Halbinsel hatte es sie wegen ihres Berufs verschlagen, seit fünfzehn Jahren arbeitete sie als Archäologin in Simferopol. Die Krim war zu ihrer Wahlheimat geworden, und das Leben auf der Halbinsel hatte Valentina verändert.

Mit ihrer qualmenden Zigarettenspitze deutete sie erneut auf die Weltkarte.

«Die Sowjetunion», sagte sie, «war ein Imperium. Und Imperien verschwinden nicht aus den Köpfen der Menschen, nur weil sie von der Landkarte verschwinden.»

Die Zigarettenspitze wies auf Moskau.

«Hier war das Zentrum. Moskau stand zu Sowjetzeiten mit weitem Abstand an der Spitze der imperialen Hierarchie. Die Hauptstädte aller anderen Sowjetrepubliken waren zweitrangig.»

Die Zigarettenspitze fuhr nach Südwesten, an die Schwarzmeerküste.

«Eine Ausnahme war immer die Krim. Sie stand in direkter Verbindung mit dem Zentrum, weil die Parteispitze hier Urlaub machte. Der imperiale Status der Halbinsel war höher als der von Kiew. Auch der Lebensstandard war besser als auf dem ukrainischen Festland, nach sowjetischen Maßstäben lebten die Krimbewohner im Paradies.»

Nach dem Ende des Imperiums, fuhr sie fort, sei etwas geschehen, was die Krimbewohner bis heute nicht verkraftet hätten. Plötzlich waren sie nicht mehr gleichrangig mit Moskau, sondern abhängig von Kiew. Die Spielregeln diktierte ihnen nun die Ukraine, die aus ihrer Sicht immer etwas Zweitrangiges gewesen war. Zusätzlich sank der Lebensstandard unter den ukrainischen Durchschnitt. Alles zerfiel, es gab keine Arbeit, die Busse fuhren nicht mehr regelmäßig.

«Die Leute konnten es einfach nicht fassen», sagte Valentina. «Auch ich konnte es nicht fassen, als ich vor funfzehn Jahren mit meiner russischen Geisteshaltung hier ankam.»

Sie zog an ihrer Zigarette.

«Aber im Lauf der Jahre», fuhr sie fort, «hat sich mein Verhältnis zur Ukraine verändert. Ich merkte, dass ich viel lieber in einem kleinen Land lebe, in dem es Freiheit gibt, als unfrei in einem großen.»

So kam es, dass sich Valentina nach der Krim-Annektierung zwischen allen Fronten wiederfand. Obwohl sie Russin war, gehörte sie zu den wenigen Halbinselbewohnern, die der Anschluss an Russland nicht glücklich machte. Gleichzeitig vertrat sie im Streit um die skythischen Kunstschätze die Position der Krim-Museen. Sie wollte, dass die Exponate auf die Halbinsel zurückkehrten.

«Hier kommen sie her, hier wurden sie ausgegraben, hier wurden sie gepflegt, von Menschen, die hier leben und arbeiten. Was sollen sie woanders? Man darf sie nicht zu Geiseln machen, wie es Kiew versucht. Das wäre wie ein Ehekrieg, bei dem die Frau zum Mann sagt: Wenn du nicht zu mir zurückkehrst, siehst du die Kinder nie wieder.»

Valentina seufzte.

«Es gibt auf der Krim immer noch ein paar Menschen, die für die Ukraine sind. Aber Kiew macht es ihnen sehr schwer.»

Wenige Tage zuvor hatten an der Festlandgrenze nationalistische und krimtatarische Aktivisten damit begonnen, Lebensmitteltransporte auf die Krim zu blockieren. Auf der Hinfahrt hatte ich sie mit ihren Transparenten an der Landstraße stehen sehen: «Die Krim ist ukrainisch», «Kein Essen für den Feind». Es war ein weiterer Schritt, der die Halbinsel vom Festland abschnitt. Die ukrainischen Banken hatten schon lange den Zahlungsverkehr eingestellt, es gab keine Flüge mehr nach Kiew, keine Züge, nicht einmal durchgehende Busverbindungen.

«Leider interessiert sich Kiew erst wirklich für die Halbinsel, seit sie annektiert wurde», sagte Valentina. «Aber wenn sie zurückkehren soll, braucht die Ukraine ein Selbstbild, in dem Platz für die Krim ist.»

Nachdenklich zog sie an ihrer Zigarette.

«Ich weiß selbst nicht, wie dieses Selbstbild aussehen könnte. Nationalistisch kann es nicht sein, dafür ist die Ukraine zu uneinheitlich.»

Einen Moment lang verstummte sie.

«Freiheit vielleicht. Das könnte es sein, was die Ukraine zusammenhält. Die Freiheit, die in Russland fehlt.»

Aus dem Untergeschoss war seit ein paar Minuten das Maunzen des Katers zu hören. Valentina stand auf, um ihn zu füttern. Während sie weg war, fiel mein Blick auf ein Foto der chinesischen Schatullen, mit denen die Geschichte angefangen hatte.

«Valentina», sagte ich, als sie zurückkehrte. «Ihr Plan, mit dem die Ausstellung begann ...»

«Ja?»

«Würden Sie sagen, dass er aufgegangen ist?»

Sie lachte. «Urteilen Sie selbst. Die Schatullen stehen jetzt in einem klimatisierten Schrank.»

«Aber der Schrank steht in Amsterdam.»

Sie nickte bedauernd. «Das ist der schmerzliche Teil der Geschichte.»

Dann verstand sie, worauf ich hinauswollte. «Sie meinen, ob sich das Verhältnis zu den Kunstschätzen auf der Krim geändert hat? Definitiv. Die Geschichte mit der Ausstellung kennt hier jeder. Ich werde beim Einkaufen darauf angesprochen, von Menschen, die ich gar nicht kenne. Wenn die Exponate zurückkehren, wird man sie hier triumphal empfangen.»

Wieder lachte sie. «Wenn sie dagegen nicht zurückkehren ...»

Sie sprach den Satz nicht zu Ende, aber ich verstand auch so, was sie meinte. Das archäologische Institut, für das sie in Simferopol arbeitete, hatte bis zur Krim-Annektierung zur Ukrainischen Akademie der Wissenschaften gehört. Seitdem die Verbindung nach Kiew gekappt war, wusste niemand, was aus der Forschungseinrichtung werden würde. Valentina war kein vorsichtiger Mensch, unter ihren Kollegen machte sie keinen Hehl aus ihrer politischen Haltung. Ihre Tochter, eine russlandkritische Journalistin, hatte die

Halbinsel bereits verlassen müssen, sie lebte inzwischen in Kiew. Valentina war einstweilen geschützt, weil sie sich für die Rückkehr der Amsterdamer Exponate einsetzte. Aber wenn das niederländische Gericht anders entschied, konnte es auch für sie auf der Krim ungemütlich werden.

«Alles Gute, Valentina», sagte ich, als wir uns nach zwei Stunden verabschiedeten.

Sie lachte über meinen ernsten Ton. «Machen Sie sich um mich keine Sorgen. Meine Arbeit geht weiter, auf die eine oder andere Art. Alles andere ist zweitrangig.»

Ich atmete ein, nahm Anlauf und sprang ins Hafenbecken von Sewastopol.

Abrupt verstummte der Lärm der Stadt, das Rauschen meines eigenen Bluts löste ihn ab. Flirrendes Sonnenlicht durchdrang das warme, grünliche Wasser, das klar bis auf den Grund war. Wenige Meter unter mir konnte ich die Metallteile und Betonblöcke erkennen, die den Hafenboden bedeckten. Ein einsamer Barsch stöberte im Schrott. Als ich näher kam, verschwand er mit einem kurzen, mühelosen Zucken seiner Schwanzflosse.

Ich tauchte auf. Mein Blick fiel auf die taubengrauen Kriegsschiffe der russischen Schwarzmeerflotte, die am anderen Ende der Bucht ankerten. Links von ihnen lag der schmale Durchgang zum offenen Meer, rechts die Hafenpromenade mit ihren weißen, neoklassizistischen Fassaden. Ich schwamm ein paar Runden, bevor ich zurück auf die kleine Hafenplattform kletterte, die zu den spektakulärsten Stadtbadestellen der Welt gehören muss.

Sewastopol liegt am südwestlichsten Ende der Krim. Nach drei Tagen im Landesinneren hatte ich mich nach dem Meer gesehnt und war von Simferopol aus an die Küste gefahren.

Ein alter Mann in einer blauen Badehose sprach mich an, während ich mich abtrocknete. Er saß auf den sonnenbeschienenen Betonstufen der Schwimmplattform, und er sah aus, als habe er dort sein ganzes Leben lang gesessen. Seine Haut hatte den Bronzeton eines Lenin-Denkmals.

«Junger Mann!», rief er. «Sind Sie zwei Meter groß?»

«Fast.»

«Wunderbare Größe. Nur ein bisschen mager sind Sie. Sie sollten mehr Fleisch essen!»

Ich lachte. «Danke für den Rat.»

Wir kamen ins Gespräch. Viktor war pensionierter Physiker. Er hatte sein ganzes Leben in Sewastopol verbracht.

«Aber es kommt mir vor, als sei es mehr als ein Leben gewesen! Die ganze Aufregung im letzten Jahr war wie ein zweites Leben!»

Die vergangenen Tage auf der Krim hatten mich gelehrt, politischen Gesprächen aus dem Weg zu gehen. Ich versuchte, das Thema zu wechseln, aber Viktor war nicht aufzuhalten. In Badehosen saßen wir nebeneinander in der Sonne und versuchten, höflich zu bleiben, während die Kluft zwischen unseren Standpunkten tiefer und tiefer wurde. Dass wir halb nackt waren, machte die Sache nicht einfacher.

Ob ich, fragte Viktor, gehört habe, dass die faschistische Junta in Kiew dazu aufgerufen habe, die russischen Krimbewohner gesammelt an die Wand zu stellen? Ob mir bewusst sei, dass Amerika Spione und Diversanten auf die Halbinsel geschleust habe, um die Schwarzmeerflotte zu zerstören? Was ich davon halte, dass die Europäische Union alle russischen Christen zu Homosexuellen umerziehen wolle? Ob ich wisse, dass sich unter den Krimtataren mehr als fünftausend gewaltbereite Islamisten versteckten, ausgebildet in arabischen Terrorcamps und begierig, die slawische Bevölkerung zu massakrieren? Und ob ich ihm erklären könne, warum die westlichen Medien das alles verschweigen?

Weil es nicht stimmt, versuchte ich zu entgegnen, aber Viktor war nicht herauszureißen aus seinen Angstphantasien. Ich konnte die Gespräche nicht mehr zählen, die mich in den vergangenen Tagen mit den immer gleichen Propagandalügen konfrontiert hatten, und je öfter ich sie zu hören bekam, desto schlechter ertrug ich sie. Viktor war intelligent – warum sah er nicht, dass er einer zynischen Panikkampagne auf den Leim ging? Intelligent waren auch die russischen Journalisten, die die Kampagne betrieben hatten – warum ließen sie sich dafür einspannen, Menschen in Angst zu versetzen?

«Trotz allem war es gut, mit Ihnen zu reden, junger Mann», sagte Viktor, als wir uns nach einer quälend langen halben Stunde verabschiedeten. «Solange man noch eine gemeinsame Sprache findet, gibt es Hoffnung.»

Wenn er recht hatte, sah die Zukunft düster aus. Wir hatten keine gemeinsame Sprache gefunden.

Am vierten Tag auf der Krim wurde mein Geld knapp. An alle notwendigen Dokumente hatte ich bei den Reisevorbereitungen gedacht, nicht aber an Barvorräte. Die Geldautomaten auf der Halbinsel spuckten meine deutschen Karten sofort wieder aus – wegen der Wirtschaftssanktionen hatten die internationalen Banken den Zahlungsverkehr mit der Krim eingestellt. Was ich an Euros und Grywnjas bei mir trug, hatte ich nach meiner Ankunft in Rubel umgetauscht. Obwohl ich in den billigsten Absteigen übernachtet und – entgegen Viktors Rat – kaum Fleisch gegessen hatte, war nicht mehr viel übrig.

Mir blieb keine Wahl, ich musste zurück aufs Festland, um Geld abzuheben. In Sewastopol kaufte ich mir ein Busticket für die Rückfahrt zur Krim-Grenze und bezahlte eine letzte Hotelübernachtung. Mit dem übriggebliebenen Geld machte ich einen Tagesausflug nach Bachtschyssaraj, in die alte Hauptstadt der Krimtataren.

Während der Bus die Küste hinter sich ließ und ins bergige Landesinnere einbog, rief ich einen Krimtataren an, von dem mir ein gemeinsamer Bekannter aus Kiew erzählt hatte. Der Mann war so alt, dass er sich noch an die Tragödie seines Volks erinnern konnte, das im Zweiten Weltkrieg genau wie die Russlanddeutschen geschlossen nach Zentralasien deportiert worden war, weil Stalin die Tataren für Nazi-Kollaborateure hielt. Erst nach dem Ende der Sowjetära hatten sie auf die Krim zurückkehren können.

Es war nicht das erste Mal, dass ich den alten Mann anrief. Mehrmals hatten wir seit meiner Ankunft miteinander telefoniert, um ein Treffen in Bachtschyssaraj zu verabreden, aber jedes Mal hatte er mich auf den nächsten Tag vertröstet. «Es geht gerade nicht», hatte er gesagt, «ich kann heute nicht sprechen», «die Lage ist schwierig», «es gibt Probleme». Konkreter war er nicht geworden, aber ich merkte seiner Stimme an, dass er Angst hatte. Als ich nun erneut seine Nummer wählte, ging er nicht ans Telefon.

In Bachtschyssaraj sah ich mir den Gartenpalast an, eines der wenigen Überbleibsel des alten Khanats, das vor den Russen über die Krim geherrscht hatte. Im Gefolge der mongolischen Horden hatten die turksprachigen Tataren im dreizehnten Jahrhundert das Schwarze Meer erreicht, und als die Mongolen wieder abzogen, waren sie geblieben. Fünfhundert Jahre lang hatte ihnen die Krim gehört, bis Russland die Halbinsel zum ersten Mal annektierte. Um klarzumachen, wer hier «von nun an und für alle Zeiten» das Sagen haben sollte, war unter Katharina der Großen fast das gesamte historische Erbe des Krimkhanats zerstört worden: Moscheen, Paläste, Karawansereien, Koranschulen, Dampfbäder, Friedhöfe.

Man sagt, der Gartenpalast sei diesem Schicksal nur entgangen, weil Puschkin ihn in einem Gedicht gepriesen hatte. Eine Büste des russischen Nationalpoeten steht bis heute neben dem «Brunnen von Bachtschyssaraj», dem das gleichnamige Gedicht gewidmet ist.

Der Palast war inzwischen ein Museum. Arabische Inschriften zierten die Grabsteine auf dem alten Khansfriedhof. Über den Palastflügeln ragten Minarette in den Himmel, im Inneren gab es ornamentgeschmückte Haremsgemächer, ein kleines krimtatarisches Museum und eine stark dezimierte Sammlung skythischer Kunstschätze – der Großteil der Exponate, die in Amsterdam gestrandet waren, stammte von hier, darunter auch die chinesischen Schatullen, von denen Valentina mir erzählt hatte.

Als ich den Khanspalast verließ, rief ich noch einmal den alten Krimtataren an. Sein Telefon war abgeschaltet.

Innerlich seufzend ging ich meine Optionen durch. Ich kannte niemanden in Bachtschyssaraj. Die politische Vertretung der Krimtataren, die Medschlis, hatte kein Büro mehr in der Stadt, die neuen russischen Behörden hatten die Organisation nach der Annektierung praktisch in den Untergrund gedrängt. Trotzdem wollte ich die Krim nicht verlassen, ohne mit ihren ältesten Bewohnern gesprochen zu haben. Wenn irgendjemand historische Rechte auf die Halbinsel hatte, dann sie.

Mir fiel ein, dass ich auf dem Weg zum Khanspalast an einer Moschee vorbeigekommen war. Ohne konkreten Plan lief ich hin.

«Bruder! Hast du was zum Rauchen?»

Vor der Moschee hockten zwei alte Männer auf dem Bürgersteig. Ich kramte eine Schachtel Zigaretten aus der Tasche und hielt sie ihnen hin.

«Danke, Bruder!»

Ich fragte sie, ob sie aus der Moschee kamen.

Der eine lachte trocken. «Ich bin Russe.»

Der andere schüttelte den Kopf. «Wir sind mit einem Freund hier. Er ist drinnen und betet.»

Der Russe hatte wasserblaue Augen und milchbleiche Haut. Der andere war dunkler, und ich bildete mir ein, in seinen knochigen Gesichtszügen etwas Orientalisches zu erkennen. Als ich ihn fragte, ob er Tatare sei, nickte er.

«Isam», stellte er sich vor.

Ich hockte mich zu den beiden auf den Bürgersteig und erklärte ihnen, was mich auf die Krim geführt hatte.

Isam war Mitte siebzig. Er hatte vage Erinnerungen an die Deportation, die er als Vierjähriger miterlebt hatte. In Viehwaggons hatte man ihn und seine Familie nach Usbekistan verfrachtet.

«Ich erinnere mich an den Gestank der Leichen», sagte er. «Viele starben unterwegs. Beerdigen konnte man sie nicht, ihre Verwandten mussten sie aus dem fahrenden Zug werfen.»

Seine Familie war in Taschkent gelandet. Was Isam über ihr Leben erzählte, erinnerte mich an die Geschichten, die ich keine Woche zuvor von Alexander Michel gehört hatte. Genau wie die Deutschstämmigen hatten die Tataren in Usbekistan unter Militäraufsicht gestanden, selbst Isam hatte sich als Kind jeden Tag in der Schule an- und abmelden müssen. Hass schlich sich in seine Stimme, als er sich daran erinnerte.

«Inzwischen kann man kaum noch laut darüber reden», sagte er. «Unter den Ukrainern ging es, aber seit die Russen wieder an der Macht sind, wollen sie uns einreden, dass alle diese Geschichten nie passiert sind.»

Sein russischer Freund starrte stumm vor sich hin.

Ich fragte Isam, ob er Muslim sei.

Er nickte. «Aber in die Moschee gehe ich nur, wenn ich nüchtern bin. Nicht, wenn ich nach Schnaps rieche.»

Er roch auffällig nach Schnaps. Erst jetzt fiel mir auf, wie ärmlich er gekleidet war. Seine Hose war fleckig, seine Stoffmütze an der Stirn gelblich verfärbt. Einzelne Dreiwochenhaare ragten aus seinem Dreitagebart, und vom linken Mundwinkel bis unter sein Auge zog sich eine breite, dunkle Narbe. Isams ramponiertes Gesicht war erkennbar das eines Trinkers, aber sein Blick war klar und konzentriert, und wenn er sprach, merkte man ihm eine Art von Intelligenz an, die mehr mit Lebenserfahrung als mit Bildung zu tun haben schien.

Sein russischer Freund räusperte sich. «Wird Zeit, was zu essen zu suchen.»

Gemeinsam standen wir auf. In einem benachbarten Lebensmittelladen musterten die beiden das Angebot.

«Zu teuer», sagte Isam. «Lass uns zum Bahnhofsladen gehen.»

Ich bot ihnen an, sie in ein Café einzuladen. Einen Augenblick sahen sie mich unschlüssig an. Dann zuckte Isam mit den Schultern. «Warum nicht?»

Wir liefen die Straße entlang und steuerten das nächstbeste Café an. Es lag ein paar Häuser neben dem Lebensmittelladen. Über dem Eingang hing ein Schild, dessen kyrillische Beschriftung orientalisch verziert war. Drinnen gruppierten sich niedrige Diwane um kleine Holztische. Es war ein tatarisches Café.

Ich bestellte drei Portionen Manty und drei Gläser Kumys, Teigtaschen und Stutenmilch.

«Und Wodka», sagte Isam.

Der tatarische Kellner schüttelte bedauernd den Kopf. «Wir haben keinen Wodka.»

«Dann Bier.»

Der Kellner nickte.

Als er verschwunden war, ließ Isam einen düsteren Blick durch das Café wandern.

«Hat sich viel verändert hier», sagte er. «Sah damals anders aus.»

Ich sah ihn fragend an.

Mit einer Kopfbewegung deutete er in Richtung Eingangstür. «Da drüben», sagte er. «In der Ecke. Da habe ich einen umgebracht.»

Ich war mir sicher, dass ich ihn falsch verstanden hatte. Aber als er weitersprach, begriff ich, dass ich richtig gehört haben musste.

«Ein Schuss ins Herz, einer in den Kopf. Er war sofort tot.»

Ich wusste nicht, wie ich reagieren sollte. Stumm sah ich ihm in die Augen. Isam erriet meine Frage.

«Er hatte meine Tochter vergewaltigt. Eine Freundin erzählte es mir. Ich rannte los und schoss, ohne nachzudenken.»

Er sah hinüber zu der Stelle, wo es passiert war.

«Ein Wunder eigentlich. Manchmal drückst du zehnmal ab und triffst nicht, aber hier ... zwei Schüsse, zwei Volltreffer.»

Zehn Jahre lang hatte er im Gefängnis gesessen. Er war noch nicht lange auf freiem Fuß, und es war das erste Mal, dass er den Ort seines Mordes wiedersah. Ich konnte es nicht fassen. Vollkommen zufällig hatte ich Isam ausgerechnet in das Café geführt, in dem er ein Menschenleben beendet hatte.

«Und Ihre Tochter?»

«Hat sich erhängt. Während ich im Knast saß. Konnte mit der Geschichte nicht leben. Sie war siebzehn.»

Im Kopf rechnete ich rückwärts. Er musste sehr spät Vater geworden sein.

«Ich habe vieles im Leben nicht rechtzeitig gemacht», sagte Isam, als ich ihn danach fragte. «Oder vielleicht gerade rechtzeitig, wer weiß.»

Einen Moment lang schien er sich in seinen Erinnerungen zu verlieren, sein Blick kehrte sich glasig nach innen.

«Hätte ich bloß schlechter geschossen», sagte er kopfschüttelnd.

«Sie bereuen es?»

«Natürlich. Er hatte eine Mutter, er hatte Geschwister. Er war ein Mensch.»

«Woher hatten Sie überhaupt die Waffe?»

Isam sah mir in die Augen. «Die habe ich immer dabei.»

Er griff in die rechte Tasche seiner fleckigen Hose. Abwehrend hob ich die Hände. «Lassen Sie, ich glaube es Ihnen.»

Er zog die Waffe gerade so weit aus der Hosentasche, dass ich sie sehen konnte. Sie war klein und silbern, und ich erinnere mich deutlich daran, dass mich ihr Glanz überraschte. Die Pistole war das Sauberste, was dieser Mann an sich trug.

«Es gibt viele Idioten in der Stadt», sagte Isam. «Ich will nicht unvorbereitet sein, wenn mir einer dumm kommt.»

Der Russe saß schweigend neben uns. Er schien die ganze Geschichte schon zu kennen.

Die Waffe war ein Andenken aus Afghanistan, genau wie die Narbe in Isams Gesicht. Mit den sowjetischen Truppen hatte er in den achtziger Jahren gegen die Mudschaheddin gekämpft. Ähnlich wie Alexander Michel hatte er sich nach seiner Verbannungszeit in Zentralasien der Armee angeschlossen. Erst nach seiner Demobilisierung war Isam nach Bachtschyssaraj umgezogen, in die Heimat seiner Vorfahren.

Ich fragte, ob seine Eltern ihm in Usbekistan von der Krim erzählt hatten.

«Tag und Nacht», sagte Isam. «Morgens ging es los, bis zum Abend hörte ich nichts anderes. Die Krim, die Krim, die Krim ...»

Die Eltern, fuhr er fort, hätten die Deportation unterschiedlich beurteilt. Für die Mutter war sie eine Rache Stalins, weil ein Teil der Tataren im nachrevolutionären Bürgerkrieg gegen die Kommunisten gekämpft hatte. Der Vater dagegen, ein Kommunist, erzählte Isam etwas anderes. Er hielt die Verbannung für einen tragischen Irrtum, an dem nicht Stalin, sondern inkompetente Parteifunktionäre die Schuld trugen. Beide Eltern waren lange vor der offiziellen Rehabilitierung ihres Volks gestorben. Ihre Heimat hatten sie nie wiedergesehen.

«Noch auf dem Totenbett haben sie von der Krim gesprochen», sagte Isam. Er schüttelte den Kopf. «Ich sage dir etwas: Die Krim ist kein guter Ort. Vielleicht war sie es mal. Jetzt ist sie es nicht mehr.»

Er erzählte von der Armut des tatarischen Dorfs, in dem er lebte, nicht weit entfernt von Bachtschyssaraj. Als er den Ortsnamen erwähnte, wurde ich hellhörig – im selben Dorf wohnte auch der alte Mann, den ich vergeblich angerufen hatte. Ich fragte Isam, ob er ihn kannte.

«Mit dem wirst du nicht sprechen können», sagte er. «Die Russen haben seinen Sohn verhaftet. Er war politisch aktiv. Der Alte hat furchtbare Angst.»

Gegen Ende des Gesprächs wurde Isam unruhig. Ich dachte erst, dass ihn die Erinnerungen an seinen Mord quälten, aber als wir das Café verlassen hatten, begriff ich, dass etwas völlig anderes mit ihm los war.

«Bruder», sagte er. «Ich danke dir sehr für das Essen. Gib mir noch ein bisschen Geld. Du weißt, wofür.»

Er zeigte mir seine Hände. Sie zitterten.

Ich schüttelte den Kopf.

«Bruder», wiederholte er. «Ich mache dir nichts vor. Ich muss trinken.»

Sein russischer Freund sah betreten zur Seite.

Ich schüttelte erneut den Kopf. «Isam, ich kann das nicht machen.»

«Doch, kannst du.»

«Vielleicht trinkst du heute mal nichts.»

Schon während ich den Satz aussprach, wurde mir klar, wie naiv er war.

Isam schüttelte entschieden den Kopf. «Gib mir Geld, Bruder. Ich bitte dich darum.»

Er starrte mir hart in die Augen, ohne zu blinzeln. Ein paar Sekunden lang sagte keiner von uns ein Wort.

Am Ende gab ich ihm die paar Rubelscheine, die ich noch hatte. Ich war nicht sicher, ob sie für eine Flasche Wodka reichten, aber es war mein letztes Geld.

Isam steuerte den Lebensmittelladen an, ohne sich zu verabschieden. Bevor der Russe ihm folgte, breitete er entschuldigend die Arme aus. «Nimm es ihm nicht übel», sagte er. «Wenn jemand in diesem Zustand ist ...»

Ich nickte.

Als die beiden verschwunden waren, merkte ich, dass auch meine Hände zitterten. Ich konnte nicht sagen, woran es lag. War es der Anblick der Waffe gewesen? Isams Entzugserscheinungen? Die Mordgeschichte, die deprimierende Lage der Krimtataren, die gesammelte Anspannung der letzten Tage?

Auf dem Weg zurück zur Bushaltestelle konnte ich die plötzliche Nervosität nicht abschütteln. Ich hatte das Gefühl, dass mir Blicke folgten. Zweimal wechselte ich die Straßenseite, um Männergruppen auszuweichen, die mir bedrohlich vorkamen. Zum ersten Mal während der gesamten Reise fühlte ich mich unsicher, ohne dass ich wirklich einen Grund dafür nennen konnte.

Den Rest gab mir ein T-Shirt. Ein dicker, kahlköpfiger Mann trug es, er kam mir auf dem Bürgersteig entgegen. Das T-Shirt war schwarz, mit zwei stilisierten Männerfiguren auf der Brust. Das eine Piktogramm war mit amerikanischen Sternen und Streifen gefärbt, die Figur kniete auf allen vieren auf dem Boden. Hinter ihr stand in Vergewaltigungspose eine Männerfigur in den Farben der russischen Trikolore. Ein Schriftzug ergänzte das Bild: ICH FICKE EURE SANKTIONEN.

Am nächsten Morgen bestieg ich den Bus in Richtung Festland mit einem zwiespältigen Gefühl, das zwischen Erleichterung und Depression schwankte. Ich war froh, die Krim zu verlassen. Dass ich froh war, machte mich traurig.

EINE HANDVOLL EICHELN

Als ich das ukrainische Festland erreichte, war der Sommer endgültig vorbei. Schon an der Krim-Grenze fuhr ein kühler Wind durch die Steppe, und in Cherson, wo meine Busfahrt endete, sah ich auf den Straßen die ersten Mützen, Handschuhe und Schals.

Nach dem schier endlosen Spätsommer traf mich die plötzliche Kälte unvorbereitet. Fröstelnd lief ich am Ufer des Dnjeprs entlang, der sich in Cherson verästelt, bevor er ins Schwarze Meer mündet. Staunend sah ich einer älteren Frau beim Schwimmen zu. Nach ein paar Runden stieg sie an Land und rieb sich mit einem Handtuch das Wasser aus den weißen Haaren.

«Kalt?», fragte ich.

Sie lachte. «Ich bin im Norden aufgewachsen. Das härtet ab.»

Wladas Familie stammte aus der Westukraine. Ihre Eltern hatten sich im Krieg in eine Freiwilligenliste der OUN eingetragen. Obwohl sie im Endeffekt nie für die Nationalistenbewegung gekämpft hatten, steckte man sie in ein Arbeitslager, als die Liste nach dem Krieg entdeckt wurde. Sie landeten im russischen Uralgebiet, in Workuta, nördlich des Polarkreises. Ihre zweijährige Tochter blieb bei der Großmutter, bis die Eltern aus dem Lager in die Verbannung entlassen wurden und das Kind zu sich holten. Fünfzig Jahre ihres Lebens hatte Wlada im russischen Norden verbracht, erst danach war sie in die Ukraine zurückgekehrt.

Ich erwartete die übliche Leidensgeschichte. Aber Wlada, eine schöne Frau mit intensiven grünen Augen, hatte keinerlei Leid zu klagen.

«Glauben Sie nicht alles, was man Ihnen über die Lager erzählt», sagte sie. «Die Leute hatten es gut dort. Man gab ihnen Kleidung, Essen, Medikamente, sie hatten es warm, alle waren gleich. Meine Mutter lebt noch, sie ist kerngesund, mit sechsundachtzig! Das Lager hat sie stark gemacht.»

«Aber Ihre Eltern saßen doch nicht aus freien Stücken im Lager», sagte ich entgeistert. «Man hat sie unschuldig eingesperrt.»

«Was sollte Stalin machen?», antwortete sie. «Er musste die ukrainischen Faschisten ausrotten. Ohne ein paar Opfer ging das nicht. Heute kriechen die Faschisten wieder aus ihren Löchern. Stalin hätte das nicht zugelassen!»

Die ganze Sowjetunion, dachte ich, während ich Wlada zuhörte, war ein großes Lager. Ihre Insassen hatten es warm, man sorgte für sie, alle waren gleich. Dass sie Insassen waren, fiel den meisten irgendwann gar nicht mehr auf.

Gerne wäre ich von Cherson aus mit einem Schiff stromaufwärts gefahren, aber das marode Fährterminal sah aus, als könne es jeden Moment zusammenbrechen.

«Passagierschiffe?» Die Passantin, die ich fragte, lachte sich halb tot. «Sie kommen dreißig Jahre zu spät, junger Mann!»

Ich sprach ein paar Skipper im Industriehafen an, aber alle fuhren nach Süden, Richtung Schwarzmeerküste. Am Ende nahm ich einen Nachtzug nach Saporischja.

Ich teilte mir mein Schlafabteil mit einer älteren Dame aus Lwiw, die Verwandte in der Ostukraine besuchte. Sie war Altphilologin und hatte ein dickes Buch über «Taras Schewtschenko und die Antike» geschrieben. Die Ausgabe, die sie bei sich trug, wollte sie mir schenken. Ich bat sie lächelnd, das ukrainischsprachige Buch für jemanden aufzuheben, der es flüssiger lesen konnte als ich.

Während wir uns unterhielten, fiel mir plötzlich ein, dass ich zum ersten Mal seit langem wieder jemanden Ukrainisch sprechen hörte. In Odessa und auf der Krim hatte jeder, in Kiew fast jeder Russisch mit mir gesprochen. Auch der Landesteil, der vor mir lag, würde mir kaum Gelegenheit bieten, meine Ukrainischkenntnisse zu vertiefen. Dankbar für die Zufallsbegegnung hörte ich meiner Abteilnachbarin zu.

Irgendwann beugte sie sich vertraulich in meine Richtung, um mir eine Frage zu stellen, die sie schon länger zu beschäftigen schien.

«Ist es wahr, dass Frauen in Deutschland Priester werden können?»

Ich nickte. «Bei den Protestanten schon.»

«Nur theoretisch, oder gibt es das wirklich?»

«Das gibt es oft», sagte ich lachend.

«Wirklich? Aber wie ist das möglich? Kann denn eine Frau die Messe lesen, wenn sie ... wenn sie blutet? Ich begreife es nicht.»

Ich versuchte mich an einer Erklärung, aber da ich nicht recht verstand, was sie an der Vorstellung so beunruhigte, redeten wir aneinander vorbei.

Noch lange, nachdem wir uns auf unsere Schlafliegen zurückgezogen hatten, hörte ich meine Abteilnachbarin vor sich hin murmeln.

«Ich begreife es nicht ...»

Die alte Kosakenstadt Saporischja war von drei parallelen Linien geprägt. Die erste war der elf Kilometer lange Lenin-Prospekt, angeblich die längste innerstädtische Straße Europas. Die zweite war der Dnjepr. Die dritte war Chortyzja, eine zwölf Kilometer lange Insel in der Mitte des Flusses.

Chortyzja war einst das Zentrum des ukrainischen Kosakenhetmanats gewesen, jenes halbstaatlichen Gebildes, das sich ab dem fünfzehnten Jahrhundert an der Vegetationsgrenze zwischen Wald- und Steppenlandschaft formiert hatte, begründet von raubeinigen Freibeutern und entlaufenen Leibeigenen, denen das sesshafte Leben im russisch und polnisch beherrschten Norden stank. Von den Tataren im Süden schauten sich die Kosaken das Reiten ab, und als ihre wilden Kavallerieverbände im achtzehnten Jahrhundert den Höhepunkt ihrer Macht erreichten, wurden sie von den Zaren in Moskau nicht weniger gefürchtet als von den Königen in Warschau und den Khanen in Bachtschyssaraj.

Neben dem Fürstentum von Kiew war das Kosakenhetmanat der einzige ernstzunehmende Vorläuferstaat, auf den sich die Ukrainer berufen konnten. Seine Rolle im nationalen Selbstverständnis war so zentral, dass mir der Kosakenmythos während meiner Reise an jeder Ecke begegnet war. In den Speisekarten volkstümlicher Restaurants, im Werbematerial politischer Parteien, auf Pralinenschachteln, Bikerjacken, Wodkaflaschen und Plattencovern, überall hatte ich stilisierte Klischeekosaken gesehen: kriegerische Blicke über mächtigen Schnauzbärten, geschorene Schädel mit einem einzigen langen Haarschopf in der Stirn.

Umso überraschter war ich, dass in Saporischja nichts von den alten Kosaken übrig geblieben war. Unter Katharina der Großen, die das Hetmanat Ende des achtzehnten Jahrhunderts zerschlagen hatte, waren alle seine Spuren vernichtet worden. Auf der Insel gab es nur ein Kosakenmuseum, das wegen Restaurierung geschlossen war, und eine rekonstruierte Kosakenfestung, in der kostümierte Krieger mit Säbeln und Peitschen hantierten.

Ein junger Historiker, den ich im Bürotrakt des geschlossenen Museums auftrieb, lächelte müde, als ich ihn nach der wiedergeborenen Kosakenbewegung fragte.

«Irgendwann habe ich mal eine Liste aller selbsternannten Hetmane von Saporischja zusammengestellt», sagte er. «Sie war drei Seiten lang. In dieser Stadt gibt es mehr Hauptmänner als Pferde.»

Ein paar der Hetmane versammelten sich am nächsten Tag unter einer alten Eiche am gegenüberliegenden Flussufer. Sie hatten ihre schönsten Uniformen angezogen und feierten ein sonntägliches Kosakenfest. Der Kern des Fests war eine langgezogene Ordensverleihung. Reihum traten die überwiegend älteren Teilnehmer vor und ließen sich für ihre Verdienste um das Kosakentum Ehrenabzeichen an die Uniformjacken pinnen. Der Hetman, der die Orden verteilte, bekam ganz am Ende selbst einen verliehen, den größten von allen.

Die Eiche, unter der das Kosakenfest stattfand, war angeblich mehr als tausend Jahre alt. Man erzählte sich, dass unter ihrem Blätterdach im siebzehnten Jahrhundert der legendäre Kosakenführer Bohdan Chmelnyzkyj zum Hetman gewählt worden war. Auch erzählte man sich, dass die Kosaken hier ihren berühmten Brief an den türkischen Sultan verfasst hatten. Der Osmanenherrscher hatte kurz nach Chmelnyzkyjs Tod das Hetmanat aufgefordert, sich seiner Macht zu unterwerfen. Die Kosaken hielten nicht viel davon. Sie setzten sich unter ihre Eiche und verfassten eine gepfefferte Antwort.

> *Du Küchenjunge von Babylon, Radmacher von Mazedonien, Ziegenhirt von Alexandria, Bierbrauer von Jerusalem, Sauhalter des großen und kleinen Ägypten, Schwein von Armenien, tatarischer Geißbock, Verbrecher von Podolien, Henker von Kamenez und Narr der ganzen Welt und Unterwelt, dazu unseres Gottes Dummkopf, Enkel des leibhaftigen Satans und der Haken unseres Schwanzes ... Küss unseren Hintern!*

Die Eiche hatte bessere Tage gesehen. Sie war so gut wie tot. Ihr mächtiger Stamm spaltete sich knapp über dem Boden in ein Dutzend Nebenarme, die fast alle grau und kahl waren. Nur an einem einzigen Ast hingen noch Blätter.

Der Eiche gehe es schlecht, weil es der Ukraine schlechtgehe, erklärte mir einer der ordenbehangenen Hetmane. Seit den neunziger Jahren sieche der Baum dahin. Einer seiner Äste sei abgefallen, als Russland die Krim annektiert hatte. Solange aber noch ein grüner Zweig an der Eiche sei, gebe es Hoffnung für das Land.

«Im Krieg wollten die Nazis unsere Eiche ausgraben und mit nach Deutschland nehmen», sagte der Hetman.

Als wir uns später verabschiedeten, drückte er mir ein paar Eicheln in die Hand, Früchte des alten Baums.

«Bringen Sie Hitlers Sache zu Ende», scherzte er. «Pflanzen Sie eine Eiche in Berlin!»

Auf der Rückfahrt ins Stadtzentrum erkannte ich im Bus einen alten Mann wieder, den ich beim Kosakenfest im Publikum gesehen hatte.

«Sind Sie auch Kosake?», fragte ich.

Lächelnd schüttelte er den Kopf. «Es gibt keine Kosaken mehr, junger Mann», sagte er. «Es gibt nur alte Männer, die gerne Helden wären.»

Nach einer kurzen Pause schüttelte er erneut den Kopf. «Wenn sie echte Kosaken wären, wären sie an der Front.»

Genau dorthin führte am nächsten Tag mein Weg.

DIE LIEBESGESCHICHTE VON KOWYL UND TIPTSCHAK

Die letzte Stadt vor der Front hieß Artemiwsk. Es war eine graue, provinzielle Industriesiedlung, in deren Mitte zwei kleine Plätze lagen. Auf beiden standen leere Denkmalsockel. Vom einen war Lenin verschwunden, vom anderen Fjodor Sergejew, besser bekannt unter seinem Kampfnamen «Artjom», einer von Lenins frühen Revolutionsgenossen. Die Stadt war nach Artjom benannt, weshalb Artemiwsk zu den zahlreichen ukrainischen Ortschaften gehörte, die im Zuge der neuen Entsowjetisierungspolitik den Namen wechseln sollten. Niemand konnte mir sagen, ob das auch für die beliebte Sektmarke «Artemiwske» galt, die hier abgefüllt wurde.

In meinem Hotel wurde eine Hochzeit gefeiert. Bis in die frühen Morgenstunden lag ich wach. Als der Feierlärm in den Fluren schließlich verstummte, merkte ich, dass meine Schlaflosigkeit weniger mit dem Geräuschpegel zu tun gehabt hatte als mit meiner Nervosität. Obwohl es in den vergangenen Tagen nur vereinzelte Feuergefechte in der Region gegeben hatte, hielt mich der Gedanke an die Frontquerung wach. Ich wollte nach Donezk, in die umkämpfte Hauptstadt des Separatistengebiets.

Um kurz vor sechs verließ ich das Hotel und lief mit meinem Rucksack zum Busbahnhof. Bis zur Abfahrt des ersten Frontbusses blieb eine halbe Stunde, aber schon jetzt warteten mehr als dreißig Passagiere an der Haltestelle. Fast alle waren schwer bepackt mit

Wachstaschen und Pappkartons voller Lebensmittel. Die Menschen kamen aus dem Separatistengebiet, sie hatten die Front zum Einkaufen überquert und kehrten nun zurück. Während ich ihren halblauten Gesprächen zuhörte, verschwand meine Nervosität. Es war beruhigend, Teil einer Menschenmenge zu sein, die routiniert auf sich nahm, was mir in der Nacht noch wie ein unkalkulierbares Risiko erschienen war.

Die kleinen Frontbusse fuhren morgens im Halbstundentakt. Der erste schluckte den vordersten Teil der Schlange, erst im zweiten bekam ich einen Stehplatz neben dem Fahrer. Der Gang war so voll mit Gepäck, dass ich nur den linken Fuß auf den Boden bekam.

Kurz nachdem wir Artemiwsk hinter uns gelassen hatten, ging über der Steppe die Sonne auf. Ihre ersten schrägen Strahlen brachen sich im Morgentau, der das blassgelbe Gras bedeckte. Mit einem silbrigen Gleißen brach der Tag an.

Spät war der Herbst gekommen, umso schneller verwandelte er nun die Landschaft. Das Laub der Pappeln und Birken am Straßenrand sah matt und kraftlos aus, als sei es in der regenlosen Spätsommerhitze verdorrt. Seine Farbe war mehr kränklich als herbstlich – alle Rottöne fehlten, ich sah nur trockenes Gelb, glanzloses Beige, ausgezehrtes Grün. Es war, als passten sich die Bäume den Tarnanzügen der ukrainischen Armee an, nicht umgekehrt.

Die schweren Panzer und Raketenwerfer, die ich auf der Zugfahrt nach Artemiwsk an den Fenstern vorbeiziehen sehen hatte, fehlten auf den letzten Kilometern vor der Front. Man hatte sie hinter die vereinbarten Waffenstillstandslinien zurückgezogen, oder vielleicht auch nur, wie manche behaupteten, aus der Sichtweite zufälliger Beobachter entfernt. Die Soldaten an den Kontrollposten, die wir passierten, trugen Sturmgewehre. Vereinzelt sah ich die Läufe schwererer Automatikwaffen aus den Schießscharten betonierter Schutzbunker ragen.

Einen ganzen Abend hatte ich vor meiner Abfahrt damit verbracht, mich in die komplizierten Kaliberregeln der Friedensverhandlungen einzulesen, ohne wirklich schlau aus ihnen zu werden. Ich verstand nichts von Militärtechnik, und im Grunde war ich nur froh darüber, dass ich den Waffen, die mir begegneten, keine differenzierten Namen zuordnen konnte. So kam ich gar nicht erst auf die Idee, die einen Mordwerkzeuge für weniger monströs zu halten als die anderen.

Nach einer knappen Stunde Fahrt erreichten wir den letzten ukrainischen Kontrollposten. Davor staute sich eine lange Autoschlange, aber Busse hatten Vorrang, der Fahrer überholte die Privatfahrzeuge auf der Standspur. Unmittelbar vor dem Posten setzte er seine Passagiere ab und fuhr zurück nach Artemiwsk, um die nächste Fuhre aufzunehmen.

Ein Soldat kontrollierte unser Gepäck, ein zweiter die Papiere. Der zweite stutzte kurz, als er meinen deutschen Pass sah, aber meine Militärakkreditierung war in Ordnung, und nach ein paar Routinefragen wurde ich durchgewinkt. Auf der anderen Seite des Postens warteten Sammeltaxis aus dem Separatistengebiet. Die meisten der Kleinbusse fuhren nach Donezk. Es dauerte keine zehn Minuten, bis der erste voll war und losfuhr.

Nur ein paar hundert Meter entfernt lag der Kontrollposten der Separatisten. Die Besatzung war mit den gleichen Sturmgewehren ausgestattet wie die ukrainische Armee, jedenfalls sahen die Waffen in meinen Augen genauso aus. Über den aufgetürmten Sandsäcken der Straßenbarriere wehte die schwarz-blau-rote Flagge der «Donezker Volksrepublik».

Die Separatisten winkten den Bus unkontrolliert durch. Mir fiel ein Stein vom Herzen – die Front lag hinter mir.

Die hügelige Steppenlandschaft, die wir in den folgenden anderthalb Stunden durchquerten, war erkennbar kriegsversehrt.

Zerschossene Fabrikfassaden und kollabierte Lagerhallen säumten die Landstraßen. Mehrfach wich der Bus auf kleinere Seitenwege aus, vermutlich um zerstörte Straßenabschnitte oder vermintes Gelände zu umfahren. Eine Brücke, die von oben intakt aussah, ruhte auf mehreren eingeknickten Betonpfeilern. Ich bemerkte die Schäden erst, als der Fahrer vorsichtig den Flusshang hinabsetzte, um eine behelfsweise eingerichtete Pontonbrücke zu überqueren.

Kurz vor Donezk sah ich hinter den Busfenstern das Skelett einer komplett ausgebrannten Kirche vorbeiziehen. Einsam stand der zerstörte Bau in der Steppe, nur das rußgeschwärzte Metallgerüst war übrig geblieben. Drei Kuppeltürme überragten das Mittelschiff. Obwohl ihre Außenverkleidungen fehlten, bildeten die nackten, geschwungenen Streben immer noch geisterhaft klar die Form dreier Zwiebeln.

Die übrigen Passagiere sahen genauso stumm aus den Fenstern wie ich. Gerne hätte ich gewusst, was ihnen durch den Kopf ging, aber niemand sprach ein Wort, und der Mann, der auf dem Platz unmittelbar neben mir saß, starrte derart finster vor sich hin, dass ich mich nicht traute, ihn anzusprechen.

In den Donezker Außenbezirken stiegen die ersten Passagiere aus. Mein finsterer Sitznachbar erwachte plötzlich zum Leben.

«Was ist los?», rief er dem Fahrer zu. «Ich dachte, wir fahren am Einkaufszentrum vorbei! Warum biegen wir nicht ab?»

Der Fahrer antwortete, ohne den Kopf zu wenden. «Wenn Sie zum Einkaufszentrum wollen, müssen Sie es sagen. Ich fahre da nur auf Wunsch hin.»

«Ich muss da raus», rief mein Sitznachbar. «Beeilen Sie sich, ich bin spät dran! Ich muss zu einer Beerdigung!»

Als der Bus abgebogen war, witterte ich meine Chance.

«Ein Verwandter?», fragte ich.

Der Mann drehte mir das Gesicht zu. Er war um die dreißig.

«Ein Freund», sagte er. «Mein ältester. Wir sind zusammen zur Schule gegangen, bevor er nach Donezk gezogen ist.»

Er schien nur darauf gewartet zu haben, jemandem sein Herz auszuschütten – ich hatte seinen Gesichtsausdruck komplett falsch gedeutet.

«Ich kann es immer noch nicht fassen», sagte er. «Vor ein paar Tagen hat mich seine Frau angerufen, sie stand vollkommen neben sich. Er war plötzlich verschwunden. Ein Angler fand seine Leiche in einem Fluss. Erschossen haben sie ihn. Ich weiß nicht, wie seine Frau das überleben soll. Die Kinder ... sie sind noch so klein.»

Verzweifelt schüttelte er den Kopf.

«Weiß man, wer das getan hat?», fragte ich.

«Sein Auto stand ein paar Kilometer weiter unter einer Brücke. Er war Taxifahrer, wahrscheinlich wurde er von Passagieren ausgeraubt. Die Polizei sagt, dass drei Männer in seinem Wagen gesehen wurden, in Tarnanzügen. Aber was hilft das? Im Donbass ist Krieg, jeder Zweite hier läuft im Tarnanzug rum.»

Ein paar Minuten später erreichten wir das Einkaufszentrum. Der Mann drückte mir die Hand, bevor er ausstieg.

«Bleiben Sie nicht zu lange hier», sagte er.

Donezk sah auf den ersten Blick verwirrend normal aus. Ich hätte nicht sagen können, welche Bilder ich erwartet, mit welchen Kriegsspuren ich unbewusst gerechnet hatte, ich spürte nur, dass ihr offenkundiges Fehlen mich überraschte.

Es war ein kalter, strahlend klarer Sonntag. Die Innenstadt war voller Spaziergänger. Mit gelösten Gesichtern flanierten sie paarweise oder in Gruppen den Puschkin-Boulevard entlang, vorbei an gut gefüllten Caféterrassen, Luftballonverkäufern, Zuckerwattebuden, Souvenirständen. Die Geschäfte an den Rändern der Flaniermeile waren größtenteils geöffnet, und ihr Sortiment zielte erkennbar auf wohlhabendere Kunden ab als die Ramschläden der ukrainischen Provinzstädte, durch die ich in den vergangenen Tagen und Wochen gereist war.

Woher Donezks Reichtum kam, veranschaulichte eine Fotoausstellung auf dem Puschkin-Boulevard. Gezeigt wurden alte Schwarzweißaufnahmen aus den frühen Jahren der Industriemetropole. Entstanden war die Stadt erst im späten neunzehnten Jahrhundert, als das Zarenregime entdeckt hatte, dass tief unter den fruchtbaren Schwarzerdeböden der Ostukraine etwas noch Schwärzeres, noch Wertvolleres lag: Kohle.

Ein zugereister Waliser, ein Industrieller namens John Hughes, baute im Auftrag des russischen Kaiserreichs die ersten kohlebefeuerten Hochöfen auf, er gründete ein Stahlwerk am Ufer eines kleinen Flusses namens Kalmius. Die Arbeitersiedlung, die sich daneben formierte, benannte man nach Hughes, auch wenn in der kyrillischen Umschrift des Nachnamens ein paar Buchstaben verlorengingen: «Jusowka» hieß die rasant wachsende Industriestadt fortan. Kein halbes Jahrhundert nach ihrer Gründung hatte sie bereits mehr als hunderttausend Einwohner. In den späteren Sowjetjahren war eine Million daraus geworden. Den ausländischen Kapitalistennamen Jusowka hatten die Bolschewiken nach der Revolution durch einen vertrauteren ersetzt: Stalino. Erneut umbenannt worden war die Stadt ein paar Jahre nach Stalins Tod, diesmal nach dem Fluss Donez, der durch den nördlichen Teil der Kohleregion strömt.

Während ich dem Puschkin-Boulevard nach Süden folgte, wurde mir plötzlich bewusst, dass mich ein Geräusch irritierte. Es war so leise, dass es mir erst jetzt wirklich auffiel, obwohl ich es schon seit ein paar Minuten wahrgenommen hatte. Ein dumpfes, in regelmäßigen Abständen wiederkehrendes Donnern lag in der Luft, unmittelbar gefolgt von einem leiseren Echo. Angestrengt lauschend blieb ich stehen. Als ich das Geräusch erneut hörte, begriff ich, dass es Geschützdonner sein musste.

Hilfesuchend sah ich mich um. Der Boulevard war voller Menschen, aber niemand außer mir schien etwas bemerkt zu haben.

«Hören Sie das?», fragte ich einen alten Mann, der mit seinem Hund an mir vorbeilief.

Er blieb stehen und sah mich fragend an.

«Dieses Donnern», sagte ich, unsicher in den Himmel deutend.

Gemeinsam lauschten wir. Als das Geräusch wiederkehrte, nickte der Mann kurz. «Weit weg», sagte er. Ohne meine Reaktion abzuwarten, ging er weiter.

Dass Donezk zur Frontstadt geworden war, merkte ich dem Straßenbild erst auf den zweiten Blick an, aber dann immer deutlicher. An den Eingangstüren der Cafés klebten kleine Verbotsschilder mit rot durchkreuzten Sturmgewehren. Viele der flanierenden Paare auf dem Puschkin-Boulevard bestanden aus Frauen in kurzen Röcken und Männern in gefleckten Tarnanzügen. Überall sah ich Soldaten, fast nirgends Polizisten. Jenseits des unmittelbaren Zentrums war jedes zweite Ladenlokal geschlossen, in manchen Straßenzügen gab es kein einziges Geschäft mehr. Die Inhaber schienen die umkämpfte Stadt verlassen zu haben, zusammen mit all den anderen Kriegsflüchtlingen – insgesamt waren knapp zwei Millionen Menschen aus dem Donbass geflohen, mehr als die Hälfte davon nach Russland, der Rest in die Ukraine. In manchen Häusern sah ich abends kaum Licht brennen, ganze Bürotürme schienen verwaist zu sein, auch die Straßen waren vielerorts gespenstisch menschenleer. Die ausgedünnte Bevölkerung füllte die Stadt nicht mehr, Donezk wirkte wie ein schlotterndes, zu weit gewordenes Kleid.

Auch die Supermärkte hatten erkennbar Mühe, ihre Regale zu füllen. In manchen klafften riesige Lücken, in anderen war das verknappte Angebot mit endlosen Reihen identischer Konserven kaschiert. Fast alle Plakatwände an den Straßen waren leer oder mit Propagandapostern der Separatisten überklebt. «Zum einjährigen Jubiläum des Justizsystems der Donezker Volksrepublik» stand auf einem, ein anderes zeigte zwei Uniformierte, die mit gezückten Waffen einen am Boden liegenden Mann in Schach hielten, vermutlich einen Plünderer. «Es ist Aufgabe des Staates, Sie und Ihr Eigentum zu schützen», stand unter dem Foto. Unzählige Plakate zeigten Alexander Sachartschenko, den Premierminister der Separatisten – Sachartschenko mit Kindern, Sachartschenko mit Rentnern, Sachartschenko im Tarnanzug, Sachartschenko in Paradeuniform.

Die Donezker Oper hatte ihr gesamtes Programm auf den Nachmittag verlegt, wegen der nächtlichen Ausgangssperre, die ab elf Uhr abends galt. Vor dem Operngebäude stand ein gläserner Schaukasten, in dem kein Programmzettel hing, sondern ein großes Stalin-Poster. Irritiert blieb ich stehen, als ich das schnauzbärtige Gesicht erkannte. Es war ein Propagandaplakat aus dem Zweiten Weltkrieg. «Unsere Sache ist gerecht, wir werden den Feind vernichten, der Sieg gehört uns», stand unter Stalins Konterfei. Ratlos sah ich mich um. Das große Lenin-Denkmal, das ein paar Straßen entfernt stand, hatte mich nicht weiter überrascht. Warum vor der Oper ein Stalin-Poster hing, war schwerer zu begreifen.

«Was macht denn Genosse Stalin hier?», fragte ich eine ältere Passantin.

Die Frau warf einen kurzen Blick auf das Plakat und zuckte gleichgültig mit den Schultern. «Weiß der Himmel.»

Am südlichen Ende des Puschkin-Boulevards lag ein großer Park. Zwischen den Blumenrabatten sprach mich ein Mann in einem Rollstuhl an.

«Bruder! Hast du Geld für einen Invaliden?»

Ich gab ihm ein paar Rubelscheine. Er war um die fünfzig. Sein schwarz-weiß melierter Bart rahmte ein auffällig schönes, männliches Gesicht. Sein linkes Bein fehlte.

«Kriegsverletzung?», fragte ich.

Er knöpfte seine Uniformjacke auf. Darunter kamen weiße Mullbinden zum Vorschein, die seine gesamte Brust bedeckten.

«Das Bein war nicht zu retten. Zwei Kugeln haben sie mir aus der Brust geschnitten, eine steckt noch im Körper, kurz vor der Leber. Kann man nicht rausholen, sagen die Ärzte – zu gefährlich.»

Er grinste ein breites Grinsen. Die Lachfalten an seinen Augenwinkeln schoben sich zusammen wie die Knickstellen eines Akkordeons. Für einen Kriegsversehrten hatte er bemerkenswert gute Laune.

«Igor», stellte er sich vor. «Soll ich dir erklären, wie der Krieg angefangen hat?»

«Oh ja», sagte ich. «Unbedingt.»

«Ganz einfach: Die Freimauer stecken dahinter! Am Anfang sind sich zwei von diesen Rockefellers über den Weg gelaufen. Sagt der eine zum anderen: Hör mal, Bruder, ich habe siebzig Milliarden verloren, die muss ich irgendwie wieder reinkriegen – lass uns einen Krieg anfangen! Ist gut, sagt der andere, ich rede mit Obama. Obama hat dann mit Merkel geredet, Merkel mit Putin, Putin mit Janukowitsch ...»

«Merkel mit Putin?»

«Ja, klar. Die stecken doch alle unter einer Decke. Jedenfalls reichte der Krieg im Donbass nicht für die siebzig Milliarden, deshalb hat Putin noch mit Assad geredet, und jetzt geht es in Syrien weiter ...»

Igors Grinsen wurde immer breiter, während er mir die Weltlage erklärte.

Irgendwann unterbrach ich ihn. «Wenn du das alles so genau durchschaust, warum bist du dann in den Krieg gezogen?»

Er zuckte mit den Schultern. «Ich brauchte Geld. Meine Mutter hat gesagt: Melde dich freiwillig, die zahlen gut.»

Mit den Separatistentruppen hatte Igor gegen die ukrainische Armee gekämpft, bis ihm im vergangenen Sommer ein Bein weggeschossen worden war. Man hatte ihm eine Invalidenrente versprochen, aber bisher hatte er kein Geld gesehen. Er lebte von den Scheinen, die ihm die Spaziergänger im Park zusteckten.

Ich fragte ihn, ob es stimmte, dass im Donbass russische Truppen kämpften.

«Machst du Witze? Ohne die hätten wir keine drei Wochen durchgehalten. Immer, wenn es brenzlig wird, kommen sie über die Grenze und hauen uns raus. Übrigens, soll ich dir einen Witz erzählen?»

«Ja, bitte.»

Er erzählte mir nicht einen, sondern fünfzehn Witze am Stück. Einer war schmutziger als der andere, und über jeden lachte Igor mindestens doppelt so lange, wie das Erzählen gedauert hatte. Sein Lachen war so ansteckend, dass ich mitlachen musste, und weil Igor dachte, dass ich über seine Witze lachte, lachte er noch mehr, was wieder mich zum Lachen brachte, bis wir irgendwann beide nur noch hilflos lachten, ohne aufhören zu können.

«Sag mal», fragte ich, als ich mich halbwegs gefangen hatte, «warum hast du eigentlich so gute Laune?»

«Ganz einfach», sagte Igor grinsend. «Ich bin verliebt! Ich habe die Frau meines Lebens gefunden, und ich sage dir, Bruder, die Liebe ist alles, was zählt! Ich musste mein Bein verlieren, um das zu begreifen!»

Wieder fing er an zu lachen. «Ist das nicht irrsinnig komisch?»

Wir lachten so laut und so lange, dass die Spaziergänger im Park uns irritierte Blicke zuwarfen. Igor war der glücklichste Mensch, dem ich in der gesamten Donezker Volksrepublik begegnete.

Während meiner Reise hatte ich mir angewöhnt, in jeder ukrainischen Stadt das örtliche Heimatkundemuseum zu besuchen. Im Lauf der Zeit waren mir die kleinen Ausstellungshäuser ans Herz gewachsen, die sich im ganzen Land verblüffend ähnlich sahen, trotz ihrer regionalen Schwerpunkte. Im ersten Saal stand fast immer das Skelett eines Mammuts oder, falls in der Gegend keine passenden Knochen ausgegraben worden waren, eine lebensechte Mammutnachbildung, bespannt mit zotteligem Kunstfell. Dem prähistorischen Saal folgten grundsätzlich endlose Glaskabinette mit ausgestopften Tieren und getrockneten Pflanzen, bevor der naturkundliche Teil in den historischen überging. Dort durfte auf keinen Fall ein Kriegsdiorama fehlen, die dreidimensionale Nachstellung einer wichtigen Schlacht, für die man Plastiksoldaten in einer bemalten Wandnische aufmarschieren ließ, gerne untermalt mit dramatischer Musik. Je nach Größe des Museums war eine komplette Etage, mindestens aber ein ganzer Saal dem Zweiten Weltkrieg gewidmet.

Ich erwartete keine nennenswerten Abweichungen von diesem Schema, als ich das Heimatkundemuseum von Donezk besuchte. Es lag im nördlichen Teil des Stadtzentrums, ein paar hundert Meter hinter dem Fußballstadion. Ich näherte mich dem Museum zu Fuß – und blieb schockiert stehen, als das dreistöckige Gebäude vor mir auftauchte. Der linke Seitenflügel lag in Trümmern.

Nur Fragmente einer Außenwand waren übrig geblieben, hinter deren leeren Fenstern der blaue Himmel leuchtete. Erst fragte ich mich, ob das Gebäude vielleicht abgerissen wurde, aber als ich näher kam, sah ich die Einschusslöcher. Sie entstellten die gesamte Fassade des verbliebenen Museumsteils. Im offenen Innenhof standen ein paar steinerne Skulpturen aus der Zeit der alten Steppenvölker. Auch sie waren getroffen worden, Teile ihrer Arme, Schultern und Gesichter waren abgesplittert. Einer fehlte der Kopf.

Mir war nicht neu, dass in Donezk Wohnhäuser unter Beschuss geraten waren, ich wusste auch, dass der Krieg etwa zweieinhalbtausend Zivilisten das Leben gekostet hatte. Aber gehört hatte ich nur von Gefechten am Stadtrand. Das Museum lag im Zentrum. Es musste aus der Ferne beschossen worden sein. Auch an den Fassaden der umliegenden Wohnhäuser sah ich Artilleriespuren. An der nächsten Straßenecke stand ein kleiner Kiosk, dessen Metallverkleidung durchlöchert war wie ein Küchensieb.

Der Museumseingang lag unmittelbar neben dem zertrümmerten Seitenflügel. Ich war überrascht, als ich eine ältere Frau aus der Tür treten sah – das Gebäude war so schwer beschädigt, dass ich es für menschenleer gehalten hatte.

«Ist das Museum geöffnet?», fragte ich erstaunt.

Die Frau nickte. «Aber viel gibt es nicht zu sehen.»

Durch die dunkle Eingangshalle schlich ein dicker, weiß-rot gemusterter Kater.

«Ist er nicht ein Prachtkerl?», fragte die Kartenverkäuferin, als sie meinen Blick bemerkte. «Er ist uns zugelaufen, im Krieg. Wahrscheinlich haben seine Besitzer ihn ausgesetzt, als sie geflohen sind. Die Stadt ist voller herrenloser Tiere.»

Ich kaufte eine Karte. Als die Verkäuferin meinen ausländischen Akzent hörte, wies sie mir sofort eine Führerin zu. Die Führerin hieß Ljudmila und hatte ein paar Jahre in Magdeburg gelebt, als mitgereiste Gattin eines sowjetischen Armeeangehörigen. Ljudmila war sehr schüchtern. Wenn ich ihr in die Augen sah, wurde ihre Stimme so leise, dass ich sie kaum verstand. Ich gab mir Mühe, sie nicht anzusehen, was nicht leicht war, weil es ansonsten nicht viel zu sehen gab. Nur drei kleine Säle des Museums waren zugänglich, der Rest war gesperrt. Den ersten Raum füllten ausgestopfte Vögel, den zweiten Möbel aus der Zeit der Jahrhundertwende, im dritten standen ein paar skythische Tongefäße neben sowjetischen

Blumenvasen. Es war die traurigste Zusammenstellung von Museumsexponaten, die ich je gesehen hatte.

Meine Fragen nach den Kriegsschäden verunsicherten Ljudmila. Ängstlich verwies sie mich an den Direktor. Sie verriet mir nur, dass der zerstörte Teil des Gebäudes die Naturkundesammlung enthalten hatte.

«Stand da auch ein Mammut?», fragte ich neugierig.

Ljudmila nickte. «Ein Skelett. Gott sei Dank ist es erhalten geblieben.»

Der Direktor, ein etwa vierzigjähriger Mann namens Denis Kusnezow, empfing mich in seinem Büro im ersten Stock, zusammen mit seiner älteren Stellvertreterin Tatjana Kojnasch. Die geborstenen Fenster des Büros waren mit Plastikfolie verklebt. Über dem Schreibtisch hing ein großes Porträt von Che Guevara.

Ich stellte mich vor und erklärte, was mich nach Donezk geführt hatte. «Ich schreibe ein Buch über die Ukraine und interessiere mich ...»

«Dann sind Sie hier falsch», fiel mir der Direktor kühl ins Wort. «Wir gehören nicht mehr zur Ukraine.»

Das Gespräch kam nur stockend in Gang. Mit merklichem Misstrauen hörten die beiden mir zu, sie schienen nach verborgenen Zeichen zu suchen, die mich als Agenten der Gegenseite entlarvten. Ich gab mir Mühe, meine Fragen so konkret wie möglich auf das Museum zu beziehen, um nicht von Anfang an auf vermintes politisches Terrain zu geraten. Es dauerte eine Weile, bis die einsilbigen Antworten meiner Gesprächspartner langsam ausführlicher wurden.

Das Museum war im Sommer 2014 beschossen worden, an drei Tagen im späten August. Verletzt worden war niemand, die Geschosse waren spät abends und früh am Morgen eingeschlagen, als sich kein Mitarbeiter im Gebäude aufgehalten hatte.

«Wir halten das für einen gezielten Terroranschlag», sagte der Direktor. «Es ist barbarisch, ein Museum zu beschießen. Die ukrainischen Truppen sind Barbaren – schreiben Sie das ruhig auf!»

Irreparabel zerstört war ein großer Teil der Tier- und Pflanzenpräparate, die unter dem eingestürzten Gebäudeteil begraben worden waren. Eine der Raketen hatte den Boden des Naturkundetrakts durchschlagen und war in den darunterliegenden Kellerraum eingedrungen, in dem sich Teile der Altertumssammlung befunden hatten. Tatjana, die Stellvertreterin, zeigte mir später die jahrhundertealten Tongefäße, deren Scherben ihre Mitarbeiter aus dem Schutt geklaubt und neu zusammengesetzt hatten. Von manchen war so wenig übrig geblieben, dass die geklebten Krüge mehr aus Löchern als aus Ton bestanden.

Den Direktor hatte die Nachricht von der Zerstörung des Museums an der Front erreicht, seine Stellvertreterin am Strand. Denis Kusnezow hatte sich den Separatistentruppen angeschlossen, er kämpfte nördlich der Stadt gegen die ukrainische Armee. Tatjana Kojnasch war im Urlaub gewesen, an der Küste des Asowschen Meers, südlich von Donezk.

Sofort waren sie in die Stadt zurückgekehrt, um zu retten, was zu retten war. Es hatte geregnet in jenen Augusttagen, alle Fensterscheiben waren zu Bruch gegangen, die Geschosse hatten Löcher ins Dach geschlagen, überall drang Wasser ein. Hektisch schleppten die Museumsmitarbeiter alle unversehrten Exponate in die intakten Gebäudeteile. Das Mammutskelett fand sich neben einem Architekturmodell des alten Stahlwerks von John Hughes wieder. Ein Diorama der Weltkriegsschlacht von Saur-Mogila landete neben einem Sessel des Komponisten Sergej Prokofjew, der in einem Dorf in der Nähe von Donezk aufgewachsen war. Ausgestopfte Füchse, seltene Steppengräser, konservierte Schwarzerdeproben, orthodoxe Ikonen, sowjetische Propagandaplakate, Kosakenflinten und Tatarensäbel, KGB-Orden und SS-Helme, alte Holzpflüge und frühe Traktorenmodelle, skythische Pferdegeschirre, ukrainische Stickblusen, russische Samoware, zaristische Uniformteile, Bolschewikenmützen, Erschießungsbefehle, Verbannungsurteile und Prozessakten – die ganze Geschichte des Donbass landete auf einem großen, unsortierten Haufen.

Jetzt musste sie neu zusammengesetzt werden. Schritt für Schritt wurden die Säle des Museums restauriert, einer nach dem anderen sollten sie sich wieder mit Exponaten füllen. Nicht nur mit alten, sondern auch mit neuen, denn während die Museumsmitarbeiter die Vergangenheit des Donbass sortierten, dokumentierten sie gleichzeitig seine Gegenwart.

Der Direktor und seine Stellvertreterin erzählten mir von den neuen Ausstellungsstücken, die in den vergangenen anderthalb Jahren in ihrer Sammlung gelandet waren. Aufgehoben hatten sie die ersten Protestplakate, mit denen Demonstranten in Donezk gegen den Umsturz in Kiew protestiert hatten: «Amerika, Hände weg von der Ukraine!» – «Stoppt die Bandera-Faschisten!» – «Niemand zwingt den Donbass in die Knie!» Als selbsternannte Volksvertreter im April 2014 die Donezker Volksrepublik ausgerufen hatten, war eine Kopie ihrer Unabhängigkeitserklärung im Museumslager gelandet. Bereits einen Monat später konnten Kusnezow und Kojnasch ihrer Sammlung die Wahlzettel hinzufügen, mit denen die Separatisten über die staatliche Selbständigkeit ihrer Republik abstimmen ließen. Eine Kopie des offiziellen Wahlergebnisses – 89 Prozent Zustimmung – hatten sie ebenfalls aufgehoben.

Einen Teil der neuen Exponate hatte ich bereits gesehen. In der Eingangshalle des Museums waren Fragmente der Waffen ausgestellt, mit denen die Kiewer Regierung auf den Putsch im Donbass geantwortet hatte. Geborstene Raketenteile, detonierte Minen, aufgeplatzte Panzergranaten säumten eine lange, anklagende Seitenwand. Darunter waren auch die Geschosse, die das Museum zerstört hatten.

Eine erste Ausstellung hatten Kusnezow und Kojmasch mit ihren neuen Exponaten bereits bestückt. Das Donezker Weltkriegsmuseum, das auf der anderen Seite des Fußballstadions lag, war im vergangenen Mai neu eröffnet worden. Zum siebzigjährigen Jubiläum des Kriegsendes hatten die beiden dort eine Sonderausstellung zum aktuellen Krieg kuratiert. Ihr Titel: «Der Kampf gegen den Faschismus geht weiter».

Während ich dem Direktor und seiner Stellvertreterin zuhörte, fragte ich mich immer mehr, ob die Geschichte des Donbass nach der Wiedereröffnung des Museums noch so aussehen würde, wie sie vorher ausgesehen hatte. Als ich fragte, sah Kusnezow mich forschend an.

«Ich ahne, worauf Sie hinauswollen», sagte er. «Wir haben nicht vor, die Geschichte umzuschreiben.»

Nach einer kurzen Pause lächelte er ein süffisantes Lächeln. «Aber sicher wird der Ausstellungsteil über den Holodomor nicht der erste sein, den wir wiedereröffnen.»

Die künstlich ausgelöste Hungersnot der dreißiger Jahre hatte bei den Auseinandersetzungen in der Ostukraine immer wieder eine Rolle gespielt. Mehrere Holodomor-Mahnmale waren während des Kriegs von den Separatisten demontiert worden.

«Das Thema war im Donbass nicht von großer Bedeutung», sagte Tatjana Kojnasch. «Gehungert wurde auf dem Land, nicht in den Industriegebieten.»

«Holodomor, Holodomor», unterbrach sie der Direktor. «Wenn ich das Wort schon höre! Gehungert wurde überall in der Sowjetunion, aber in der Ukraine mussten sie extra einen Begriff dafür erfinden. Als habe es nur sie allein getroffen!»

Kusnezows anfängliche Zurückhaltung fiel jetzt endgültig von ihm ab, seine Stimme wurde ungeduldig.

«Das Thema wurde uns von Kiew aufgedrückt. Vom Kulturministerium kam der Befehl, im Museum Platz für die Hungersnot zu schaffen. Dabei können wir gar nichts zeigen – es gibt so gut wie kein Archivmaterial zum Holodomor in dieser Gegend. Am Ende haben wir einen Künstler beauftragt, der ein paar Särge aufstellte und ‹Holodomor› drüberschrieb, weil ihm nichts Besseres einfiel.»

Schweigend hörte ich zu, während sich Kusnezow zunehmend in Rage redete. Auch seine Stellvertreterin sagte nichts mehr.

«Mit den Ukrainern ist es immer das Gleiche», sagte er. «Nie sind sie selbst schuld, immer sind andere für ihr Unglück verantwortlich. Russland, Russland, Russland – ich weiß nicht, was die Ukrainer täten, wenn es Russland nicht gäbe. Ihr ganzes Selbstbild fiele in sich zusammen, sie hätten niemanden mehr, den sie beschuldigen können. Wer hat die Ukraine überhaupt als Staat ins Leben gerufen? Lenin! Und die Ukrainer stürzen seine Denkmäler! Es ist lächerlich!»

Als Kusnezow verstummte, wurde es unangenehm still im Raum.

Ich räusperte mich. «Sie beide sind keine Ukrainer, nehme ich an?»

Kusnezow schüttelte den Kopf. «Gott bewahre.»

«Reinrassige Ukrainer werden sie im Donbass kaum finden», sagte Tatjana Kojnasch. «Ich selbst würde mich als Russin bezeichnen, aber was heißt das schon? In meiner Familie gibt es auch andere Wurzeln, wie bei allen hier. Dieser ganze Nationalismus ist Unsinn, ich verstehe nicht, was sich die Ukrainer davon versprechen.»

«Sie wollen uns beweisen, dass sie keine Russen sind», sagte Kusnezow trocken.

Ich deutete auf das Che-Guevara-Porträt über seinem Schreibtisch.

«Sie mögen nicht nur Lenin, wie ich sehe?»

Er lächelte.

«Sehr richtig. Ich bin Kommunist. Ich wünsche mir einen Donbass ohne Oligarchen. Den werden wir auch bekommen, das verspreche ich Ihnen. Der Krieg hat die Menschen hier verändert. Wir werden uns nicht länger ausbeuten lassen. Schon gar nicht von Feiglingen, die geflohen sind, anstatt für den Donbass zu kämpfen.»

Wieder wurde sein Lächeln süffisant. «Hier sind sehr viele Waffen im Umlauf. Das sollten alle Oligarchen bedenken, die zurückkehren wollen. Sie leben gefährlich.»

Bei seinen letzten Worten fiel mir endlich ein, an wen mich Kusnezow erinnerte. Es war Mykola Kochaniwskyj, der wütende Bataillonsführer aus Kiew. In ihrer Haltung zur Ukraine mochten die beiden entgegengesetzte Extreme vertreten, vielleicht hatten sie sich sogar an der Front gegenübergestanden. Geistesbrüder aber waren sie in ihrem Hass auf die Oligarchen, ihrer unverhohlenen Gewaltneigung, ihrem kriegerischen Zorn.

Wie Tatjana Kojnasch zur Ukraine stand, fand ich erst heraus, als sie mir später alleine das Museumslager zeigte. Auch sie hatte der Krieg verhärtet. Ihre Stimme war voller Hass, als sie mir erzählte, wie sie mit ihrem Enkelsohn an der Hand durch die Straßen von Donezk gerannt war, während ringsum Artilleriegeschosse einschlugen. Anders als ihr Vorgesetzter aber schien Tatjana begriffen zu haben, dass auch von russischer Seite keine wirkliche Hilfe zu erwarten war, dass Russland den Donbass nur als Unruheherd missbrauchte.

«Ich hoffe, dass die Ukrainer zu Sinnen kommen», sagte sie. «Sie sollen uns nicht irgendwelche Nazis schicken, die uns ihren Willen aufzwingen wollen, sondern normale, intelligente Menschen, mit denen man reden kann.»

Es klang verzweifelt. Gleichzeitig klang es wie der einzige Ausweg aus dem Krieg.

Als ich mich von den beiden Museumsleitern verabschiedete, bat ich sie um einen Rat. Ich hatte von einem Naturschutzgebiet an der russischen Grenze gehört, einem Steppenpark, in dem die alte Graslandschaft der Ukraine in ihrer ursprünglichen Form konserviert wurde.

«Sie wissen nicht zufällig, wie man da hinkommt?», fragte ich.

Die beiden schüttelten die Köpfe.

«Ich habe nur gehört, dass der Parkleiter in die Ukraine geflohen ist», sagte Tatjana. «Keine Ahnung, ob da überhaupt noch jemand arbeitet.»

«Das ist militärisches Sperrgebiet», fügte Kusnezow hinzu. «Da waren in letzter Zeit so viele wechselnde Truppen stationiert, dass keiner mehr weiß, wo die Minen vergraben sind. Fahren Sie da besser nicht hin.»

Auf gut Glück nahm ich einen Überlandbus in Richtung Asowsches Meer. Laut meiner Karte gab es nur eine einzige Landstraße, die von Donezk aus durch den schmalen Südteil des Separatistengebiets bis an die Küste führte. Parallel zur Straße, ein paar Kilometer weiter östlich, verlief die russische Grenze. Irgendwo dazwischen musste der Steppenpark liegen.

Die Landstraße war streckenweise kaum befahren, oft war der Bus das einzige Auto weit und breit. Auf beiden Seiten der Trasse lagen abgeerntete Felder. Gelbe Stoppeln kontrastierten scharf mit der schwarzen, satten Steppenerde, die sich flach bis zum Horizont zog, überwölbt von einem bleiernen Oktoberhimmel.

Ein paarmal passierten wir Kontrollposten der Separatisten,

aber keiner der bewaffneten Männer machte sich die Mühe, den Bus anzuhalten. Kurz nach einem Ort namens Telmanowe, in dessen kyrillischer Schreibweise ich erst auf den zweiten Blick den Namensgeber Ernst Thälmann erkannte, standen zwei verlassene, offenbar ausgemusterte Panzer am Straßenrand. Ihre Geschützrohre waren gegeneinander gerichtet, aber das Bild hatte nichts Drohendes, eher sahen die Panzer aus wie zwei Freunde, die im Sterben Halt beim anderen suchten.

Als nach knapp zwei Stunden Fahrt am Straßenrand ein Ortsschild mit der Aufschrift «Samsonowe» auftauchte, bat ich den Fahrer, mich an der nächsten Abzweigung abzusetzen. Ein eisiger Steppenwind schlug mir ins Gesicht. Der Bus fuhr weiter und ließ mich alleine zurück. Weit und breit waren weder Autos noch Menschen zu sehen, nur endlose, flache Äcker.

Ich bog in einen kleinen Feldweg ein. Die schmalen Pappeln an den Rändern boten kaum Schutz gegen den beißenden Wind. Nach den ersten paar Minuten zog ich mir meine Kapuze über den Kopf. Zornige Böen jagten um meine Ohren, ihr Pfeifen war so laut, dass ich keinen Panzer gehört hätte, selbst wenn er mir auf den Fersen gefolgt wäre.

Eine gute Stunde lang lief ich den Feldweg entlang, bis vor mir die Wirtschaftsgebäude einer alten Kolchose auftauchten. Dahinter lag ein winziges Dorf, dessen Hunde kollektiv anschlugen, als sie die Ankunft eines Fremden witterten. Zwei alte Männer unterhielten sich über einen Gartenzaun hinweg. Als ich auf sie zusteuerte, verstummte ihr Gespräch, beide musterten mich mit unverhohlener Neugier. Ich fragte nach dem Steppenpark. Stumm deuteten die Männer auf das hintere Ende der staubigen Dorfstraße.

Das letzte Haus stand am Ufer eines kleinen Flusses. Eine schmale Fußgängerbrücke führte hinüber. Auf der anderen Seite stand ein Mann in einem Tarnanzug.

«Aus Deutschland?»

Ratlos kratzte der Uniformierte sein unrasiertes Kinn. Offenbar war er der Parkwächter.

«Deutschland ... Nicht schlecht. Dann hole ich wohl mal besser den Chef.»

Der Chef hieß Alexander Michejew. Er war ein breitschultriger, schnörkelloser Mann um die fünfzig. Mit einem gutgelaunten Schulterklopfen hieß er mich willkommen. Er hatte etwas von einem fröhlichen Bären, aber sein rot geädertes Cholerikergesicht sagte mir, dass der Bär auch anders konnte.

Michejew war noch nicht lange im Amt.

«Mein Vorgänger – nun, lange Geschichte. Kurz gesagt, er ist nicht mehr da.»

Als ich später nach dem Namen des Vorgängers suchte, stellte ich fest, dass die Separatisten ihn rausgeschmissen hatten. Es war nicht der einzige Verwaltungsposten der Donezker Volksrepublik, der in den letzten anderthalb Jahren neu besetzt worden war.

«Du bist aus Deutschland hierhergekommen, um dir die Steppe anzusehen?», fragte Michejew.

Ich nickte.

Anerkennend pfiff er durch die Zähne, bevor er mich ins Innere des Geländes führte.

«Tausend Hektar», sagte er. «Unberührte Steppe. Kein Pflug hat je diese Erde umgewälzt.»

Ein kleines Verwaltungsgebäude grenzte an einen Pferdestall. Daneben erhob sich ein flacher Hügel, hinter dessen Kuppe der Steppenpark begann. Wir unterhielten uns noch am Fuß des Hügels, als von ferne her plötzlich das dumpfe Trommeln galoppierender Pferdehufe zu hören war. Der Rhythmus war unverkennbar – *tapatam, tapatam, tapatam*.

Auch Michejew hatte das Geräusch bemerkt. Schweigend hörten

wir zu, wie das Trommeln näher kam, bis auf der Kuppe des Hügels plötzlich die Gestalt eines Reiters auftauchte, der in vollem Galopp auf uns zusprengte.

Es war ein Bild von solcher Zeitlosigkeit, dass ich für einen Moment vergaß, wo ich war. Ein Kribbeln ging durch meinen Körper, ich spürte eine jahrtausendealte Furcht. Wie schnell ich auch rennen mochte, der Reiter würde mich einholen, wohin ich auch floh, er würde mich finden, im Gras gab es keine Verstecke. So musste sie sich angefühlt haben – die alte Angst der Sesshaften vor den Steppenvölkern.

Unmittelbar vor uns brachte der Reiter sein Pferd abrupt zum Stehen und stieg ab. Das Tier war dunkelbraun und strahlte eine Ruhe aus, die mich überraschte. Seine Nüstern gingen langsam, der harte Ritt war ihm nicht anzumerken. Der Reiter war Mitte zwanzig und wirkte genauso gelassen wie sein Pferd.

«Witja», stellte er sich vor. Er war der Stallmeister des Parks.

Michejew hatte meinen faszinierten Blick bemerkt.

«Schon mal auf einem Pferd gesessen?», fragte er.

So kam es, dass ich die Steppe nicht zu Fuß betrat, sondern auf dem Rücken eines Pferds namens Sultan. Michejew zog sich ins Verwaltungsgebäude zurück, während Witja zu Fuß neben mir herlief. Anfangs hielt er die Zügel in der Hand, später, als sich das Pferd an mich gewöhnt hatte, übergab er sie mir.

Auf den ersten Blick gab es nicht viel zu sehen. Sanfte Hügel wellten sich bis zum Horizont, kein Baum, kaum ein Strauch bot dem Blick Halt. Das Steppengras war gelb und strohig, es wirkte leblos, und so würde es bleiben, bis der Frühling anbrach. Von fern betrachtet schien eine einförmige Grasdecke den Boden zu bedecken, erst aus der Nähe offenbarte sie ihre Vielfalt. Einstämmige und knotig verzweigte Stängel bogen sich nebeneinander im Wind, an den Spitzen zitterten verdorrte Blüten, die einen rund, die anderen fedrig, dolden- oder ährenförmig. Nicht eine, sondern Hunderte von Grassorten wuchsen in der Steppe.

Nur am östlichen Rand des Parks, etwa drei, vielleicht vier Kilometer entfernt, sah ich ein paar vereinzelte Bäume stehen, dem Anschein nach Pappeln. Sie bildeten eine Linie. Als ich Witja fragte, ob es die russische Grenze sei, nickte er.

«Gibt es da einen Zaun?», fragte ich. Aus der Entfernung konnte ich keine Grenzanlagen erkennen.

«Nur einen flachen Graben. Wenn wir die Pferde in der Steppe grasen lassen, verirren sie sich manchmal auf die andere Seite.»

«Was macht ihr dann?»

«Nichts. Sie kommen von selbst zurück. Und den russischen Grenzern sind Pferde egal, solange niemand draufsitzt.»

An ein paar Stellen ragten steinerne Skulpturen aus dem Gras, grob gehauene Figuren, Hinterlassenschaften der alten Steppenvölker. In den ukrainischen Heimatkundemuseen hatte ich inzwischen so viele der alten Grabsteine gesehen, dass ich ihre Formen ansatzweise unterscheiden konnte. Die meisten Statuen im Park schienen aus der Ära der Polowzer zu stammen, sie mussten etwa tausend Jahre alt sein. Ein paar stärker verwitterte Steine sahen nach Grabfiguren der Skythen und Sarmaten aus, die rund ein Jahrtausend vor den Polowzern durch die Steppe gezogen waren.

Witja erklärte mir, dass fast alle Steinskulpturen aus anderen Teilen der Steppengebiete stammten, man hatte sie hier zusammengetragen. Nur eine Statue stand an ihrem ursprünglichen Ort, auf der Kuppe eines Kurgans, eines alten Grabhügels, der sich in der Mitte des Parks erhob. Der Figur fehlte der Kopf, aber die unter dem Bauch verschränkten Arme sagten mir, dass es ein polowzisches Grabmal sein musste.

Auf dem Kurgan drückte Witja mir die Zügel in die Hand. Sultan reagierte sofort auf meinen Schenkeldruck, er verfiel in einen leichten Trab. Sobald wir uns zu weit vom Kurgan entfernten, pfiff Witja das Pferd zurück, und obwohl wir nicht gerade im Heldengalopp durchs Gras sprengten, spürte ich, wie das Blut in meinen Adern schneller floss. Ein grenzensprengendes Glücksgefühl durchflutete meinen Körper, ich war eins mit der Steppe, ich ritt durch die Jahrtausende, ich war ein Skythe, ein Polowzer, ein Kosake. Der Wunsch überkam mich, die Schenkel hart zusammenzupressen und mit dem Pferd loszustürmen, über die russische Grenze hinweg und weiter, bis nach Kasachstan, nach Sibirien, in die Mongolei, so weit die Steppe reichte.

Wahrscheinlich hätte mich nach einer kurzen Glücksminute ein russischer Grenzer vom Pferd geschossen.

Auf dem Rückweg zum Stall erzählte mir Witja, dass er in Samsonowe wohnte, dem Dorf neben dem Park.

«Leben da mehr Russen oder Ukrainer?», fragte ich.

Er schwieg einen Moment. Die Frage schien ihn zu verwirren.

«Na ja», sagte er. «Früher, als es die Union noch gab, waren wir irgendwie alle Russen. Jetzt sind manche Ukrainer. Keine Ahnung, wovon es mehr gibt.»

Witja war so jung, dass er die Sowjetzeit kaum bewusst miterlebt haben konnte. Seine Antwort ließ mich an einen Satz von Valentina Mordwinzewa denken, der Archäologin aus Simferopol. Imperien, hatte sie gesagt, verschwinden nicht aus den Köpfen der Menschen, nur weil sie von der Landkarte verschwinden.

Michejew, der Parkdirektor, war noch beschäftigt, als wir das Verwaltungsgebäude erreichten. Eine junge Mitarbeiterin namens Tamara führte mich durch ein kleines Steppenmuseum. Ausgestopfte Tiere und getrocknete Gräser füllten die Glasvitrinen.

Tamara deutete auf zwei kleine Grasbüschel, die mit Pappkärtchen beschriftet waren. «Kowyl» stand auf dem einen, «Tiptschak» auf dem anderen – Federgras und Schafschwingel.

«In der Steppe wachsen diese beiden Gräser oft nebeneinander», sagte Tamara. «Es gibt eine alte Legende dazu, vielleicht haben Sie davon gehört?»

Ich kannte die Legende aus einem Buch. Sie spielte in den fernen Zeiten des Kiewer Fürstentums, als Krieg zwischen den Slawen und den Steppenvölkern geherrscht hatte. Zwei feindliche Heere schlugen eines Nachts ihre Lager neben einem Berg auf, die Kiewer an einem Hang, die Polowzer an einem anderen. Die Kiewer ließen einen jungen Kämpfer namens Kowyl Wache halten, die Polowzer ein Mädchen namens Tiptschak. In der Nacht begegneten sich die beiden auf dem Berg und verliebten sich ineinander. Bis zum Morgengrauen flüsterten sie sich Liebesschwüre zu, obwohl der eine die Sprache der anderen nicht verstand. Als die verfeindeten Lager am Morgen erwachten und sahen, was geschehen war, entschieden sie, die Liebenden nicht zu trennen. Gemeinsam ließ man sie ziehen. Seit jenen Tagen aber wachsen in der Steppe Federgras und Schafschwingel Seite an Seite.

«Nein», log ich. «Die Legende kenne ich nicht.»

Ich wollte die Geschichte aus dem Mund meiner Führerin hören.

«Es war so», sagte Tamara. «Zwei verfeindete Heere lagerten eines Nachts in der Steppe, nicht weit voneinander entfernt. Der Anführer des einen Heers hieß Kowyl, die Anführerin des anderen Tiptschak. In der Nacht verliebten sich die beiden ineinander und ließen ihre Heere im Stich. Als der Verrat am nächsten Morgen bemerkt wurde, tötete man die Liebenden. Wo ihr Blut in die Steppenerde floss, wachsen seit jenen Tagen Federgras und Schafschwingel.»

Ich wäre gerne noch länger in der Steppe geblieben, aber Michejew hatte andere Pläne mit mir. Er wollte mir den zweiten Park zeigen, der zu seinem Verwaltungsbereich gehörte, ein Vogelschutzgebiet an der Küste des Asowschen Meers. In seinem alten Lada Niva fuhren wir am Nachmittag Richtung Süden.

Der bleierne Himmel wurde dunkler und dunkler, während die Felder allmählich verblassten. Zusehends verlor die Erde ihren schwarzen Ton, sie wurde braun, dann beige, bis sie kurz vor Nowoasowsk in Sandboden überging, in dem kein Steppengras mehr Halt fand. Regennasses Schilf prägte die Küstenlandschaft, es hatte zu nieseln begonnen.

Gemeinsam mit einem jungen Biologen aus der Parkverwaltung liefen Michejew und ich den Strand entlang. Der eisige Wind trieb uns den Regen ins Gesicht, hier am Meer blies er noch wütender als in der Steppe. Sein Fauchen wetteiferte mit dem Krachen der Brandung, wir mussten schreien, um uns zu verständigen.

Michejew blieb am Fuß eines Aussichtsturms stehen.

«Das ist nichts für einen alten Mann!», brüllte er. «Rauf mit euch beiden!»

Gehorsam erklommen der Biologe und ich die nassen Metallstufen. Oben blies der Wind mit einer derartigen Gewalt, dass wir uns ans Geländer klammern mussten, um nicht von der Plattform gefegt zu werden. Der Biologe streckte einen Arm aus. Ich erkannte die schmale Landzunge, auf die er zeigte, aber der Wind schluckte die Hälfte seiner gebrüllten Erklärungen.

«... Möwen ... Reiher ... Kormorane ... Brutgebiet ...»

Als wir wieder unten angekommen waren, führte Michejew uns zu einem langen, niedrigen Betonbau an der Wasserkante. Es war ein altes sowjetisches Ferienheim, gebaut für Schachtarbeiter aus dem Donbass. Das Gebäude gehörte zu Michejews Park, aber es wurde schon lange nicht mehr genutzt. Die kaputten Fenster und Türen waren mit Metallgittern abgesperrt, dahinter erkannte ich nackte Betonwände und die Überreste zersplitterter Möbel. An der

Küstenseite des Gebäudes schlug das braune Wasser des Asowschen Meers krachend gegen eine betonierte Kaimauer.

Warum Michejew mich hierhergeführt hatte, begriff ich erst, als mir seine Bärenpranke auf den Rücken schlug.

«Mein internationaler Freund!», schrie er. «Du wirst uns einen Investor finden, der das Häuschen herrichtet!»

Ungläubig starrte ich in sein regentriefendes Gesicht. Der Plan war so hirnrissig, dass mir ein paar Sekunden lang keine Antwort einfiel. Welcher Investor würde sein Geld in einer international nicht anerkannten Bananenrepublik anlegen, in die er nicht einmal einreisen konnte?

«Alexander», brüllte ich. «Wie soll dein Investor denn bitte hierherkommen?»

«Das kriegen wir hin!», schrie er grinsend. «Wir graben einen Tunnel für ihn! Unter der russischen Grenze!»

Wir verbrachten die Nacht in Nowoasowsk. Michejew lebte eigentlich in Donezk, bei seiner Familie, die er nur noch an den Wochenenden sah, seitdem man ihn aus der städtischen Umweltbehörde an die Küste versetzt hatte. Werktags schlief er in einer kleinen Dienstwohnung im Gebäude der Parkverwaltung. Es gab ein zweites Bett, das er mir anbot.

In der winzigen Küche briet Michejew Spiegeleier mit Fleischwurst, dazu türmte er Weißbrot, Salzgurken, marinierte Auberginen, Trockenfisch und Bier auf den Tisch. Ganz zum Schluss zog er eine Literflasche Wodka aus dem Regal.

«Ich hoffe, du hältst ein paar Gläser aus», knurrte er. «Weiß man ja nicht bei euch komischen Westlern. Ihr wollt ja immer alles ganz korrekt machen.»

Seine Laune hatte sich merklich verschlechtert, seitdem er begriffen hatte, dass ich von seinen Investorenplänen nicht viel hielt.

«Immer wollt ihr uns eure Regeln aufzwingen. Demokratie, Menschenrechte, Freiheit – ich kann die Scheiße nicht mehr hören. Männer ficken Männer, das ist eure ganze Freiheit! Könnt ihr gerne für euch behalten, eure Scheißfreiheit!»

Es wurde eine seltsame Nacht. Zum Rauchen wechselten wir in regelmäßigen Abständen in Michejews Büro, das auf der anderen Seite des Flurs lag. Zum Trinken gingen wir wieder zurück in die Küche. Über seinem Büroschreibtisch hatte Michejew ein kleines Funktionärsporträt aufgehängt, es zeigte Alexander Sachartschenko, den Premierminister der Separatisten. Sobald wir rauchend unter dem Porträt saßen, fingen wir an zu streiten. Beim Trinken in der Küche vertrugen wir uns wieder. So ging es hin und her, hin und her, bis der Wodka weit nach Mitternacht zur Neige ging.

«Euch Deutschen hat Gorbatschow die Wiedervereinigung geschenkt», sagte Michejew düster. «Aber wir dürfen uns nicht mit Russland vereinigen, wenn wir es wollen? Erklär mir das!»

Bevor ich irgendetwas erklären konnte, redete er weiter.

«Du glaubst nicht, wie ich Gorbatschow bewundert habe, als er an die Macht kam. Der erste Generalsekretär, der sich traute, frei vor die Arbeiter zu treten! Ohne Redemanuskript, wie ein Mensch. Seinetwegen bin ich in die Scheißpartei eingetreten.»

Michejew zog an seiner Zigarette.

«Aber dann hat er alles versaut, der Hurensohn. Alles! Ich hasse den Kerl. Die halbe Welt gehörte uns, wir hatten ein gutes Leben, aber er musste die Union in Stücke fallen lassen.»

Wütend deutete er in Richtung Fenster.

«Zehn Kilometer von hier verläuft jetzt eine Grenze, die Russen von Russen trennt! Ich hoffe, Gorbatschow ist glücklich, der Scheißkerl!»

Zwischen den Aktenordnern in Michejews Büroregal stand eine

kleine Gottesmutter-Ikone. Was sie ihm bedeutete, begriff ich erst, als Michejew mir in der Küche von seiner Familie erzählte. Sein Vater war ein Altgläubiger gewesen, einer jener traditionsstarren Erzchristen, deren Vorfahren sich im siebzehnten Jahrhundert im Streit von den Orthodoxen getrennt hatten. Der Vater stammte aus einer kleinen Altgläubigengemeinde in Weißrussland. Als junger Mann hatte er es geschafft, sich beim Militärdienst Ärger mit seinen Vorgesetzten einzuhandeln – die Details ließ Michejew offen. Die sowjetischen Behörden legten dem Vater nahe, sein Fehlverhalten durch einen «freiwilligen» Arbeitseinsatz in den Kohlebergwerken des Donbass wiedergutzumachen, wie es damals vielen empfohlen wurde, die auf die eine oder andere Art mit dem Gesetz in Konflikt geraten waren. So war der altgläubige Vater Schachtarbeiter geworden.

Michejew war in Donezk aufgewachsen. Als Kind, erzählte er, sei er oft mit dem Vater nach Weißrussland gefahren, in das Dorf seiner altgläubigen Vorfahren. Die Kirche hatten die Sowjets inzwischen abreißen lassen, aber es gab noch den alten Friedhof, auf dem die Altgläubigen begraben lagen.

«Eines Tages», erzählte Michejew, «besuchten wir unser Familiengrab. Ich war noch ganz klein. Ein Onkel beugte sich zu mir herab und sagte: Dein Urgroßvater liegt hier, dein Großvater, alle deine Vorfahren, eines Tages wirst auch du hier liegen. Du glaubst nicht, wie ich geheult habe! Mama, schrie ich, ich will nicht sterben!»

Kurz bevor wir den letzten Wodka leerten, musste ich wieder an den Satz von den Imperien denken, die nicht aus den Köpfen der Menschen verschwinden. Immer wieder sprach Michejew von «Russen», die man durch Grenzen geteilt hatte, aber er schien mit dem Wort eher Sowjetbürger zu meinen, denn er selbst war ja gar kein Russe, kein ganzer jedenfalls, sein Vater war Weißrusse.

«Unsinn», sagte Michejew, als ich nachfragte. «Halbrusse, was soll das sein? Mein Vater war Weißrusse, meine Mutter Ukrainerin. Ich bin Russe!»

Am nächsten Morgen wachte ich ziemlich verkatert auf. Falls es Michejew genauso ging, ließ er es sich nicht anmerken. Es war Freitag, er wollte nach der Mittagspause zurück nach Donezk fahren und bot mir an, mich mitzunehmen. Während ich auf ihn wartete, hörte ich ab und zu seine donnernde Stimme aus dem Büro auf der anderen Seite des Flurs.

«Wo sind diese Scheißpapiere? Alles muss man selber machen! Bring mir die Papiere, du Hurensohn!»

Es tat mir ein bisschen leid, dass seine Kollegen unser Besäufnis ausbaden mussten. Aber auf eine Art mochte ich Michejew. Ohne mich zu kennen, hatte er mich tief in sein Bärenherz blicken lassen. Nicht alles, was ich darin gesehen hatte, hatte mir gefallen, aber ich war ihm dankbar dafür.

Am Nachmittag setzte er mich in Donezk ab. Es war mein letzter Tag im Separatistengebiet, am nächsten Morgen wollte ich zurück auf die andere Seite der Front. Ich verbrachte den Abend mit zwei englischen Journalisten, die im selben Hotel wohnten wie ich. So lernte ich Roman kennen.

Er war ein Freund der beiden Engländer. Sie waren ihm begegnet, als sie im vergangenen Jahr über die schlimmsten Kriegstage in Donezk berichtet hatten. Roman war Anfang zwanzig, damals war er noch Student gewesen. Seine Universität lag nicht weit entfernt vom Donezker Heimatkundemuseum, und an jenem Augusttag, als Raketen in den Museumsbau eingeschlagen waren, hatte er gerade neben einem offenen Fenster gestanden.

«Die Druckwelle war so stark, dass ich an die gegenüberliegende Wand flog», erinnerte sich Roman.

Wir sprachen über die Zerstörung des Museums. Roman glaubte nicht an einen gezielten Beschuss. Die beiden Engländer, die in jenen Tagen ebenfalls in Donezk gewesen waren, hatten gesehen, dass aus Richtung des Fußballstadions Raketen auf die ukrainischen Stellungen am Stadtrand abgefeuert worden waren. Sie vermuteten, dass die Ukrainer das Feuer erwidert und dabei das Museum getroffen hatten.

Roman, der klein und schmächtig, aber auf seine stille Art charismatisch war, hatte während des Kriegs sein Marketing-Studium abgeschlossen und danach für eine Werbefirma in Donezk gearbeitet. Seine Chefs waren inzwischen nach Kiew geflohen, zusammen mit der Firma. Roman war arbeitslos.

«Marketing ist in der Donezker Volksrepublik ein überflüssiger Beruf», sagte er grinsend. «Es gibt keinen Markt mehr. Die Separatisten haben auf Planwirtschaft umgestellt.»

Roman war kein Freund der Separatisten. In Donezk hielt ihn allein die kranke Großmutter, um die er sich kümmerte. Ihm war klar, dass er keine Zukunft in der Stadt hatte, und das Einzige, was ihn vor dem Verzweifeln rettete, war sein Humor.

«Was hier passiert, kann man nur ironisch sehen», sagte er. «Sonst dreht man durch.»

Fast alle seine Freunde hatten die Stadt verlassen. Keiner von ihnen, sagte Roman, unterstütze die Separatisten, keiner habe an ihrem Unabhängigkeitsreferendum teilgenommen.

«Abgestimmt haben nur Nostalgiker, die sich nach der Sowjetunion sehnen. Leute wie meine Eltern. Wir streiten uns ständig.»

Er lachte.

«Die Deutschen sind klug. Sie haben entschieden, dass der Faschismus ein Fehler war, jetzt können sie weiterleben. Hier ist sich immer noch kein Mensch sicher, ob der Kommunismus nun gut oder schlecht war. Deshalb kommt die Ukraine nicht vorwärts.»

Später am Abend, das Gespräch kreiste inzwischen um andere Themen, stellte mir Roman sehr unvermittelt eine Frage, deren Sinn ich erst spät begriff.

«Stell dir mal vor, wir würden zu Fuß von Ägypten nach Israel laufen», sagte er. «Wie lange würde das dauern?»

Ich zuckte mit den Schultern. «Keine Ahnung.»

«Denk nach. Wie lange?»

Ich überlegte. «Vielleicht zwei Monate?»

«Nicht länger?»

«Vielleicht auch länger.»

«Aber nicht vierzig Jahre?»

Ich schüttelte den Kopf, ohne zu verstehen, worauf er hinauswollte.

«Warum steht dann in der Bibel, dass Moses die Juden vierzig Jahre lang durch die Wüste geführt hat?»

Ich lachte. «Bibelsprache. Vierzig Jahre heißt, dass es eine lange Reise war.»

«Kann sein», sagte Roman. «Aber ich glaube, dass es wirklich vierzig Jahre waren. Moses hat die Reise mit Absicht verzögert. Rate, warum.»

«Sag's mir.»

«Damit die ältere Generation unterwegs stirbt», sagte Roman.

In seiner Stimme war plötzlich eine Grausamkeit, die nicht zu ihm passte.

«Moses wusste, dass die Alten zurück nach Ägypten wollten», sagte er. «Sie wollten zurück in die Sklaverei.»

STRASSE DER VÖLKERFREUNDSCHAFT

Der Oktober näherte sich seinem Ende, als ich zum letzten Teil meiner Reise aufbrach. Zusammen mit den beiden englischen Journalisten hatte ich die Front überquert. Unsere Wege hatten sich in Sewerodonezk getrennt, einer Industriestadt nördlich des Separatistengebiets.

Am Busbahnhof stellte ich meinen Rucksack auf einer Holzbank ab, die vom ersten Reif des Jahres bedeckt war. Atemwölkchen standen vor den Mündern der wartenden Passagiere. Die Luft roch nach Winter.

Der Bus, auf den ich wartete, fuhr von hier aus Richtung Nordosten. Die Endstation war ein Grenzort namens Milowe, von dem ich gehört hatte, dass er zur Hälfte in der Ukraine und zur anderen Hälfte in Russland lag.

Als ich einstieg, war ich bester Laune. Die Front lag hinter mir, die Ziellinie vor mir, keine hundertfünfzig Kilometer trennten mich noch vom Endpunkt meiner langen Reise. Ich ahnte nicht, dass es die deprimierendsten hundertfünfzig Kilometer des ganzen Landes werden würden.

Von etwa drei Stunden Fahrt war ich ausgegangen. Es wurden mehr als sieben. Die schmalen Landstraßen sahen aus, als habe ein wütender Gott den Asphalt zertrümmert, stellenweise konnte der Bus die tiefen Schlaglöcher nur im Schritttempo umkurven. Der

Verfall setzte sich an den Straßenrändern nahtlos fort, überall sah ich verlassene Industriebauten, marode Kolchosen, eingestürzte Lagerhallen, verfallende Wohnhäuser. Die kleinen Orte, durch die wir fuhren, schienen jeden Daseinsgrund eingebüßt zu haben, ihre Fabriken waren außer Betrieb, ihre Läden verrammelt. Nur die Menschen waren geblieben, warum auch immer. Ohnmächtig sahen sie zu, wie sich ihr Lebensraum auflöste, niemand schien die Kraft zu haben, dem allgegenwärtigen Verfall etwas entgegenzusetzen. Die Straßen, die Plätze, selbst die Häuser waren vollkommen schmucklos.

In der Mitte jedes Orts stand ein leerer Denkmalsockel. Obwohl mir der Anblick inzwischen bestens vertraut war, deprimierte er mich plötzlich. Ich weinte Lenin und seinen Denkmälern keine Träne nach, aber ihr Fehlen unterstrich hier nur die allgemeine Trostlosigkeit. In jeder ruinierten Siedlung stand jetzt noch eine Ruine mehr – ein sinnentleerter, bröckelnder, hässlicher Sockel.

«Sie reißen die Denkmäler ab, ohne uns zu fragen», sagte der alte Mann, der neben mir saß. «Niemand hat diese Leute hier vorher gesehen, es sind Fremde. Sie tauchen auf, schreien ‹Ruhm der Ukraine›, dann schlagen sie Lenin kaputt und verschwinden wieder.»

Je weiter wir Richtung Osten fuhren, desto deutlicher spürte ich, dass hier etwas schieflief. Vor der Abfahrt war mir nicht klar gewesen, dass die gesamte Grenzregion zum «Territorium des Antiterroreinsatzes» gehörte, wie die frontnahen Gebiete in der Ukraine offiziell genannt wurden. Vor und hinter jedem Ort hatte die ukrainische Armee Straßensperren errichtet, an denen bewaffnete Soldaten den Bus anhielten. Sie kontrollierten Ausweise, durchsuchten Gepäckstücke, stellten Fragen. Kaum waren sie ausgestiegen, begannen die Passagiere zu fluchen. Sie beschwerten sich über die Verzögerungen, die seit anderthalb Jahren jede Reise zur Schikane machten, sie klagten über die misstrauischen Fragen der Soldaten, über ihr feindseliges Auftreten. Ein tiefer Graben schien die Armee von der örtlichen Bevölkerung zu trennen, es wirkte, als seien vielen Menschen hier die Bewaffneten genauso fremd wie die angereisten Patrioten, die Lenins Denkmäler zerschlugen.

Am letzten Kontrollposten vor Milowe wurde ich aus dem Bus geholt.

«Was machen Sie hier?», fragte einer der Soldaten. Anklagend hielt er mir meinen deutschen Pass vor die Augen.

Ich erklärte, dass ich Journalist sei und mir das Grenzgebiet ansehen wolle.

«Das Grenzgebiet ansehen? Machen Sie Witze?»

Beschwichtigend fuhr ich fort, dass mein Besuch nichts mit dem Krieg zu tun habe, mich interessiere nur, wie die Menschen auf beiden Seiten der Grenze …

«Auf beiden Seiten? Sie wollen nach Russland?»

«Ja.»

«Holen Sie Ihr Gepäck aus dem Bus», knurrte der Soldat. «Sie bleiben hier.»

Der Bus fuhr ohne mich weiter. Man führte mich in einen kleinen Bretterverschlag, den die Grenztruppen als Stabsquartier nutzten. Der Soldat, der immer noch meinen Pass in der Hand hielt, verständigte telefonisch einen Vorgesetzten. Während wir auf ihn warteten, stellte er mir Fragen zu jedem einzelnen Stempel in meinem Pass. Sein Gesichtsausdruck wurde nicht freundlicher, als er hörte, dass ich auf der Krim und in Donezk gewesen war.

Der vorgesetzte Offizier, der nach zwanzig Minuten eintraf, war umgänglicher. Er erklärte mir, dass es in Milowe keinen internationalen, sondern nur einen zwischenstaatlichen Grenzübergang gab. Russen und Ukrainer durften ihn überqueren, Ausländer nicht.

«Die Grenze hier ist ein bisschen ungewöhnlich», sagte er. «Kommen Sie mit, ich zeige es Ihnen.»

In seinem Militärjeep fuhren wir nach Milowe. Vor einer Kreuzung am Ortseingang hielt der Offizier an. Auf der anderen Seite mündete die Straße in einen asphaltierten Korridor. In etwa hundert Meter Entfernung sah ich einen geöffneten Schlagbaum.

«Das ist der Grenzübergang», sagte der Offizier. «Davon halten Sie sich fern. Verstanden?»

Ich nickte.

Wir bogen nach rechts ab und folgten einer Straße, die sich quer durch den Ort zog.

«Das», sagte der Offizier, «ist die Straße der Völkerfreundschaft.»

Er deutete auf die Häuser auf der rechten Straßenseite. «Ukraine.»

Er deutete auf die linke Seite. «Russland.»

Pedantisch wiederholte er die beiden Gesten. «Ukraine – Russland.»

Schließlich zeigte er auf die Strommasten, die auf der russischen Seite der Straße standen. «Videokameras.»

Er sah mir in die Augen. «Auf der ukrainischen Seite können Sie sich aufhalten, auf der russischen nicht. Sie dürfen die Straße nicht überqueren. Verstanden?»

Wieder nickte ich.

«Bitte halten Sie sich daran», sagte er. «Sonst nehmen die Russen Sie fest und behaupten, wir seien schuld, weil wir Sie überhaupt in den Ort gelassen haben. Die lieben solche Skandale.»

Ich versprach es ihm.

Er setzte mich vor dem einzigen Hotel des Orts ab und wünschte mir eine gute Reise.

Es gab nicht viel zu sehen in Milowe. Niedrige Steinhäuser

mit Gemüsegärten prägten den Ort, dazwischen standen ein paar vereinzelte Plattenbauten. Auf dem Marktplatz verkauften alte Frauen Obst und billige Kinderkleidung. Das kleine Heimatkundemuseum war geschlossen, es war Sonntag. Das Weltkriegsdenkmal bestand aus bröckelnden Betonsoldaten. Das Lenin-Denkmal fehlte.

Dreimal hintereinander durchquerte ich ziellos den Ort. Ohne es zu wollen, landete ich am Ende immer an der Straße der Völkerfreundschaft. Sie schien mich anzuziehen, gerade weil ich versprochen hatte, sie nicht zu überqueren. Ich fühlte mich wie ein Kind, das um einen verbotenen Schrank herumschleicht.

Der Offizier hatte mir erklärt, dass die Straße streng genommen nicht eine Ortschaft teilte, sondern zwei miteinander verband, das ukrainische Milowe und das russische Tschertkowo. Eine Art natürliche Grenze zwischen beiden bildeten die Eisenbahngleise, die parallel zur Straße der Völkerfreundschaft verliefen, auf russischer Seite, wo auch der Bahnhof stand. Dazwischen, eingeklemmt von Schienen und Straße, lag ein etwa fünfzig Meter breiter, drei Kilometer langer Streifen Land, der aus unerfindlichen Gründen zu Russland gehörte, obwohl die Bahnlinien ihn von Tschertkowo trennten.

Überqueren ließen sich die Gleise nur an zwei Stellen. Die eine war der Grenzübergang, die zweite eine Fußgängerbrücke, die den Marktplatz von Milowe mit dem Bahnhof von Tschertkowo verband. Auf ukrainischer Seite hielt am Fuß der Brücke ein Grenzsoldat Wache.

Der russische Streifen Land entlang der Straße der Völkerfreundschaft war nur dünn bebaut. Die meisten Gebäude sahen aus wie Eisenbahndepots, dazwischen standen ein paar einstöckige Wohnhäuser und ein riesiges sowjetisches Getreidesilo.

Jurij hatte das Getreidesilo jeden Tag vor Augen. Ich fragte mich, ob sein Gesichtsausdruck deshalb so melancholisch war. Er war Mitte vierzig, und obwohl er traurig aussah, vielleicht auch gerade deshalb, war er ein schöner Mann. Mit seinem grau melierten Vollbart und den ruhigen, dunklen Augen erinnerte er mich ein bisschen an Anton Tschechow.

Jurij war der Inhaber eines kleinen Lebensmittelladens auf der ukrainischen Seite der Straße. Ich war aus Hunger hier gelandet, es gab keine Cafés in Milowe. Während ich ein paar Waffeln und Bananen kaufte, kamen wir ins Gespräch.

Das russische Silo, erzählte mir Jurij, sei seit anderthalb Jahren nicht mehr in Betrieb. Die Gründe waren kompliziert. Zugänglich war das Silo nur von ukrainischer Seite, seine Einfahrt lag an der Straße der Völkerfreundschaft. Die russischen Bauern, die hier früher ihr Getreide gelagert hatten, waren einfach mit ihren Lastern über die offenen Grenzen im Umland gefahren, um nach Milowe zu gelangen. Dann hatte der Krieg angefangen. Weil aus Russland Kämpfer in den Donbass geschleust wurden, hatte die Ukraine ihre Grenze dichtgemacht – jedenfalls den Teil, der noch unter ihrer Kontrolle stand. Russische Staatsbürger durften seitdem nur noch über ausgewiesene Grenzübergänge ins Land, unter Vorlage ihres Passes. Für die Bauern war das Silo damit nutzlos geworden. Es kostete zu viel Zeit, am Zollkorridor Schlange zu stehen.

Ebenfalls dem Krieg zum Opfer gefallen war das «Festival der Freundschaft». Jeden Sommer hatten sich früher vor Jurijs Lebensmittelladen die Einwohner von Milowe und Tschertkowo versammelt. Folkloregruppen traten gemeinsam auf, Lokalpolitiker von beiden Seiten der Grenze beschworen den russisch-ukrainischen Zusammenhalt. Seit zwei Sommern hatte das Fest nicht stattgefunden. Es gab nichts mehr zu feiern auf der Straße der Völkerfreundschaft.

Jurij sah die Entwicklungen in der Ukraine skeptisch.

«Diese neuen Patrioten sind gut im Zerstören», sagte er. «Aber bisher haben sie wenig aufgebaut.»

Der Krieg hatte Milowe hart getroffen. Reich war der Ort nie gewesen, aber in den letzten anderthalb Jahren, sagte Jurij, sei das Leben hier für manche sehr hart geworden.

Während wir uns unterhielten, betrat eine alte Frau den Laden. Sie trug ein geblümtes Kopftuch und ging stark gebeugt.

«Söhnchen», sagte sie. «Was kostet dieses Brot?»

Jurij nannte ihr den Preis.

«Und das andere?»

Sie ließ sich die Preise aller Brotsorten nennen, ohne sich für eine entscheiden zu können. Am Ende nahm Jurij wortlos einen Laib Weißbrot aus dem Regal und stopfte ihn der alten Frau in die Manteltasche.

Sie bekreuzigte sich mehrfach.

«Gott gebe dir Gesundheit, Söhnchen», flüsterte sie, bevor sie den Laden verließ.

Jurij sah ihr hinterher.

«So geht das den ganzen Tag», sagte er kopfschüttelnd. «Medikamente, Gas, Brennholz, alles ist so teuer geworden, dass den alten Leuten nichts von ihrer Rente bleibt. Sie ernähren sich von Brot, und manchmal reicht selbst dafür ihr Geld nicht.»

Besser war das Leben auf der anderen Seite. Der russische Nachbarort war nicht viel größer, Milowe hatte sechstausend Einwohner, Tschertkowo zehntausend. Trotzdem, sagte Jurij, hatte er immer das Gefühl, eine andere Welt zu betreten, wenn er die Grenze überquerte. In Tschertkowo gab es einen Bahnhof, ein Kino, Cafés, innerstädtische Buslinien. Das Heimatkundemuseum war größer, die Straßen waren nachts beleuchtet, es gab sogar eine Kreuzung mit einer Ampelanlage.

In Milowe gab es nichts davon. Es gab nicht einmal eine öffentliche Toilette. Wenn die Verkäuferinnen am Marktplatz mal mussten, liefen sie über die Fußgängerbrücke hinüber zum Bahnhof von Tschertkowo. Sie gingen zum Pinkeln nach Russland.

Zufällig war der Sonntag, an dem ich in Milowe angekommen war, der Tag der ukrainischen Regionalwahlen. Jurij hatte seine Stimme nicht abgegeben. Der letzte Bürgermeister des Orts, erzählte er mir, hatte seinen Wählern versprochen, endlich Straßenlaternen aufzustellen, alle Häuser mit Wasseranschlüssen auszustatten und am Marktplatz eine Toilette einzurichten. Es waren bescheidene Versprechen, aber gehalten hatte er keins davon. Sein aussichtsreichster Nachfolger hatte kurzerhand das Wahlprogramm seines Vorgängers übernommen. Nur den Punkt mit der Toilette hatte er gestrichen.

Ganz im Osten, dachte ich, während ich Jurij zuhörte, ist es wie ganz im Westen der Ukraine. Traurig blicken die Menschen auf die andere Seite der Grenze, wo das Leben besser ist.

Irgendwann, wir unterhielten uns schon eine ganze Weile, bot Jurij mir den kleinen Plastikstuhl an, der vor seiner Ladentheke stand. Dankbar nahm ich an. Es gab nichts zu tun in Milowe, und zwischen Jurij und mir hatte sich auf Anhieb eine jener Spontanfreundschaften entwickelt, wie ich sie nur von Reisen kenne. Ich blieb eine Stunde, eine zweite, eine dritte. Einkäufer kamen und gingen, während wir unsere Lebensgeschichten austauschten.

Zehn Jahre lang war Jurij zur See gefahren. Geträumt hatte er davon schon während seiner Kindheit in Milowe, wo seine Mutter zu Sowjetzeiten den örtlichen Kulturpalast geleitet hatte, der inzwischen geschlossen war. Voller Sehnsucht hatte Jurij damals in einer Kinderzeitschrift namens «Um die Welt» geblättert und Bilder ferner Länder betrachtet. Der Wunsch, sie eines Tages bereisen zu können, war so stark, dass er sich nach der Schule an der See-Akademie von Odessa einschrieb.

Die Schulterstücke mit dem sowjetischen Hammer-und-Sichel-Emblem, die im ersten Studienjahr noch seine Uniform zierten, wurden im zweiten von den blau-gelben der ukrainischen Marine abgelöst. Als Jurij das Studium abgeschlossen hatte, entschied er sich für die zivile Seefahrt. Als Bordmechaniker war er auf Handelsschiffen um die Welt gereist, er hatte Kuba gesehen, Ägypten, Brasilien, China, Nigeria, Mexiko, all die exotischen Orte aus seinen Kinderträumen. Acht, neun, zehn Monate am Stück war er unterwegs gewesen, um ihn herum nichts als das Meer, neben seiner Koje ein Stapel Bücher, der immer schnell zur Neige ging, aber in jedem Hafen gab es andere russischsprachige Seeleute, mit denen Jurij Lesestoff austauschte.

Eines Tages hatte es ihm gereicht. Leichten Herzens, ohne Groll und Abschiedsweh, hatte er seinen Beruf an den Nagel gehängt und war nach Milowe zurückgekehrt. Städte hatte er nie gemocht, ihr Lärm erinnerte ihn an das Ächzen der Maschinenräume. Wohler fühlte er sich in seinem kleinen Geburtsort, auch wenn ihm nicht alle Veränderungen gefielen, die Milowe in seiner Abwesenheit durchgemacht hatte. Die Straße der Völkerfreundschaft, die Jurij ungeteilt in Erinnerung hatte, war zu einer Ländergrenze geworden, als er seinen Lebensmittelladen eröffnete.

Er war nicht unglücklich in Milowe. Sein Leben hier war ruhig, aber es war das Leben, das er gewollt hatte. Wenn ihn die alte Sehnsucht nach der See packte, was sie manchmal tat, träumte sich Jurij einfach weg. Er blätterte dann durch seine Erinnerungen, wie er als Kind durch seine Zeitschriften geblättert hatte.

Trotzdem fragte ich mich, als wir uns weit nach Ladenschluss die Hände reichten, was wohl aus Jurij geworden wäre, wenn er nach seiner Seefahrerkarriere nicht hier gelandet wäre, in Milowe, am kriegsversehrten Rand der Ukraine, gegenüber eines leerstehenden Getreidesilos, sondern anderswo. Der Leiter einer erfolgreichen

Einzelhandelskette vielleicht. Oder ein Schauspieler, er hätte Tschechow verkörpern können. Oder, denkbar war es, mein bester Freund.

Ich trat hinaus in die kalte, dunkle Nacht. Das Letzte, was ich von der Straße der Völkerfreundschaft sah, bevor ich zurück zu meinem Hotel lief, war ein schwankender Radfahrer. Er schien betrunken zu sein. Mal fuhr er auf der russischen, mal auf der ukrainischen Seite der Straße.

DANK

Danken möchte ich vor allem Juta.

Viele Freunde und Unterstützer hatten Anteil am Entstehen dieses Buchs. Mein besonderer Dank gilt allen Menschen, die ihre Geschichten mit mir geteilt haben. Sehr geholfen haben mir Ksjuscha Gwosdina, Roman und Philip Dmytrytschenko, Olga und Moritz Gathmann, Pavel Lokshin, Thomas Hölzl und Diana Stübs.

Gedankt sei der Robert Bosch Stiftung und dem Literarischen Colloquium Berlin für die Förderung meiner Recherchereisen sowie dem Rowohlt Verlag und der Redaktion des Tagesspiegels für ihre Geduld und Unterstützung.

Danken möchte ich außerdem allen Autoren, deren Werke ich als Quellen verwendet habe:

Karl Anders («Mord auf Befehl. Der Fall Staschynskij», Tübingen 1963)

Neal Ascherson («Black Sea», London 1995)

Alexander Blok («Des Himmels lichter Rand. Gedichte», Leipzig 1980)

Kate Brown («A Biography of No Place. From Ethnic Borderland to Soviet Heartland», London 2003)

Michail Bulgakow («Die Weiße Garde», Berlin 1969)

Bundesgerichtshof (Urteil vom 19. Oktober 1962 zum Fall Staschynskyj, Aktenzeichen 9 StE 4/62, zitiert nach: openjur.de, 2015)
Paul Celan («Mohn und Gedächtnis», München 2012)
Robert Conquest («The Harvest Of Sorrow. Soviet Collectivization and the Terror-Famine», Oxford 1987)
J. I. Denisenko (Hg., «Litopys Donbasu. Putiwnyk po eksposyziji Donezkoho oblasnoho krajesnawtschoho museju», Ausstellungskatalog des Donezker Regionalmuseums, Donezk 2005)
Olexandr Dowschenko («Semlja», Stummfilm, Kiew 1930)
Katja Gesche («Kultur als Instrument der Außenpolitik totalitärer Staaten. Das Deutsche Ausland-Institut 1933–1945», Köln 2006)
Andreas Kappeler («Kleine Geschichte der Ukraine», München 1994; «Die Kosaken. Geschichte und Legenden», München 2013)
Paul Robert Magocsi («A History of Ukraine», Toronto 1996)
Iwan Mamtschur («I todi proty ljudej pischly tanky. Do 60-ritschja Kenhirskoho powstannja», in: Dswin, Nr. 5, 2014)
Anna Reid («Borderland. A Journey Through the History of Ukraine», London 2015)
Gregor von Rezzori («Blumen im Schnee», München 1989)
Wasyl Rosman («Kalyniwske tschudo», in: Odyhytryja, Nr. 6/74, 2008)
Joseph Roth («Reisen in die Ukraine und nach Russland», München 2015)
Evelyn Scheer (Hg., «Ukraine-Lesebuch. Literarische Streifzüge durch die Ukraine», Berlin 2006)
Taras Schewtschenko («Der Kobsar», Moskau 1951)
Eric J. Schmaltz/Samuel D. Sinner («The Nazi Ethnographic Research of Georg Leibbrandt and Karl Stumpp in Ukraine and its North American Legacy», in: Holocaust and Genocide Studies, Nr. 14.1, 2000)

Toon Vugts (Hg., «De Krim. Goud en geheimen van de Zwarte Zee», Ausstellungskatalog des Allard-Pierson-Museums, Amsterdam 2014)
Andrew Wilson («The Ukrainians. Unexpected Nation», New Haven 2002)

MIX
Papier aus verantwortungsvollen Quellen
FSC® C083411
FSC
www.fsc.org

Das für dieses Buch verwendete Papier ist FSC®-zertifiziert.

WEISSRUSSLAND
POLEN
UKRAINE
Tschernoby
Kie
Medyka
Lwiw
Schehyni
Berdytschiw
Kalyniwka
Dnjestr
SLOWAKEI
Winnyzja
Karpaten
Uma
Tscherniwzi
UNGARN
Rachiw
Bu
MOLDAWIEN
RUMÄNIEN
0 50 100 150 200 km